Cinema For
French Conversation

Le cinéma en cours de français

2nd Edition

Cinema For French Conversation

Le cinéma en cours de français

2nd Edition

Anne-Christine Rice

Tufts University

Focus Publishing / R. Pullins Co.
Newburyport, MA

Book Team:

Ron Pullins, Publisher
Melissa Wood, Production Editor
Cynthia Zawalich, Editorial Manager
Melissa Massello, Sales and Marketing Manager

TABLE DES MATIERES

ACKNOWLEDGMENTS

I would like to express my gratitude to the many individuals who were helpful at critical points in the development of this book, including: George Clay and Michael Melford for valued advice during the initial stages of this project; Agnès Geiger for facilitating the inclusion of screenplays; Tom Block for his brilliant assistance with footnotes; Emese Soos for contributing reading selections; and my students at Tufts University, whose spontaneous and candid participation in class discussions helped shape the book.

The whole team at Focus Publishing deserves heartfelt thanks: Ron Pullins who believed in me and my ideas from the start, as well as Cindy Zawalich, Melissa Wood and Melissa Massello for their wonderful work editing and producing the book, as well as their never-ending enthusiasm and wonderful suggestions. I feel quite lucky to work with such a professional and dynamic group of people.

I am also grateful to the following reviewers for their insightful and encouraging comments: Jean-Pierre Cauvin, University of Texas, Austin; Sonia Lee, Trinity College; Anne Kelley, Emory College; Hélène Sanko, John Carroll University; and Esther Ratner, Brandeis University. I would also like to thank Annie Geoghegan, Tufts University, for copyediting the new chapters.

Finally, I would like to thank my family and friends for their support, confidence and enthusiasm. I am particularly grateful to my parents for proofreading the manuscript and offering suggestions, and to Terry for the countless hours spent helping me and for his unfailing moral support. Last but not least, I would like to acknowledge my daughters Caroline and Aliénor who were my constant companions during every phase of this project.

PREFACE

La première édition de *Cinema for French Conversation* offrait une vision différente et nouvelle de l'enseignement du français. Le but de la méthode était d'utiliser le film comme tremplin pour amener les étudiants à s'exprimer et les ouvrir à la culture française. La deuxième édition offre la variété et la richesse qui ont fait le succès de la première édition, tout en la complétant afin de mieux répondre aux attentes des professeurs et de leurs étudiants.

Ce qui est nouveau dans la 2nde édition

- *4 nouveaux films* choisis pour leur intérêt linguistique et culturel: *Marius et Jeannette* de Robert Guédiguian, *Le fabuleux destin d'Amélie Poulain* de Jean-Pierre Jeunet, *La veuve de Saint-Pierre* de Patrice Leconte, et *Le dîner de cons* de Francis Veber.

- *Des biographies* plus détaillées sur les réalisateurs et les acteurs.

- *Repères culturels:* plus de questions, notamment pour les films historiques.

- *L'étude de la bande-annonce* quand elle existe comme support de conversation avant de voir le film.

- *L'étude des sous-titres:* comparaison de l'original en français et des sous-titres en anglais pour approfondir les connaissances linguistiques et prendre conscience des différences culturelles entre les deux langues.

- *Mise en parallèle* avec d'autres films, en comparant la façon dont un thème, un rôle, une époque, une région sont traités.

- *Des lectures* pour accompagner chaque film:

✓ des textes littéraires (Flaubert, Maupassant, Rostand, Apollinaire, Pagnol, Giono)

✓ des documents historiques (déclarations de Louis XVI, lettre de Marie-Antoinette, discours du Général de Gaulle et du Maréchal Pétain)

✓ des documents politiques (la Déclaration des Droits de l'Homme de 1789, les déclarations pour l'abolition de la peine de mort en 1981)

✓ des extraits du scénario

✓ des critiques

✓ des interviews d'acteurs et de réalisateurs

✓ des témoignages inédits (une jeune Juive cachée pendant la guerre, un témoin du procès de Neel Auguste, qui a inspiré *La veuve de Saint-Pierre*)

Format

Tous les films sont étudiés selon le même schéma:

- Une *présentation* du film, du réalisateur, des acteurs et des prix décernés au film.

- Une phase de *préparation* donnant aux étudiants les outils dont ils auront besoin pour comprendre et apprécier le film.

1. Vocabulaire et traduction

2. Repères culturels

3. Bande-annonce

- Une phase de *conversation* en classe, grâce à des questions précises sur le film.

- Une phase d'*approfondissement* pour amener les étudiants à réfléchir, analyser, comparer, enrichir leur vocabulaire, affiner leur esprit critique et approfondir leurs connaissances de la langue.

1. Vocabulaire

2. Réflexion – Essais (questions d'ensemble)

3. Analyse d'une photo

4. Analyse de citations

5. Sous-titres

6. Les critiques

7. Parallèles avec d'autres films

8. Lectures

Cinema for French Conversation reste donc fidèle à la première édition tout en étant plus riche et plus flexible. Nous espérons que les nombreux professeurs qui utilisent la première édition et en apprécient l'originalité et la fraîcheur trouveront celle-ci encore mieux adaptée aux besoins de leurs étudiants.

VOCABULAIRE DU CINEMA

"le septième art": *le cinéma*

Les films

un film: *a movie*
une comédie: *a comedy*
un drame: *a drama*
un (film) policier: *a detective movie*
un film d'aventures: *an adventure film*
un film de cape et d'épée: *a cloak-and-dagger film*
un film d'action: *an action movie*
un film à suspense: *a thriller*

un film d'épouvante: *a horror movie*
un western: *a Western*
un film de science fiction: *a science fiction movie*
un documentaire: *a documentary*
un dessin animé: *a cartoon*
un film muet: *a silent film*
un film à succès: *a box office hit*
un échec: *a flop*

L'équipe

un(e) réalisateur (-trice): *a director*
un metteur en scène: *a director*
un(e) producteur (-trice): *a producer*
un(e) scénariste: *a screenwriter*

un distributeur: *a distributor*
tourner un film: *to shoot a film*
produire un film: *to produce a film*
un scénario: *a screenplay*

Les acteurs

un(e) acteur (-trice): *an actor / actress*
une vedette: *a star*
un rôle: *a role*
un rôle principal: *a starring role*

un second rôle: *a supporting actor*
un personnage: *a character*
un héros: *a hero*
une héroïne: *a heroine*

La technique

la caméra: *the camera*
un zoom: *a zoom lens*
une scène: *a scene*
un gros plan: *a close-up*
un plan d'ensemble: *a long shot*
un travelling: *a tracking shot*
un costume: *a costume*
le maquillage: *make-up*
les accessoires: *props*
une bobine: *a reel*
le son: *the sound*
le bruitage: *the sound effects*

la voix off: *the voice over*
une musique de film: *a score*
une bande sonore: *a soundtrack*
les effets spéciaux: *special effects*
le générique: *the credits*
le montage: *editing*
les sous-titres: *the subtitles*
doubler: *to dub*
en version originale = en v.o.: *in the original language*
la bande-annonce: *the trailer*

Le cinéma

un cinéma: *a movie theater*
aller au cinéma: *to go to the movies*
passer un film: *to show a movie*
l'écran: *the screen*

un siège: *a seat*
regarder un film: *to watch a movie*
un cinéphile: *a movie buff*

Les festivals de cinéma

la première: *the opening night*
une récompense: *an award*

un(e) nominé(e): *a nominee*

La vidéo

un magasin de location vidéo: *a video store*
une cassette vidéo: *a video (cassette)*
louer: *to rent*
rapporter: *to return*

un magnétoscope: *a VCR*
une télécommande: *a remote control*
réembobiner: *to rewind*
accélérer: *to fast-forward*

Le Festival de Cannes: Il a lieu tous les ans en mai depuis 1939. Le prix principal est la Palme d'or.

Les César: L'Académie des arts et techniques du cinéma décerne les César chaque année depuis 1976 . Cette distinction est comparable, en France, aux Oscars américains. Le nom de ce prix vient du sculpteur César qui a réalisé les statuettes remises aux vainqueurs (c'est la raison pour laquelle le mot ne se met jamais au pluriel).

Le Prix Lumière: Ce prix est décerné par 200 correspondants de la presse étrangère. Les frères Lumière étaient des pionniers du cinéma à la fin du XIXe siècle.

Le Prix Méliès: Il est décerné par le Syndicat français de la critique de cinéma et récompense le meilleur film français de l'année. Georges Méliès était un cinéaste au début du siècle.

Le Prix Louis-Delluc: Ce prix (décerné tous les ans depuis 1937) couronne le meilleur film français de l'année. Louis Delluc (1890-1924) était un cinéaste et est considéré comme le fondateur de la critique cinématographique.

L'Académie Nationale du Cinéma a été créée en 1982 et compte 40 membres (tous des personnalités du cinéma) qui décernent leur prix chaque année.

COMMENT EXPRIMER VOTRE OPINION?

je pense que : *I think that*
je crois que : *I believe that*
je trouve que : *I find that*
j'estime que : *I consider that*
je suppose que : *I suppose that*
il me semble que : *it seems to me that*

j'aime : *I like*
j'adore : *I love*
je déteste : *I hate*
je préfère : *I prefer*
cela m'est égal : *I don't mind*

à mon avis : *in my opinion*
je suis d'avis que : *I am of the opinion that*
je suis du même avis que : *I am of the same opinion as*
je partage l'opinion de : *I agree with*
je partage le point de vue de (quelqu'un) : *I share (someone)'s point of view*
je suis d'accord avec : *I agree with*
je ne suis pas d'accord avec : *I disagree with*
j'ai changé d'avis : *I changed my mind*

en ce qui me concerne : *as far as I am concerned*
j'ai l'impression que : *I am under the impression that*
j'ai dans l'idée que : *I have an idea that*
je suis persuadé(e) que : *I am convinced that*
je suis convaincu(e) que : *I am convinced that*
je doute que : *I doubt whether*
je mets en doute : *I question*
cela me fait penser à : *this reminds me of*
cela me rappelle : *this reminds me of*

LA FRANCE

Lieux mentionnés dans les films

CHAPITRE 1

Rouge baiser

Présentation du film

Nadia a 15 ans en 1952. Elle est fille d'émigrés polonais juifs, et milite pour le parti communiste. Elle aime Rita Hayworth, Scarlett O'Hara, Apollinaire et Staline. Son monde vacille quand elle rencontre Stéphane, un photographe de *Paris-Match* dont elle tombe passionnément amoureuse.

Carte d'identité du réalisateur

Véra Belmont (née en 1931) est avant tout productrice. En tant que réalisatrice, elle a tourné *Prisonniers de Mao* (1977-79), *Rouge baiser* (1985), *Milena* (1990) et *Marquise* (1997).

Carte d'identité des acteurs

Charlotte Valandrey (née en 1968): C'est *Rouge baiser* qui l'a fait connaître et cela reste son rôle le plus célèbre. Elle a joué dans plusieurs films, notamment pour la télévision, et récemment dans *Napoléon* (2002)

Lambert Wilson (né en 1956): Profitant de son physique séduisant et romantique, Lambert Wilson a débuté au théâtre avant d'obtenir des rôles à sa mesure dans *Rendez-vous* (1985), *Chouans!* (1988), *Hiver 54, l'abbé Pierre* (1989), *On connaît la chanson* (1997) et *Jet set* (1999).

Marthe Keller (née en Suisse en 1945) est une actrice intelligente, sensible et discrète qui poursuit une carrière internationale. Elle a tourné, entre autres, pour des réalisateurs américains (*Fedora*, 1978, de Wilder), russes (*Les yeux noirs*, 1987, de Mikhalkov) et français (*Rouge baiser*, 1985, et *L'école de la chair*, 1998, de Chabrol).

L'heure de gloire

Charlotte Valandrey a été remarquée pour sa prestation dans *Rouge baiser*: elle a reçu l'Ours d'argent de la meilleure actrice au Festival de Berlin et une nomination pour le César du meilleur espoir féminin aux César.

PREPARATION

1. Vocabulaire

Vocabulaire utile avant de voir le film:

Les noms

un copain / une copine: *a friend / a buddy*
une affiche: *a poster*
un cimetière: *a cemetery*
une tombe: *a grave*
une manifestation: *a demonstration*
un appareil-photo: *a camera*
un commissariat (de police): *a police station*
un parti politique: *a political party*

un atelier: *a workshop*
une couturière: *a seamstress*
du rouge à lèvres: *lipstick*
la concurrence: *rivalry*
une cicatrice: *a scar*
un détournement de mineur: *statutory rape*
un collier: *a necklace*

Les verbes

coller: *to paste*
participer à: *to take part in*
militer pour / contre: *to militate in favor of / against*
gagner sa vie: *to earn a living*
émigrer: *to emigrate*
immigrer: *to immigrate*
fuir: *to flee*
élever (un enfant): *to raise (a child)*
mentir: *to lie*
parier: *to bet*

accuser qq'un de qqch: *to accuse s.o. of sth.*
décevoir qq'un: *to disappoint s.o.*
se taire: *to hold one's tongue*
trahir: *to betray*
porter plainte contre qq'un: *to lodge a complaint against s.o.*
arrêter qq'un: *to arrest s.o.*
souffrir: *to suffer*
se séparer: *to part*
expulser: *to expel*
se souvenir de qq'un: *to remember s.o.*

Les adjectifs

polonais(e): *Polish*
juif (-ve): *Jewish*
blessé(e): *wounded*
mouillé(e): *wet*

convaincu(e): *convinced*
gêné(e): *embarrassed*
borné(e): *narrow-minded*

Traduisez!

1. Nadia pastes bills for her political party and takes part in demonstrations.
2. She was wet and wounded when they arrested her in the cemetery.
3. He held his tongue not to disappoint his friends.
4. Before parting she wanted to give him a necklace so that he would remember her.

2. Repères culturels

1. Deux journaux sont importants dans le film: *Paris-Match* et *l'Humanité*. Que savez-vous sur eux? Quand ont-ils été fondés? Existent-ils toujours? Ont-ils une orientation politique?

2. Apollinaire est mentionné à plusieurs reprises dans le film. Qu'a-t-il écrit? Quel mouvement littéraire a-t-il influencé?

3. Le film se passe pendant deux guerres: la guerre de Corée et la guerre d'Indochine. Pourquoi ces guerres ont-elles eu lieu? Qui se battait contre qui? Comment se sont-elles terminées?

3. Bande-annonce

Allez sur le site de Monsieur Cinéma (www.monsieurcinema.com) et tapez le titre du film. Cliquez ensuite sur "Bande-annonce". Appuyez sur 4. Regardez la bande-annonce plusieurs fois et répondez aux questions suivantes:

1. Qui est le personnage principal?
2. Que fait-elle quand on la voit?
3. Qui sont les autres personnages (famille, amis)?
4. A votre avis, de quoi ce film va-t-il parler?

CONVERSATION EN CLASSE

1. Les personnages: Nadia (Charlotte Valandrey)
                        Stéphane (Lambert Wilson)
                        Bronka (Marthe Keller)
                        Moishe (Laurent Terzieff)
                        Herschel (Günter Lamprecht)
                        Rosa (petite sœur de Nadia)

2. Que se passe-t-il pendant la première scène du film, en 1937?

3. Que fait Nadia la première fois qu'on la voit?

4. Nadia va-t-elle à l'école? Que fait-elle? Pourquoi à votre avis?

5. Dans quelles circonstances Nadia et Stéphane se rencontrent-ils?

6. Que pense Nadia du travail de Stéphane?

7. De qui vient la lettre que Bronka reçoit? Comment réagit-elle?

8. Que fait Nadia pendant la réunion du parti communiste le lendemain de la manifestation?

9. Comment sont les relations entre Nadia et Rosa?

10. Que fait Stéphane pour revoir Nadia?

11. En quoi le club de jazz est-il une expérience nouvelle et douce-amère pour Nadia?

12. Pourquoi est-ce un drame pour Nadia que ses journaux soient mouillés? Que propose alors Stéphane? Pourquoi?

13. De quoi l'accuse-t-elle ensuite à son travail? Pourquoi?

14. Comment Herschel réagit-il quand il retrouve Nadia, après sa nuit passée avec Stéphane?

15. Comment et par qui Moishe est-il accueilli pour son retour à Paris?

16. Pendant la fête pour Moishe, pourquoi Nadia essaie-t-elle d'interrompre la danse entre sa mère et Moishe? Quelle est l'attitude de Herschel pendant cette soirée?

17. Pourquoi Moishe ne veut-il rien dire à Nadia sur Staline et Moscou?

18. Quelles révélations fait-il ensuite sur le goulag?

19. Comment l'assemblée réagit-elle? Pourquoi Herschel aime-t-il Staline?

20. Qu'apprend-on dans la scène qui suit, entre Bronka et Moishe?

21. Qu'est-ce que Moishe propose à Bronka? Accepte-t-elle?

22. Comment Nadia se retrouve-t-elle en Normandie avec Stéphane?

23. Que propose l'inspecteur de police à Herschel pour retrouver Nadia? Herschel est-il d'accord?

24. Pourquoi Nadia quitte-t-elle Stéphane? Que lui donne-t-il alors?

25. Que se passe-t-il à la réunion des Jeunesses Communistes? En quoi Nadia a-t-elle changé?

26. Quel effet a la disparition de Stéphane sur Nadia? Quelle occasion cette maladie donne-t-elle à Nadia et Bronka? Qu'est-ce que Nadia a compris?

27. Comment Nadia retrouve-t-elle Stéphane? Pourquoi n'a-t-il pas cherché à la revoir? Où Stéphane part-il?

28. Qu'est-ce que Nadia veut donner à Stéphane pour qu'il se souvienne d'elle? Le prend-il? Pourquoi?

APPROFONDISSEMENT

1. Vocabulaire

- **Enrichissez votre vocabulaire !**

La presse

un journal: *a newspaper*
une revue: *a magazine*
un quotidien: *a daily*
un hebdomadaire: *a weekly*
un mensuel: *a monthly*
le titre: *the title*
une nouvelle: *a piece of news*
un article: *an article*
l'information: *information*
un(e) correspondant(e): *a correspondent*
un envoyé spécial: *a special reporter*

la rédaction: *the editorial staff*
un chroniqueur: *a columnist*
le (la) rédacteur (-trice): *the editor*
un magnat de la presse: *a press baron*
imprimer: *to print*
publier: *to publish*
le tirage: *circulation*
un(e) lecteur (-trice): *a reader*
s'abonner: *to subscribe*
un kiosque: *a news stand*

La politique

voter (pour / contre): *to vote (for / against)*
une élection: *an election*
élire: *to elect*
un(e) candidat(e): *a candidate*
un sondage: *a poll*
le résultat: *the result*
la victoire: *victory*
être élu(e): *to be elected*
un changement: *a change*
diriger: *to direct*
gouverner: *to govern*

un homme d'Etat: *a statesman*
un chef d'Etat: *a head of state*
être de droite / gauche: *to be on the political right / left*
la majorité: *majority*
l'opposition: *opposition*
un débat: *a debate*
un discours: *a speech*
démissionner: *to resign*
la politique intérieure: *domestic policy*
la politique étrangère: *foreign policy*

- **Jouez avec les mots!**

A. Trouvez les mots qui se cachent derrière les définitions:

Indice : le mot en gras est le poète préféré de Nadia:

Marque sur le corps

Ami

Contraire de défaite

Bijou

Contraire de sec

Poster

Embarrassé

Persuadé

Ne pas dire la vérité

Fait des vêtements

Diriger

B. Retrouvez les mots du Vocabulaire en utilisant une syllabe de chaque colonne:

PO	MI	VOIR	1. Polonais
E	GE	SER	2.
EX	PRI	TAT	3.
AC	RA	VER	4.
SON	CE	GRER	5.
TI	SUL	GE	6.
CHAN	LI	MER	7.
E	PUL	SER	8.
IM	DA	**NAIS**	9.
RE	CU	RE	10.
IM	**LO**	MENT	11.
DE	LE	GE	12.

2. Réflexion - Essais

1. Faites le portrait de Nadia: Quel âge a-t-elle? Que sait-on sur les origines de sa famille? En quoi croit-elle? Qu'aime-t-elle? Pour quoi se passionne-t-elle?

2. Faites le portrait de Stéphane: Que fait-il comme travail? Quel genre de vie mène-t-il? En quoi croit-il?

3. Qu'est-ce qui rapproche Nadia et Stéphane? En quoi sont-ils différents?

4. Les sentiments de Nadia pour Stéphane sont très clairs. Qu'en est-il de Stéphane? Quels sont ses sentiments pour Nadia à votre avis? Que représente-t-elle pour lui?

5. Avant sa rencontre avec Stéphane, Nadia est entourée de communistes. Quelle importance l'engagement politique a-t-il pour eux? Comment militent-ils? Pourquoi rejettent-ils les propos de Moishe?

6. Comment sont les relations père-fille? mère-fille? Comment Nadia est-elle élevée? A-t-elle une éducation stricte ou libre? Bronka et Herschel sont-ils d'accord sur les principes éducatifs à votre avis?

7. En quoi cette année aura-t-elle été initiatique pour Nadia?

8. Que pensez-vous de l'avenir de la relation entre Nadia et Stéphane? et celle de Bronka et Moishe?

9. Comment expliquez-vous le titre?

10. Comparez la première et la dernière scène. Qu'ont-elles en commun?

3.   Analyse d'une photo

1. A quel moment cette scène se passe-t-elle?
2. Avec qui Bronka danse-t-elle?
3. Que porte Bronka?
4. Quelles expressions lisez-vous sur le visage de Bronka? Pourquoi?

4.   Analyse de citations

Analysez les citations suivantes en les replaçant dans leur contexte:
1. Bronka: "Moscou est plus important que moi."
2. Nadia: "C'est la première fois que je vois un bourgeois, un vrai bourgeois en chair et en os."
3. Nadia: "Moi je ne parie pas, je me bats."
4. Moishe: "Moi je ne t'ai jamais trahie. J'ai survécu pour le jour où je te retrouverais."

5. Comparez:

Moishe: "On ne peut pas nous séparer. On est plus fort que ça"

Stéphane: "On sera plus fort qu'eux"

5.   Sous-titres

Cette conversation entre Nadia et Stéphane a lieu chez Stéphane, juste après la manifestation. Comparez les dialogues français et leurs sous-titres en anglais, puis répondez aux questions:

1	T'es journaliste?	*You a reporter?*
2	Non, photographe.	*No, a photographer.*
3	A "L'Huma"?	*The "Worker"?*
4	Ah non! J'aurais trop peur d'être payé en roubles!	*They might pay me in rubles.*
5	Mais vous travaillez pour qui alors?	*So who do you work for?*
6	Tu peux continuer à me dire "tu".	*Call me Stéphane.*

a. 3ème réplique: que pensez-vous de the "Worker" pour traduire "L'Huma"? Est-ce une bonne idée? Etait-ce possible de traduire littéralement?

b. 4ème réplique: quelle différence remarquez-vous entre l'original et le sous-titre?

c. 5ème réplique: Nadia utilise "vous" pour la première fois. Ce changement est-il rendu en anglais?

d. 6ème réplique: "Call me Stéphane" évoque-t-il l'idée de l'original? Peut-on dire que le sous-titre a surmonté la différence linguistique et culturelle?

6.   Les critiques

1. Dans les *Cahiers du Cinéma* de décembre 1985, Serge Toubiana explique l'attitude des communistes au retour de Moishe en disant "qu'on ne voulait pas savoir, on croyait, et c'était essentiel". Que veut-il dire?

2. A propos de l'exclusion d'Henriette et de Nadia des Jeunesses Communistes, Serge Toubiana écrit que ces scènes "font sourire aujourd'hui. N'empêche, ces boy-scouts sont sérieux comme des papes et la vie de ces deux filles ne sera plus jamais comme avant" (*Les Cahiers du Cinéma*, décembre 1985).

    La scène de l'exclusion de Nadia vous a-t-elle fait sourire? Trouvez-vous ces jeunes communistes sérieux? Pensez-vous que l'exclusion du groupe aura un impact à long terme sur la vie d'Henriette et de Nadia?

7. Parallèles avec d'autres films

1. Les cimetières: comparez l'importance du cimetière dans *Rouge baiser* et dans *Le grand chemin*. Qui fréquente le cimetière? En quoi est-il important dans l'histoire?

2. Les relations entre frères et sœurs: comparez les relations entre frères (François et Julien) dans *Au revoir les enfants*, et les relations entre sœurs (Nadia et Rosa) dans *Rouge baiser* (pensez à la différence d'âge et à la façon dont ils/elles se comportent l'un(e) envers l'autre).

3. L'émigration aux Etats-Unis: comparez les raisons qui poussent les personnages suivants à partir aux Etats-Unis ou à envisager de le faire : Moishe (*Rouge baiser*), Irène Brice et Jacques Fabert (*L'accompagnatrice*) et Irène de Courtil (*La vie et rien d'autre*).

8. Lecture

Le poème suivant a été écrit par Apollinaire en 1912 (il a été publié dans *Alcools* en 1913), à l'époque où sa relation avec sa maîtresse, Marie Laurencin, se désintégrait. Il évoque l'usure des sentiments au fil du temps qui passe.

Le pont Mirabeau[1]

Sous le pont Mirabeau coule la Seine
Et nos amours
Faut-il qu'il m'en souvienne[2]
La joie venait toujours après la peine

5   Vienne la nuit sonne l'heure[3]
Les jours s'en vont je demeure[4]

Les mains dans les mains restons face à face
Tandis que sous
Le pont de nos bras passe
10   Des éternels regards l'onde[5] si lasse[6]

Vienne la nuit sonne l'heure
Les jours s'en vont je demeure

L'amour s'en va comme cette eau courante
L'amour s'en va
15   Comme la vie est lente
Et comme l'Espérance est violente

---

1 a bridge in Paris, near the area where
 Guillaume lived with Marie
2 Must I be remembered
3 Let night come, let the hour sound

4 I stay
5 the water
6 weary

Vienne la nuit sonne l'heure
Les jours s'en vont je demeure

Passent les jours et passent les semaines
Ni temps passé
Ni les amours reviennent
Sous le pont Mirabeau coule la Seine

Vienne la nuit sonne l'heure
Les jours s'en vont je demeure

20

Répondez aux questions suivantes sur le poème:

1. Comment le poème est-il structuré? Remarquez le refrain et les strophes.

2. Le 2e vers complète-t-il le premier ou commence-t-il le 3e? ou les deux?

3. A quoi le pronom "en" dans le 3e vers fait-il référence?

4. Que symbolisent les bras dans le 9e vers?

5. Que symbolise la Seine?

6. Quelle opposition remarquez-vous dans la 3e strophe?

7. Pourquoi la négation "ni… ni" est-elle utilisée dans la 4e strophe? Qu'évoque-t-elle?

8. Pourquoi le 22e vers est-il similaire au premier? Est-ce symbolique?

9. Le refrain a-t-il toujours le même sens? Qu'évoque-t-il au début du poème? et à la fin?

10. Finalement, qu'est-ce que l'auteur regrette? la fuite du temps où la fuite de l'amour?

11. Pourquoi l'auteur a-t-il choisi de ne pas utiliser de ponctuation?

12. Pourquoi le poème s'appelle-t-il "Le Pont Mirabeau"?

13. Après avoir étudié ce poème, comprenez-vous pourquoi Nadia aime tant Apollinaire?

CHAPITRE 2

Jean de Florette

Présentation du film

Provence, années 20. Jean s'installe avec sa femme et sa fille Manon dans une ferme dont il vient d'hériter. Il veut y faire un élevage de lapins et cultiver des légumes. C'est sans compter sur la convoitise de ses voisins, le Papet et Ugolin, qui ont bouché la précieuse source de Jean avant son arrivée...

Carte d'identité du réalisateur

Claude Berri (né en 1934) est à la fois réalisateur, producteur et acteur. Il a commencé par de petits rôles au cinéma, puis a réalisé des courts-métrages. La consécration est venue avec *Le vieil homme et l'enfant* en 1966. Depuis, il a reçu de nombreux prix, en particulier pour *Tchao Pantin* (1983), *Jean de Florette* et *Manon des sources* (1986), *Uranus* (1990), *Germinal* (1993), et *Lucie Aubrac* (1997). En 2002 il a réalisé *Une femme de ménage*.

Carte d'identité des acteurs

Yves Montand (1921-1991) a commencé comme chanteur avec l'aide d'Edith Piaf. C'est *Le salaire de la peur* (1953) qui a lancé sa carrière au cinéma. Il a ensuite été remarqué dans *Let's make love* (1960) (où il avait Marilyn Monroe comme partenaire), *Z* (1969), *César et Rosalie* (1972), *Garçon!* (1983), et enfin *Jean de Florette* (1986) et *Manon des sources* (1986) qui ont couronné sa carrière.

Daniel Auteuil (né en 1950) a d'abord été un acteur comique. C'est *Jean de Florette* et *Manon des sources* qui l'ont fait changer de registre, et il est alors devenu très demandé par les plus grands réalisateurs. Il sait être grave, comique, subtil, poignant, pudique, et surtout humain. Il a fait des prestations remarquées dans *Un cœur en hiver* (1992), *La Reine Margot* (1994), *Le Huitième jour* (1996), *Lucie Aubrac* (1997), *La fille sur le pont* (1999), *La veuve de Saint-Pierre* (2000), et *Le placard* (2001).

Gérard Depardieu (né en 1948) est l'un des plus grands acteurs français de tous les temps. Energique, travailleur, généreux, excessif, il est capable de tout jouer. Il s'est imposé en 1974 dans *Les valseuses*, puis nombre de ses films ont été de très grands succès: *Le dernier métro* (1980), *Le retour de Martin Guerre* (1982), *Danton* (1983), *Camille Claudel* (1988), *Cyrano de Bergerac* (1990), *Tous les matins du monde* (1991), *Le Colonel Chabert* (1994), *Astérix et Obélix contre César* (1999), *Astérix et Obélix: mission Cléopâtre* (2002). Il a été nominé 14 fois aux César et a reçu la Palme d'Or à Cannes pour *Cyrano de Bergerac*.

L'heure de gloire

Jean de Florette a été récompensé aux César (meilleur acteur pour Daniel Auteuil, nomination pour le César du meilleur réalisateur, du meilleur film, du meilleur scénario, de la meilleure musique) et l'Académie Nationale du Cinéma lui a décerné le prix du meilleur film. Il a aussi été nominé aux Golden Globes comme meilleur film étranger.

PREPARATION

1. Vocabulaire

Vocabulaire utile avant de voir le film:

Les noms

un œillet: *a carnation*
un verger: *an orchard*
une source: *a spring*
un(e) héritier (-ère): *an heir*
un bossu: *a hunchback*
un nouveau-venu: *a newcomer*
une cucurbitacée: *a type of gourd*
une récolte: *a crop*

une sécheresse: *a drought*
un orage: *a thunderstorm*
une colline: *a hill*
un mulet: *a mule*
un puits: *a well*
un notaire: *a notary*
l'intrigue: *the plot*

Les verbes

hériter: *to inherit*

boucher une source: *to block a spring*

faire pousser qqch: *to grow sth*

élever des lapins: *to breed rabbits*

faire peur à qq'un: *to frighten s.o.*

avoir des soucis: *to worry*

louer: *to rent*

avoir pitié de qq'un: *to pity s.o.*

s'enrichir: *to grow rich*

creuser: *to dig*

pleurer: *to cry*

se taire: *to keep quiet*

Les adjectifs

sec (sèche): *dry*

pluvieux (-euse): *rainy*

fertile: *fertile*

travailleur (-euse): *hard-working*

confiant(e): *confident*

obstiné(e): *stubborn*

fier (-ère): *proud*

calculateur (-trice): *calculating*

cupide: *greedy*

implacable: *unrelenting*

coupable: *guilty*

sensible: *sensitive*

rusé(e): *shrewd*

bête: *stupid*

influençable: *susceptible to influence*

émouvant(e): *moving*

passionnant(e): *gripping (story)*

Traduisez!

1. Who is the newcomer? He is a hard-working and confident hunchback.

2. I know how to grow rich: I will grow carnations and I will breed rabbits.

3. We haven't had a single thunderstorm since June. If only we had a spring and a large well!

4. The old man is calculating and greedy, and the young one is stupid but sensitive.

2.   Repères culturels

1. Le film est basé sur un roman de Marcel Pagnol. Qui était Pagnol? Pourquoi était-il connu? Qu'est-ce que *L'eau des collines*?

2. Le film se passe en Provence. Pouvez-vous répondre aux questions suivantes sur la Provence?
   a. Où se situe-t-elle?
   b. Quelles en sont les villes principales?
   c. Comment est le climat?
   d. Quelles sont les principales cultures?
   e. Pouvez-vous nommer d'autres écrivains célèbres de Provence?

3. Cherchez la définition exacte (pas la traduction) du mot "source" dans le dictionnaire.

4. Les villageois dans le film jouent à la pétanque. Quel est ce jeu? Où et comment est-il joué?

CONVERSATION EN CLASSE

1. Les personnages: César Soubeyran = le Papet (Yves Montand)
   Ugolin (Daniel Auteuil)
   Jean Cadoret = Jean de Florette (Gérard Depardieu)
   Aimée (Elisabeth Depardieu)
   Manon

2. Est-ce qu'Ugolin reste chez le Papet pour discuter quand il le retrouve au début du film? Pourquoi?

3. Comparez la maison du Papet et celle d'Ugolin. Où Ugolin vivra-t-il quand le Papet sera mort?

4. Quel projet professionnel le Papet a-t-il pour Ugolin?

5. Est-ce qu'Ugolin veut dire son idée au Papet?

6. Comment le Papet réagit-il en voyant les œillets d'Ugolin? Qu'est-ce qui le fait changer d'avis?

7. Quel est le premier projet du Papet et d'Ugolin pour obtenir l'eau nécessaire à la culture des œillets? Leur projet réussit-il? Que se passe-t-il?

8. Qui hérite de cette maison?

9. A votre avis, quels sont (et quels ont été) les sentiments du Papet pour Florette? Sont-ils restés en contact? Cette liaison le rend-il plus ou moins sympathique à nos yeux?

10. Quelle est la définition du bonheur d'après Jean?

11. Jean dit qu'il veut "cultiver l'authentique"? Qu'est-ce qu'il veut dire? Est-ce qu'Ugolin comprend?

12. Pourquoi le Papet et Ugolin ne veulent pas dire au village que Jean est le fils de Florette? Est-ce que la famille Soubeyran est aimée au village? Pourquoi à votre avis?

13. Quel est le grand projet de Jean?

14. Pourquoi Aimée n'aime-t-elle pas Ugolin?

15. Comment Jean et sa famille sont-ils traités au village?

16. Qui est la dame italienne? Que fait-elle avec Manon? La revoit-on après?

17. Quelle est la personnalité de Manon?

18. Comment vont les projets de Jean au début?

19. Que pressent-on quand le Papet dit: "S'il pleut le jour de l'Ascension, tout s'en va en perdition"?

20. Comment le Papet réagit-il quand il voit la première récolte de Jean?

21. Pourquoi Jean commence-t-il à boire?

22. Quelles sont les hésitations d'Ugolin à propos du mulet? A-t-il envie de le louer à Jean? Quelle est l'opinion du Papet?

23. Comment réagit Aimée quand Jean annonce son projet de construire un puits?

24. Comment Jean meurt-il?

25. Pourquoi Ugolin pleure-t-il?

26. Qui Manon regarde-t-elle avec insistance à la mort de son père?

27. Qu'est-ce que Manon observe à la fin? Pourquoi part-elle en criant et en pleurant? Qu'a-t-elle compris?

28. A la fin, le Papet baptise Ugolin "Roi des œillets". Pensez-vous qu'Ugolin va réussir dans sa culture d'œillets?

29. Combien de temps se passe-t-il entre le début et la fin du film?

APPROFONDISSEMENT

1. Vocabulaire

- **Enrichissez votre vocabulaire !**

L'agriculture

une ferme: *a farm*
un fermier: *a farmer*
un paysan: *a peasant*
un champ: *a field*
labourer: *to plow*
une charrue: *a plow*
un tracteur: *a tractor*
une graine: *a seed*

planter: *to plant*
un engrais: *a fertilizer*
le foin: *hay*
la paille: *straw*
la moisson: *the harvest*
la terre: *the soil*
une grange: *a barn*
les mauvaises herbes: *weeds*

L'eau

arroser: *to water*
pleuvoir: *to rain*
la pluie: *the rain*
une averse: *a shower*
irriguer: *to irrigate*
un arrosoir: *a watering can*
une inondation: *a flood*
inonder: *to flood*
humide: *damp*

mouillé(e): *wet*
la mer: *the sea*
un océan: *an ocean*
un lac: *a lake*
un étang: *a pond*
une rivière: *a river*
un ruisseau: *a brook*
un torrent: *a mountain stream*
une cascade: *a waterfall*

- **Jouez avec les mots!**

A. Trouvez l'intrus

puits	source	charrue	ruisseau
mouillé	engrais	récolte	faire pousser
Marius	Ugolin	Fanny	César
cupide	héritier	calculateur	implacable
orage	pleuvoir	sécheresse	averse
tracteur	champ	labourer	cascade
bossu	verger	ferme	champ
Lyon	Marseille	Aix	Avignon

B. Complétez la phrase en choisissant l'expression qui convient.

1. Quand on n'a plus d'argent, on a
   a. des soucis
   b. une intrigue
   c. un verger

2. J'ai adoré ce film! Je l'ai trouvé
   a. confiant
   b. rusé
   c. passionnant

3. Pour cultiver des œillets, il faut de l'eau et
   a. une grange
   b. une bonne terre
   c. un verger

4. Je suis sûre que cet enfant réussira. Il est tellement
   a. émouvant
   b. travailleur
   c. influençable

5. Le ciel est très gris. Nous allons bientôt avoir
   a. une averse
   b. une cascade
   c. une inondation

6. Pour s'occuper des papiers d'héritage, on a besoin
   a. d'un héritier
   b. d'un coupable
   c. d'un notaire

7. Pour construire un puits, il faut
   a. pleurer
   b. creuser
   c. labourer

8. Connaissez-vous cet homme? Non, c'est
   a. un nouveau-venu
   b. un héritier
   c. une cucurbitacée

2. Réflexion - Essais

1. Ecrivez un paragraphe sur chacun des personnages principaux: Jean, Aimée, le Papet et Ugolin. Posez-vous les questions suivantes:
   - Quels sont leurs qualités et leurs défauts?
   - Sont-ils 100% bons ou 100% mauvais?
   - Eprouvez-vous de la sympathie ou de l'antipathie pour eux?
   - Votre opinion sur chacun d'eux a-t-elle évolué pendant le film?

   Vous pouvez utiliser le vocabulaire suivant:

enthousiaste	cupide	traître	patient(e)
naïf (naïve)	sensible	influençable	bête
intelligent(e)	obstiné(e)	implacable	crédule
trop idéaliste	autoritaire	encourageant(e)	perfide
pas réaliste	compatissant(e)	impitoyable	bon cœur
cynique	travailleur(-euse)	trop confiant	vulnérable

2. Quelles sont les motivations du Papet et d'Ugolin?

3. Qui est le pire? le Papet ou Ugolin? Justifiez votre réponse.

4. Analysez l'attitude des villageois. Que font-ils quand on les voit? De quoi parlent-ils? Quels sont leurs principes? Ont-ils l'esprit ouvert au modernisme?

5. Qu'est-ce qui oppose Jean au village en général?

6. Qui est responsable de la mort de Jean ?

7. Pourquoi est-ce important que Jean soit bossu? A quel point l'histoire aurait-elle été différente s'il n'avait pas eu cette bosse?

8. Donnez des exemples qui montrent que le Papet est très fier d'être un Soubeyran, et que la famille est très importante pour lui.

9. Où se situe-t-on en tant que spectateur? Voit-on les événements à travers un personnage de l'histoire, ou reste-t-on en dehors, comme un arbitre?

10. Pourquoi l'histoire est-elle si passionnante? (Pensez aux thèmes, à l'intrigue, et aux personnages)

11. La musique est composée d'après *"La force du destin"* de Verdi. Qu'en pensez-vous? Vous plaît-elle? Trouvez-vous que le film aurait pu s'appeler *"La force du destin"*? Quel était le destin de Jean et de sa famille?

12. Le film accorde une grande place aux paysages et à la nature. Que voit-on de la Provence? Qu'entend-on? Quel rôle la nature joue-t-elle dans l'histoire?

13. Comparez la première et la dernière scène. A quel moment de la journée se passent-elles? Pourquoi? Comment la première scène introduit-elle les lieux? Quels personnages voit-on dans la première et la dernière scène? Qu'est-ce qui a changé entre les deux? Quelles expressions lit-on sur le visage des personnages à la fin?

3.   Analyse d'une photo

1.   Où et à quel moment cette scène se passe-t-elle? Que demande Jean?
2.   Comparez leur habillement.
3.   Quelles expressions lisez-vous sur leur visage? Ont-ils l'air d'être amis?

4.   Analyse de citations

Analysez les citations suivantes en les replaçant dans leur contexte:

1.   Le Papet: "Qui aurait cru que Florette ferait un petit bossu?"
2.   Ugolin: "Tu m'as demandé de devenir son ami, alors petit à petit, à force de boire le vin blanc et de l'appeler M. Jean, eh bien, il est devenu mon ami."
3.   Un villageois: "Ça n'a jamais rien rapporté de s'occuper des affaires des autres."

5.   Sous-titres

Comparez ce dialogue entre Jean et Ugolin et les sous-titres en anglais, puis répondez aux questions:

1.	Vous vous demandez, cher voisin, pourquoi je suis venu m'installer ici.	*You're wondering why I decided to settle here.*
2.	Ah ça oui, je me le demande!	*Yes I'm wondering!*
3.	Eh bien parce que j'en suis arrivé à la conclusion irréfutable que le seul bonheur possible c'est d'être un homme de la Nature.	*It's because I've decided that my happiness lies in returning to nature.*

4.	Je suis venu ici pour cultiver l'authentique.	*I'm here to cultivate the authentic!*
5.	"lotantique"?	*the "othentic"?*
6.	Oui, je veux manger les légumes de mon jardin, recueillir l'huile de mes oliviers, gober les œufs de mes poules, m'enivrer du vin de ma vigne.	*Yes, I want to eat vegetables from my garden, collect oil from my olive trees and eggs from my hens, and drink wine from my vineyard.*

a. 1ère réplique: pourquoi "cher voisin" n'est-il pas traduit?

b. 3ème réplique: comparez "j'en suis arrivé à la conclusion irréfutable" et "I've decided". Pourquoi est-ce si court en anglais? Est-ce le même registre de langue?

c. 3ème réplique: comparez "le seul bonheur possible" et "my happiness."

d. 4ème réplique: "cultiver" et "cultivate" ont-ils le même sens?

e. 5ème réplique: que pensez-vous du mot "othentic"? Est-ce bien choisi?

f. 6ème réplique: comparez les verbes "recueillir", "gober" et "s'enivrer" à leur traduction ("collect" et "drink"). Lesquels sont courants? Lesquels sont poétiques?

6. Les critiques

1. "Ce qui m'a intéressé dans *Jean de Florette*, c'est la progression, l'alternance entre l'eau et le feu, l'opposition entre l'eau et la sécheresse, jusqu'à la fin tragique". (Claude Berri dans un article des *Cahiers du Cinéma* de février 1986). Sous quelles formes l'eau et le feu apparaissent-ils dans le film?

2. Dans une interview accordée aux *Cahiers du Cinéma* (avril 1989), Auteuil parle de son rôle dans *Jean de Florette* et dit: "C'était un rôle à la fois comique et émouvant". Donnez des exemples de scènes comiques et de scènes émouvantes dans le film.

7. Parallèles avec d'autres films

1. La Provence: quatre films se passent en Provence (*Jean de Florette*, *Manon des sources*, *Le hussard sur le toit* et *Marius et Jeannette*). Est-elle filmée de la même façon? Quels aspects de la Provence voit-on?

2. L'alcoolisme: Comparez l'alcoolisme de Jean dans *Jean de Florette*, celui de Pelo dans *Le grand chemin*, et celui de Neel dans *La veuve de Saint-Pierre*. Pourquoi ces personnages boivent-ils et quelles sont les conséquences de leurs excès?

8.   Lectures

Le passage suivant est extrait de *Jean de Florette*. Après avoir présenté les personnages importants du village, Marcel Pagnol fait le portrait du Papet, César Soubeyran, et de sa maison.

César Soubeyran approchait de la soixantaine. Ses cheveux, rudes et drus[1], étaient d'un blanc jaunâtre strié[2] de quelques fils roux; de noires pattes d'araignées sortaient de ses narines[3] pour s'accrocher à l'épaisse moustache grise, et ses paroles sifflotaient entre des incisives verdâtres[4] que l'arthrite avait allongées.

Il était encore robuste, mais souvent martyrisé par «les douleurs[5]», c'est-à-dire par un rhumatisme qui chauffait cruellement sa jambe droite; il soutenait[6] alors sa marche en s'appuyant[7] sur une canne[8] à poignée recourbée, et se livrait[9] aux travaux des champs à quatre pattes, ou assis sur un petit escabeau[10].

Comme Philoxène, mais depuis plus longtemps, il avait sa part de gloire militaire. À la suite d'une violente querelle[11] de famille — et peut-être aussi, disait-on, à cause d'un chagrin d'amour[12] — , il s'était engagé[13] dans les zouaves, et il avait fait la dernière campagne d'Afrique, dans l'extrême Sud. Deux fois blessé, il en était revenu, vers 1882, avec une pension, et la médaille militaire, dont le glorieux ruban ornait son veston[14] des dimanches.

Il avait été beau jadis[15], et ses yeux—restés noirs et profonds—avaient tourné la tête à bien des filles du village, et même d'ailleurs…Maintenant, on l'appelait le Papet.

Le Papet, d'ordinaire, c'est le grand-père: Or[16], César Soubeyran ne s'était jamais marié, mais il devait ce titre au fait qu'il était le plus vieux survivant de la famille, en somme un *pater familias*[17], détenteur[18] du nom et de l'autorité souveraine.

Il habitait la grande vieille maison des Soubeyran, au plus haut des Bastides, près de l'aire[19] éventée qui dominait le village.

C'était un mas[20] à longue façade, séparé de la route des collines par un terre-plein[21] que soutenait un mur de pierres bâties, et qu'on appelait «le jardin», parce qu'une bordure[22] de lavande conduisait[23] de la route à la porte. Les volets[24], selon la tradition de la famille, étaient repeints en bleu clair chaque année. De plus, la réputation bourgeoise des Soubeyran était solidement établie sur le fait qu'au lieu de déjeuner dans la cuisine, comme tout le monde, ils avaient toujours pris leurs repas dans une pièce spéciale, la «salle à manger», où l'on pouvait admirer une petite cheminée citadine[25] qui ne tirait[26] pas très bien, mais qui était en marbre véritable.

1	thick and rough	14	jacket
2	streaked with	15	long ago
3	nostrils	16	and yet
4	greenish front teeth	17	patriarch (Latin expression)
5	pains	18	keeper of
6	supported	19	windy area
7	leaning on	20	typical house in Provence
8	a walking stick with a curved handle	21	platform
9	worked in the fields on his hands and knees	22	border
10	stool	23	led
11	family feud	24	shutters
12	unhappy love affair	25	city style
13	he had joined	26	didn't draw very well

Le Papet y vivait tout seul, avec une vieille servante sourde[27] et muette, et de plus têtue[28] comme un âne rouge: elle feignait[29] de n'avoir pas compris les ordres qui ne lui plaisaient pas, et n'en faisait qu'à sa tête[30]. Il la supportait[31] à cause de ses talents de cuisinière et de son grand courage au travail. Surtout, il n'y avait pas à craindre qu'elle écoutât aux portes, ni qu'elle fît des commérages[32].

1. Qu'est-ce que ce passage nous apprend sur le Papet (son âge, son physique, son état de santé, sa situation familiale)?

2. Qu'a-t-il fait dans sa jeunesse?

3. Qu'est-ce qui est mentionné sur ses amours? Pourquoi est-ce important de mentionner ces deux détails dès le début?

4. Comment sait-on que la maison du Papet est plus belle et plus riche que les autres?

5. Pourquoi le Papet apprécie-t-il le fait que sa servante soit sourde et muette? Est-ce un indice sur la personnalité du Papet?

L'extrait suivant se situe après la mort de Pique-Bouffigue. Le Papet et Ugolin vont sur ses terres pour boucher la source.

Ils montèrent aux Romarins en silence, sous le couvert des pinèdes[33].

Le jour se levait, un peu hésitant, dans une aurore[34] sans couleur, dont le silence n'était troublé que par le «tchic» discret des grives[35].

Le Papet alla se cacher en haut de la petite barre, juste au-dessus de la source, derrière un rocher touffu[36]. De là, il pouvait surveiller[37] le paysage et diriger le travail.

Ugolin coupa d'abord tous les rejetons[38] du figuier, puis s'attaqua aux racines[39] de la souche. Ce fut très long, car pour éviter le bruit, il ne lançait[40] pas le pic: il l'enfonçait[41], en appuyant sur le manche[42] avec son pied, et s'en servait[43] ensuite comme d'un levier[44]; puis il évacuait[45] la terre ameublie[46] avec la truelle[47]… [*Description du travail d'Ugolin*]

Il suait[48] à grosses gouttes, non seulement à cause de ses efforts physiques, mais surtout parce qu'il craignait d'être surpris; le tas de déblais[49] aurait rempli[50] deux brouettes[51], et il eût infailliblement[52] attiré l'attention d'un passant[53]. Bien sûr, il ne venait jamais personne dans ce vallon[54]: mais c'est justement dans ces moments-là qu'arrive le seul promeneur de l'année.

---

27 deaf and mute
28 as stubborn as a mule
29 pretended
30 and did things her own way
31 put up with her
32 gossip
33 covered by the pine trees
34 dawn
35 thrushes
36 with thick vegetation
37 keep an eye on
38 shoots of the fig tree
39 the roots of the stump
40 he didn't throw the pick

41 he pushed it in
42 the handle
43 used it
44 a lever
45 removed
46 loosened
47 trowel
48 he was sweating profusely
49 dirt
50 would have filled
51 wheelbarrows
52 inevitably
53 a passer-by
54 valley

De temps à autre, la voix du Papet murmurait:

«Vas-y, Galinette…Il n'y a personne, mais dépêche-toi.

—J'en fais tant que[55] je peux. Mais c'est les racines. Il y en a toute une tignasse[56] autour des grosses.»

À travers la boue[57], qui étouffait[58] heureusement le bruit, il poussait et tirait la lame[59] du couteau-scie[60]…

Enfin, vers midi, après avoir rejeté[61] sur les déblais une dizaine de morceaux de racines, il tira sur la dernière carotte[62]: elle résista longuement; au fond[63] de ce trou, il ne pouvait pas utiliser toute sa force…Alors, il y attacha une corde[64], consolida le nœud[65] avec du fil[66] de fer, remonta sur le bord[67], et tira par grandes secousses[68]. À la troisième, la racine vint, et un jet d'eau encore invisible fusa[69] sous la boue, qui se mit à danser.

Ugolin s'affola[70]: si le petit puits[71] se remplissait[72] trop vite, comment pourrait-il trouver le trou[73] rond, pour y enfoncer[74] le bouchon? À voix basse, il appela: «Papet! Viens vite! L'eau va me gagner![75]» Sans mot dire, le Papet descendit: mais avant qu'il ne fût arrivé, le niveau[76] cessa de monter. Ugolin vit un petit tourbillon[77] à mi-hauteur[78] contre la paroi[79] croulante du puits; c'était par là qu'elle s'en allait.

«Cocagne[80]! dit le Papet. C'est la petite rigole[81] souterraine du vieux Camoins… L'eau doit sortir en bas, là où il y a les roseaux[82]…

—S'il passe quelqu'un, et qu'il voie cette inondation nous sommes foutus[83]! gémit[84] Ugolin.

—Pleure pas, Galinette. Espère un peu: on va voir le trou…Il est dans la roche, juste devant toi!»

L'eau devenait plus claire, et ils distinguèrent[85] le jet. Ugolin, appuyant ses paumes[86] sur les bords du puits, se laissa descendre doucement.

«Ô Bonne Mère! Elle est glacée…Je sens plus mes pieds…»

Parce qu'elle avait débouché[87] la rigole souterraine, l'eau s'écoulait[88] maintenant plus vite qu'elle n'arrivait, et le niveau baissait lentement.

Il plongea son bras jusqu'au coude[89], et dit:

«Ça y est…J'y suis…Je touche le trou. Je crois que la petite bonde[90] ira bien… C'était cette racine qui le bouchait…Il y en a encore un morceau dedans…»

55	as much as	73	the round hole
56	clumps of roots	74	to stick in the plug
57	mud	75	is coming up too fast
58	muffled	76	level
59	the blade	77	eddy
60	serrated knife	78	half-way up
61	thrown	79	the crumbling side
62	*here*: blockage	80	here: wonderful!
63	at the bottom	81	underground channel
64	a rope	82	reeds
65	the knot	83	screwed
66	wire	84	moaned
67	the edge	85	they could see the stream of water
68	and gave it several strong tugs	86	palms
69	gushed forth	87	unplugged
70	panicked	88	flowed out
71	well	89	elbow
72	filled	90	plug

Le Papet lui fit[91] passer le bouchon. Il fut forcé de s'accroupir[92] pour le pousser dans le trou.

«Oyayaïe! C'est terrible comme les fesses[93] c'est plus sensible[94] que les pieds. Mais ça va être difficile de frapper[95] sur le bouchon, à cause de l'eau…

—Tiens-le en place, dit le Papet. Elle va baisser. Mais d'abord, remplis la cruche[96], que[97] je prépare le mortier[98].»

A bout de bras[99], il la lui fit passer: Ugolin la lui rendit pleine.

Au bout[100] d'une minute, l'eau était descendue juste au-dessous du bouchon de bois, qui était entouré[101] d'une couronne de petits jets. Au troisième coup de marteau[102], ils disparurent.

Le Papet gâchait[103] déjà le sable et le ciment avec du gravier. Ils tassèrent[104] ce béton au fond du trou, jusqu'au-dessus de la bonde.

«N'en mettons pas trop! dit Ugolin: Oublions pas que c'est moi qu'il faudra que je la débouche, cette source!»

Le Papet remonta sur la barre, pour reprendre sa faction[105]. Cependant[106], Ugolin rejetait les déblais dans le petit puits, couche[107] par couche, et il les tassait en dansant comme pour fouler[108] le raisin dans la tine. Soudain, la figure[109] du Papet se pencha[110] au bord de la barre, et chuchota[111].

«Bouge plus! J'ai entendu du bruit…

—Où?

—Dans la maison…»

Ils écoutèrent: un long silence, puis quelque chose grinça[112] dans le grenier.

«C'est pas le fantôme de Pique-Bouffigue, dit Ugolin en riant. C'est les rats…J'en ai vu courir sur le toit, hier au soir. Ils sont gros comme des lapins.»

Ils écoutèrent encore un moment. La façade était morte, tous volets fermés. Le silence était si profond qu'ils entendirent un appel de perdrix[113] qui venait d'aussi loin que le vent. Enfin le Papet chuchota:

«Tu peux y aller.»

[*Description du travail des deux hommes: ils rebouchent le trou et cachent l'endroit pour ne pas attirer l'attention*]

Après avoir lié[114] en fagots[115] les racines du figuier puis les roseaux, ils rassemblèrent[116] les outils[117].

«On va manger à la colline? demanda Ugolin.

—C'est pas la peine[118]. Allons chez toi. On fermera les volets[119], et après, on

---

91	gave him	106	meanwhile
92	to squat	107	layer
93	the bottom	108	to press the grapes in the vat
94	sensitive	109	the face
95	to hit	110	leaned over
96	fill the pitcher	111	whispered
97	so that	112	creaked
98	mortar	113	partridges
99	at arm's length	114	tied up
100	after	115	bundles
101	surrounded	116	gathered
102	hammer	117	tools
103	was mixing	118	let's not bother
104	they packed this concrete down	119	shutters
105	to resume his watch		

fera la sieste!»

Ils redescendirent à Massacan: le Papet marchait en éclaireur[120], devant Ugolin chargé des outils[121].

Portes et fenêtres closes, ils mangèrent sous la lampe, longuement, et sans mot dire. Le fagot de racines se consumait[122] dans l'âtre[123]. De temps à autre, ils échangeaient des clins[124] d'yeux, et de petits éclats[125] de sourires, comme pour célébrer la réussite d'une bonne farce[126].

1. A quel moment de la journée les deux hommes commencent-ils le travail? Pourquoi?

2. Comment se partagent-ils le travail?

3. Quelles précautions Ugolin prend-il?

4. Pourquoi est-ce difficile de dégager la source?

5. Que craint Ugolin?

6. Pourquoi le puits ne se remplit-il pas vite, une fois la source dégagée? Qu'avait construit le vieux Camoins (le père de Pique-Bouffigue)?

7. Qu'entendent-ils venant de la maison? Savent-ils ce qui a réellement fait ce bruit?

8. Ont-ils la conscience tranquille? Comment le sait-on?

---

120 leading the way
121 tools
122 was burning
123 hearth
124 winks
125 and flashed each other a smile
126 prank

CHAPITRE 3

Manon des sources

Présentation du film

Dix ans ont passé depuis la mort de Jean de Florette. Manon a 18 ans et s'occupe de ses chèvres dans les collines. L'heure est arrivée de se venger contre le Papet, Ugolin et le village tout entier...

Carte d'identité du réalisateur

Claude Berri (né en 1934) est à la fois réalisateur, producteur et acteur. Il a commencé par de petits rôles au cinéma, puis a réalisé des courts-métrages. La consécration est venue avec *Le vieil homme et l'enfant* en 1966. Depuis, il a reçu de nombreux prix, en particulier pour *Tchao Pantin* (1983), *Jean de Florette* et *Manon des sources* (1986), *Uranus* (1990), *Germinal* (1993), et *Lucie Aubrac* (1997). En 2002 il a réalisé *Une femme de ménage*.

Carte d'identité des acteurs

Yves Montand (1921-1991) a commencé comme chanteur avec l'aide d'Edith Piaf. C'est *Le salaire de la peur* (1953) qui a lancé sa carrière au cinéma.

Il a ensuite été remarqué dans *Let's make love* (1960) (où il avait Marilyn Monroe comme partenaire), *Z* (1969), *César et Rosalie* (1972), *Garçon!* (1983), et enfin *Jean de Florette* (1986) et *Manon des sources* (1986) qui ont couronné sa carrière.

Daniel Auteuil (né en 1950) a d'abord été un acteur comique. C'est *Jean de Florette* et *Manon des sources* qui l'ont fait changer de registre. C'est alors devenu un acteur très demandé par les plus grands réalisateurs. Il sait être grave, comique, subtil, poignant, pudique, et surtout humain. Il a fait des prestations remarquées dans *Un cœur en hiver* (1992), *La Reine Margot* (1994), *Le Huitième jour* (1996), *Lucie Aubrac* (1997), *La fille sur le pont* (1999), *La veuve de Saint-Pierre* (2000), et *Le placard* (2001).

Emmanuelle Béart (née en 1965) est aujourd'hui l'une des actrices les plus demandées. Sa beauté et son talent en ont fait une star internationale. Après *Manon des sources* (son premier grand succès), elle a eu de très beaux rôles dans *La belle noiseuse* (1991), *Un cœur en hiver* (1992), *Nelly et M. Arnaud* (1995) et *Les destinées sentimentales* (2000). Récemment on l'a vue dans *8 femmes* (2002).

L'heure de gloire

Manon des sources a reçu les mêmes récompenses que *Jean de Florette* avec, en plus, le César de la meilleure actrice dans un second rôle pour Emmanuelle Béart.

PREPARATION

1.   Vocabulaire

Vocabulaire utile avant de voir le film (revoyez aussi le vocabulaire de *Jean de Florette*):

Les noms

un(e) berger (-ère): *a shepherd(ess)*
une chèvre: *a goat*
un(e) instituteur (-trice): *a school teacher*
un canif: *a pocket knife*
un piège: *a trap*
une grive: *a thrush*
un lièvre: *a hare*
un(e) villageois(e): *a villager*
le maire: *the mayor*
une fontaine: *a fountain*

le curé: *the priest*
une prière: *a prayer*
la cour de l'école: *the schoolyard*
la mariée: *the bride*
le marié: *the groom*
un chapelet: *a rosary*
un peigne: *a comb*
la vérité: *the truth*
une punition: *a punishment*

Les verbes

rapporter (de l'argent): *to bring in (money)*
arroser: *to water*
mettre le feu à qqch: *to set fire to sth*
chasser: *to hunt*
couler (eau): *to run (water)*
rendre hommage à qq'un: *to pay homage to s.o.*
en vouloir à qq'un: *to bear s.o. a grudge*
coudre: *to sew*

aller à la messe: *to go to mass*
épouser qq'un: *to marry s.o.*
se marier avec qq'un: *to marry s.o.*
se suicider: *to commit suicide*
se pendre: *to hang o.s.*
révéler: *to reveal*
avoir honte de qqch: *to be ashamed of sth*
pardonner: *to forgive*

Les adjectifs

cultivé(e): *educated*
humilié(e): *humiliated*

enceinte: *pregnant*
aveugle: *blind*

Traduisez!

1. The villagers would go to mass if the fountain stopped running.
2. If you reveal the truth I will never forgive you.
3. He was so ashamed and he had been so humiliated that he committed suicide.
4. The bride is an educated shepherdess and the groom is a schoolteacher.

2. Repères culturels

1. Bernard est le nouvel instituteur. Quelles sont les fonctions d'un instituteur? Quelle est la différence avec un professeur?
2. Les villageois organisent une procession. Qu'est-ce que c'est? A quoi ça sert?
3. Dans *Manon des sources*, le village est divisé entre les croyants et les anti-cléricaux. Qu'est-ce que l'anticléricalisme?

CONVERSATION EN CLASSE

1. Les personnages: César Soubeyran = le Papet (Yves Montand)
    Ugolin (Daniel Auteuil)
    Manon (Emmanuelle Béart)
    Bernard (l'instituteur, Hippolyte Girardot)
    Aimée (Elisabeth Depardieu)

2. Pourquoi le Papet veut-il qu'Ugolin se marie?
3. En quoi l'instituteur est-il différent des gens du village?
4. Décrivez les activités de Manon.
5. Pourquoi Manon ne veut-elle pas aller vivre avec sa mère?
6. Comment Ugolin réagit-il quand il entend l'instituteur raconter qu'il a rêvé de Manon?

7. Que pensez-vous de l'amour d'Ugolin? En quoi est-il différent de l'amour de l'instituteur?

8. Pourquoi Ugolin ne veut-il pas dire au Papet qui il aime?

9. Que dit le Papet sur Manon après l'avoir vue? A qui ressemble-t-elle?

10. Quelle est la technique de séduction que le Papet explique à Ugolin?

11. Qu'est-ce que Manon apprend dans la colline sur la responsabilité des villageois? Comment réagit-elle?

12. Pourquoi Manon met-elle le feu aux œillets d'Ugolin? Réussit-elle? Que se passe-t-il?

13. Comment Manon découvre-t-elle l'origine de la source du village? Que fait-elle alors?

14. Quelle est la réaction des villageois quand l'eau ne coule plus?

15. Que fait Ugolin pour arroser ses œillets?

16. Qui vient pour les aider? Est-ce-que ça marche? Pourquoi? Comment les villageois se comportent-ils?

17. De quoi le curé parle-t-il pendant la messe ?

18. Pourquoi Manon assiste-t-elle? Est-ce dans son habitude? Quelles réactions provoque-t-elle?

19. Quelles sont les conclusions du Papet après la messe sur la possibilité pour Ugolin d'épouser Manon?

20. Que se passe-t-il dans la cour de l'école?

21. Pourquoi Ugolin se suicide-t-il? Qu'est-ce qui l'a tué?

22. Qu'est-ce que Manon et l'instituteur partagent?

23. Que croient les villageois quand l'eau revient?

24. Est-ce que tout le monde est content?

25. Que fait le Papet le jour du mariage de Manon? Que se passe-t-il quand il la voit en mariée?

26. Qu'est-ce que Delphine nous apprend?

27. Pourquoi Delphine n'a-t-elle rien dit plus tôt?

28. Pourquoi le Papet sait-il qu'il va mourir? De quoi meurt-il?

29. Quels sont les deux objets que le Papet a en main sur son lit de mort?

APPROFONDISSEMENT

1. Vocabulaire

- **Enrichissez votre vocabulaire !**

La religion

religieux(euse): *religious*

croire en Dieu: *to believe in God*

le christianisme:

    un(e) chrétien(ne): *a christian*

    le Seigneur: *the Lord*

    la Vierge: *the Virgin*

    le paradis: *paradise*

    le Ciel: *Heaven*

    l'Enfer: *Hell*

    un(e) catholique: *a Catholic*

    un(e) protestant(e): *a Protestant*

le judaïsme:

    un(e) juif(ve): *a Jew*

    juif: *Jewish*

    hébreu: *Hebrew*

    la Pâque juive: *Passover*

    le Nouvel An juif: *Rosh Hashana*

l'Islam:

    un(e) musulman(e): *a Muslim*

    le Coran: *Koran*

    la Mecque: *Mecca*

    l'intégrisme: *fundamentalism*

les religieux:

    un prêtre: *a priest*

    un moine: *a monk*

    une religieuse: *a nun*

    un évêque: *a bishop*

    le Pape: *the Pope*

    un pasteur: *a minister*

    un rabbin: *a rabbi*

les lieux de culte:

    un temple: *a temple*

    une église: *a church*

    une cathédrale: *a cathedral*

    une chapelle: *a chapel*

    un couvent: *a convent*

    une abbaye: *an abbey*

    une synagogue: *a synagogue*

    une mosquée: *a mosque*

le service religieux:

    aller à l'église: *to go to church*

    prier: *to pray*

    le Notre Père: *the Lord's Prayer*

    communier: *to receive communion*

    l'autel: *the altar*

    la croix: *the cross*

La vengeance

se venger: *to have one's revenge*

venger qq'un: *to avenge s.o.*

un crime qui crie vengeance: *a crime that cries for vengeance*

prendre sa revanche sur qq'un: *to get even with s.o.*

les représailles: *retaliation*

en représailles de qqch: *as a reprisal for sth*

rendre la pareille à qq'un: *to give s.o. tit for tat*

régler son compte à qq'un: *to settle s.o.'s hash*

- **Jouez avec les mots!**

A. Mots-croisés:

Horizontalement:

2. Sanction
4. Père de Manon; Etre suprême
6. Lieu de culte; Mots adressés à Dieu
7. Contraire du paradis
9. Mettre fin à ses jours
10. Au-dessus des prêtres
12. Revanche
13. Prix décerné à Daniel Auteuil; Ne voit pas
14. Personne qui dirige une ville
15. Prêtre; Paradis
16. Lieu de culte
18. Obtient sa revanche
19. Chrétien, mais pas catholique
20. Avoir la foi
21. Oiseau
22. Instrument pour attraper des animaux
23. Gagner (de l'argent); Service religieux

Verticalement:

A. Un symbole du christianisme
C. Objet ayant appartenu à Florette; Animaux dont s'occupe Manon; Chef de l'Eglise catholique
E. Opposé au clergé; Objet que le Papet tient en mourant
G. Se marier avec
H. Fleurs cultivées par Ugolin
I. Occupation de Manon
J. Type de religieux; Prénom d'Auteuil dans le film
L. Instrument de musique de Jean et Manon
M. Qui a fait des études
N. Femme qui attend un enfant
O. Table pour célébrer la messe
P. Curé
R. Travail des couturières; Lieu où les enfants jouent à l'école; Pas citadins
T. Dit un secret; Le meurtre en est un
U. Extrêmisme religieux
W. Porte une robe blanche pour le grand jour

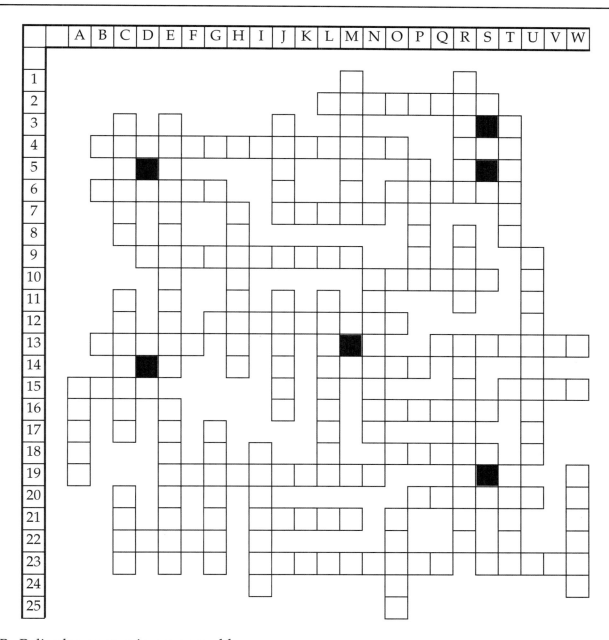

B. Reliez les mots qui vont ensemble:

    ⌐ 1. épouser   a. curé

    ⌐ 2. abbaye   b. source

    ⌐ 3. instituteur   c. bergère

    ⌐ 4. prêtre   d. couvent

    ⌐ 5. fontaine   e. vengeance

    ⌐ 6. piège   f. arroser

    ⌐ 7. coupable   g. se marier

    ⌐ 8. chèvres   h. lièvre

    ⌐ 9. couler   i. responsable

   ⌐10. représailles   j. professeur

2.   Réflexion -Essais

1.   Comment Manon fait-elle son entrée dans le film? Où se trouve-t-elle? Voit-on tout de suite son visage?

2.   Quels sont les changements auxquels on assiste pendant le film dans la personnalité d'Ugolin?

3.   Finalement, comment Manon se venge-t-elle d'Ugolin, du Papet, et des villageois?

4.   A votre avis, pourquoi Manon n'a-t-elle pas dénoncé le Papet et Ugolin plus tôt?

5.   Après les révélations de la fin, que pensez-vous du Papet? Votre opinion a-t-elle changée?

6.   Que pensez-vous de la punition que le Papet reçoit à la fin du film? Est-elle juste, ou la trouvez-vous trop cruelle? Trouvez-vous que justice est faite? Etes-vous pleinement satisfait?

7.   Trouvez-vous que c'est une bonne idée de sa part d'écrire la lettre à Manon et de tout lui révéler, ou pensez-vous qu'il aurait mieux valu ne rien dire, et son secret serait mort avec lui?

8.   A votre avis, comment Manon va-t-elle réagir en recevant la lettre? Que va-t-elle faire? Pensez-vous qu'elle va pardonner? Que va-t-elle faire de la fortune dont elle hérite à votre avis?

9.   Le maire, le curé et l'instituteur sont des figures importantes dans le village. Pourquoi?

10.   Quelle place la religion a-t-elle dans *Manon des sources*? Quel rôle joue-t-elle?

11.   Montrez comment l'eau est associée à la vie dans *Manon des sources*.

12.   Imaginez que le Papet ait reçu la lettre de Florette en Afrique. A votre avis, qu'aurait-il fait? En quoi sa vie aurait-elle été différente?

13.   Comparez le titre français à sa traduction en anglais. Pourquoi "sources" est-il au pluriel et "spring" au singulier? Le mot "source" n'a qu'un sens en français. Est-ce le cas du mot "spring" en anglais? Le titre anglais peut-il prêter à confusion?

14.   Comparez la première et la dernière scène. Quels lieux sont présentés au tout début? Etaient-ils les mêmes au début de Jean de Florette? Pourquoi a-t-on un gros plan de la fontaine du village? Manon apparaît-elle dans la première scène? Pourquoi? A quel moment de la journée le film se termine-t-il? Pourquoi? Qu'est-ce qui a changé entre le début et la fin du film?

3.   Analyse d'une photo

1. Où et à quel moment cette scène se passe-t-elle?

2. Que propose l'instituteur?

3. Le Papet et Ugolin ont-ils l'air intéressé? Pourquoi?

4. Comment les trois personnages sont-ils habillés? Est-ce que ce sont leurs vêtements habituels?

4.   Analyse de citations

Analysez les citations suivantes en les replaçant dans leur contexte:

1. Un villageois (au début): "Et les morts, ça rapporte les morts?" Ugolin: "C'est pas mal les morts, c'est pas mauvais, ça rapporte bien."

2. Ugolin: "Tu ne crois pas que ça ferait un mélange terrible tout le regret du mal que je t'ai fait, et tout le plaisir du bien que je veux te faire?"

3. Le Papet (en parlant de la source de Jean): "Faites bien attention. Si vous saviez qu'il y en avait une, et que vous ne l'avez pas dit au bossu, alors c'est vous qui êtes responsables de sa mort."

5.   Sous-titres

Voici un extrait de la lettre qu'Ugolin laisse au Papet. Comparez le texte français et les sous-titres en anglais, puis répondez aux questions:

1	Papet, je m'en vais parce que j'en peux plus.	*Papet, I'm leaving because I can't go on.*
2	C'est pas pour les œillets, tant pis s'ils crèvent. C'est à cause de mon amour.	*It's not the carnations. It's because of my love.*
3	J'ai compris qu'elle ne me voudra jamais.	*I realize she'll never want me.*
4	Je m'en doutais parce que mon ruban d'amour m'a fait un abcès qui me brûle.	*I suspected it because her ribbon burned my flesh.*
5	Et puis quand je lui ai dit devant tout le monde que je veux la marier, tout lui donner, elle m'a craché dessus en paroles.	*And when I told her in public I want to marry her, she spat at me in a fury.*
6	En plus, elle s'est réfugiée vers l'instituteur.	*What's more, she fled towards the teacher.*

a. 1ère réplique: la phrase française est-elle correcte? Que manque-t-il? Cette erreur existe-t-elle dans la phrase en anglais? Pourquoi?

b. 2ème réplique: "tant pis s'ils crèvent" n'est pas traduit. Cette omission est-elle gênante pour la bonne compréhension des sentiments d'Ugolin?

c. 4ème réplique: les mots "her ribbon" rendent-ils avec exactitude "mon ruban d'amour"?

d. 5ème réplique: la phrase "je veux la marier" est-elle correcte? Que doit-on dire? Retrouve-t-on cette erreur en anglais? Pourquoi?

e. 5ème réplique: "tout lui donner" n'est pas traduit. Est-ce dommage?

f. 5ème réplique: les phrases "elle m'a craché dessus en paroles" et "she spat at me in a fury" ont-elles le même sens?

g. 6ème réplique: les verbes "se réfugier" et "to flee" ont-ils le même sens? L'un est-il plus profond que l'autre?

6. Les critiques

1. Dans *Le Monde* du 20 novembre 1986, Danièle Heymann parle de Daniel Auteuil et dit que "son Ugolin (...) entre (...) dans la grande galerie universelle des coupables innocents". Qu'est-ce qu'elle veut dire? Comment peut-on être un "coupable innocent"?

2. Etes-vous d'accord avec Joël Magny, quand il affirme (*Les Cahiers du Cinéma*, janvier 1987) que "les meilleures scènes du film de Berri" sont "celles qui reposent sur le texte". Pouvez-vous donner des exemples de très bonnes scènes dans lesquelles les paroles, le récit, les dialogues sont importants? Réfléchissez à d'autres scènes sans paroles. Qu'en pensez-vous?

7. Parallèles avec d'autres films

1. Le suicide: comparez le suicide d'Ugolin dans *Manon des sources* avec celui d'Emma dans *Madame Bovary* et celui de Charles Brice dans *L'accompagnatrice*. Pourquoi et comment ces personnages se sont-ils suicidés? Qui en a été le plus affligé? Quelles conséquences ces suicides ont-elles sur les autres personnages?

2. Daniel Auteuil: comparez ses rôles dans *Jean de Florette* et *Manon des sources* (Ugolin, un paysan provençal au début du siècle), *La veuve de Saint-Pierre* (Jean, un capitaine de l'Armée à Saint-Pierre et Miquelon en 1850) et *Un cœur en hiver* (Stéphane, un luthier parisien). Le trouvez-vous bien choisi pour ces rôles extrêmement différents? Ces trois rôles étaient-ils tous de difficulté égale? Justifiez votre point de vue.

8. Lecture

L'extrait suivant est tiré du *Château de ma Mère*. Dans ce roman, Marcel Pagnol raconte ses souvenirs d'enfance, en particulier ses vacances dans les collines provençales. Il s'est lié d'amitié avec Lili, un petit paysan de son âge qui connaît très bien les lieux. Dans cet extrait, Marcel et Lili font un pique-nique dans les collines avec le père et l'Oncle (Jules) de Marcel.

> Mon père dit:
> —Ce qui manque le plus dans ce pays, ce sont les sources…
> A part le Puits du Mûrier, est-ce qu'il y en a d'autres?
> —Bien sûr! dit Lili. Mais il n'ajouta rien.
> —Il y a la baume de Passe-Temps, dit l'oncle. Elle est sur la carte d'état-major.
> —Il y a aussi celle des Escaouprès, dit Lili. C'est là que mon père fait boire ses chèvres.

—C'est celle que que nous avons vue l'autre jour, dit l'oncle.

—Il y en a certainement d'autres, dit mon père. Il est impossible que, dans un massif aussi vaste, les eaux de la pluie ne ressortent[1] pas quelque part.

—Il ne pleut peut-être pas assez, dit l'oncle Jules.

—Détrompez-vous[2], s'écria mon père. Il tombe à Paris 0 m 45 de pluie par an. Ici, il en tombe 0 m 60!

Je regardai Lili avec fierté, et je fis un petit clin d'oeil[3] qui soulignait[4] l'omniscience paternelle. Mais il ne parut pas comprendre la valeur de ce qui venait d'être dit.

—Etant donné que[5] le sol[6] des plateaux est fait de tables rocheuses imperméables, poursuivit mon père, il me semble tout à fait certain qu'un ruissellement[7] important doit se rassembler dans les vallons, en poches souterraines, et il est fort probable que certaines de ces poches affleurent[8] et suintent[9] dans les endroits les plus creux[10]. Tu connais sûrement d'autres sources?

—J'en connais sept, dit Lili.

—Et où sont-elles?

Le petit paysan parut un peu embarrassé, mais il répondit clairement.

—C'est défendu de le dire.

Mon père fut aussi étonné que moi.

—Pourquoi donc?

Lili rougit, avala[11] sa salive, et déclara:

—Parce qu'une source, ça ne se dit pas!

—Qu'est-ce que c'est que cette doctrine? s'écria l'oncle.

—Evidemment, dit mon père, dans ce pays de la soif, une source, c'est un trésor.

—Et puis, dit Lili, candide, s'ils savaient les sources, ils pourraient y boire!

—Qui donc?

—Ceux[12] d'Allauch ou bien de Peypin. Et alors, ils viendraient chasser ici tous les jours!

Il s'anima brusquement:

—Et puis, il y aurait tous ces imbéciles qui font les excursions…Depuis qu'on leur a «dit» la source du Petit-Homme, de temps en temps ils viennent au moins vingt…D'abord, ça dérange les perdreaux[13] — et puis, des fois, quand ils ont bien bu, ils pissent dans la source. Une fois ils avaient mis un écriteau[14]: «Nous avons pissé dans la source!»

—Pourquoi? dit mon oncle.

Lili répondit, sur un ton tout à fait naturel:

—Parce que Chabert leur avait tiré un coup de fusil[15].

—Un vrai coup de fusil? dis-je.

1	come out	9	seep
2	you're quite mistaken!	10	hollow
3	I winked	11	swallowed
4	underlined	12	the people from
5	since	13	partridges
6	base	14	sign
7	run-off	15	had shot at them
8	come to the surface		

—Oui, mais de loin, avec du petit plomb[16]…Il n'a qu'un cerisier[17], et les autres lui volaient ses cerises! dit Lili avec indignation. Mon père a dit qu'il aurait dû tirer à chevrotines[18]!

—Voilà des moeurs[19] un peu sauvages! s'écria mon oncle.

—C'est eux les sauvages! dit Lili avec force. Il y a deux ans, pour faire cuire la côtelette, ils ont mis le feu à la pinède[20] du jas de Moulet! Heureusement, c'était une petite pinède, et il n'y avait rien à côté! Mais s'ils faisaient ça dans Passe-Temps, imaginez-vous un peu!

—Evidemment, dit mon père, les gens de la ville sont dangereux, parce qu'ils ne savent pas…

—Quand on ne sait pas, dit Lili, on n'a qu'à rester à la maison.

Il mangeait de grand coeur[21] l'omelette aux tomates.

—Mais nous, nous ne sommes pas des excursionnistes. Nous ne salissons[22] pas les sources, et tu pourrais nous dire où elles sont.

—Je voudrais bien, dit Lili. Mais c'est défendu. Même dans les familles, ça ne se dit pas…

—Dans les familles, dit mon père, ça, c'est encore plus fort.

—Il exagère peut-être un peu, dit l'oncle.

—Oh non! c'est la vérité! Il y en a une que mon grand-père connaissait: il n'a jamais voulu le dire à personne…

—Alors, comment le sais-tu?

—C'est parce que nous avons un petit champ, au fond de Passe-Temps. Des fois on allait labourer[23], pour le blé noir[24]. Alors, à midi, au moment de manger, le papet disait: «Ne regardez pas où je vais!» Et il partait avec une bouteille vide.

Je demandai:

—Et vous ne regardiez pas?

—O Bonne Mère! Il aurait tué tout le monde! Alors, nous autres on mangeait assis par terre, sans tourner l'oeil de son côté. Et au bout d'un moment, il revenait avec une bouteille d'eau glacée

Mon père demanda:

—Et jamais, jamais vous n'avez rien su?

—A ce qu'il paraît que[25] quand il est mort, il a essayé de dire le secret…Il a appelé mon père, et il lui a fait[26]: «François, la source…la source…» Et toc, il est mort…Il avait attendu trop longtemps. Et nous avons eu beau[27] la chercher, nous l'avons jamais trouvée. Ça fait que c'est une source perdue…

—Voilà un gaspillage[28] stupide, dit l'oncle.

—Eh oui, dit Lili, mélancolique. Mais quand même[29], peut-être elle fait boire les oiseaux?

1. Pourquoi Lili refuse-t-il de dire où les sources se trouvent? Cette méfiance est-elle comparable à celle exprimée dans *Jean de Florette* et *Manon des sources*?

---

16 small shot	23 plow
17 cherry tree	24 buckwheat
18 buckshot	25 I heard that
19 mores	26 *here*: said
20 pine forest	27 and no matter how hard we tried
21 heartily	28 waste
22 dirty	29 but still

2. Pourquoi l'oncle Jules trouve-t-il que les habitants des collines ont "des mœurs un peu sauvages"? Lili est-il d'accord?

3. Que pense Lili des gens de la ville? Les villageois dans les films partageaient-ils cette opinion?

4. Lili trouve-t-il grave que la source que son grand-père connaissait soit perdue? Que dit-il? Qu'est-ce que cela indique sur la relation des paysans à la nature?

5. Dans cet extrait on remarque une opposition entre le père de Marcel (l'homme de la ville, le scientifique) et Lili (le paysan des collines). Peut-on établir un parallèle avec les personnages de *Jean de Florette* et *Manon des sources*?

CHAPITRE 4

Madame Bovary

Présentation du film

Emma, fille de paysans aisés, épouse Charles Bovary, un médiocre médecin de campagne. Elle s'ennuie vite avec Charles et cherche la passion en prenant des amants, et se couvre de dettes pour assouvir ses rêves de luxe et de grandeur.

Carte d'identité du réalisateur

Claude Chabrol (né en 1930) a inauguré la Nouvelle Vague avec *Le beau Serge* (1959). Dans ses films, il use d'un humour acide et méchant pour critiquer la société, notamment la bourgeoisie, le conformisme et les mœurs de province. Il a tourné de nombreux films remarquables avec Isabelle Huppert: *Violette Nozière* (1978), *Une affaire de femmes* (1988), *Madame Bovary* (1991), *La cérémonie* (1995), *Rien ne va plus* (1997). Il a signé son 50ème film en 2000 avec *Merci pour le chocolat*.

Carte d'identité des acteurs

Isabelle Huppert (née en 1955) est une actrice intelligente et exigeante, qui a su choisir des rôles à sa mesure. Elle a tourné avec de nombreux réalisateurs, dont Chabrol (voir plus haut), Jacquot (*L'école de la chair*, 1998, *Pas de scandale*, 1999, *La fausse suivante*, 2000), Mazuy (*Saint-Cyr*, 2000), et Assayas (*Les destinées sentimentales*, 1999). Récemment on l'a vue dans *La pianiste* (2001) et *8 femmes* (2002).

Jean-François Balmer (né en 1948) est un acteur discret qui travaille à la fois pour le cinéma, la télévision et le théâtre. C'est un grand adepte des seconds rôles. Il a joué, entre autres, dans *L'Africain* (1982), *La révolution française* (1989), *Rien ne va plus* (1997), *Saint-Cyr* (2000), *Belphégor* (2001).

L'heure de gloire

Madame Bovary a été apprécié aux Etats-Unis où il a été nominé aux Golden Globes (meilleur film étranger) et aux Oscars (meilleurs costumes). Isabelle Huppert a remporté le prix de la meilleure actrice au festival du film de Moscou.

PREPARATION

1. Vocabulaire

Vocabulaire utile avant de voir le film:

Les noms

un couvent: *a convent*
un médecin: *a physician*
un bal: *a ball*
une toilette: *a formal dress*
un clerc de notaire: *a law clerk*
un notaire: *a notary / lawyer*
un adieu: *a farewell*

une saignée: *blood-letting*
un hobereau: *a country squire*
les comices agricoles: *an agricultural show*
un pied-bot: *a club foot*
une rupture: *a break up*
le beau-père: *the father-in-law*

Les verbes

se casser la jambe: *to break one's leg*
se marier: *to get married*
s'ennuyer: *to be bored*
rêver: *to dream*
faire plaisir à qq'un: *to please s.o.*
se compromettre: *to compromise oneself*
être tenté(e): *to be tempted*
séduire qq'un: *to seduce s.o.*
tromper son mari (sa femme): *to be unfaithful to one's husband (wife)*
faire du cheval: *to ride a horse*

réussir: *to succeed*
mépriser qq'un: *to despise s.o.*
profiter (d'une situation): *to take advantage of (a situation)*
avoir des dettes: *to be in debt*
mentir: *to lie*
prêter: *to lend*
se suicider: *to commit suicide*
s'empoisonner: *to poison oneself*
avoir honte: *to be ashamed*

Les adjectifs

aisé(e): *comfortable (financially)*
cultivé(e): *well-read*
émerveillé(e): *amazed*
timide: *shy*
modeste: *unpretentious*
fier (-ère): *proud*

excédé(e): *exasperated*
prévenant(e): *considerate*
lâche: *cowardly*
égoïste: *selfish*
infidèle: *unfaithful*

Traduisez!

1. When she was at the convent, Emma was dreaming of going to balls, wearing beautiful dresses, and meeting well-read people.

2. How could this shy and unpretentious doctor marry such a proud and selfish girl?

3. This woman is unfaithful to her husband, she despises him and lies to him.

4. He became a lawyer and succeeded very well.

2. Repères culturels

1. Le film est basé sur le roman de Flaubert. Connaissez-vous Flaubert? Pouvez-vous répondre aux questions suivantes?
   a. Quand a-t-il vécu?
   b. Quelle profession son père exerçait-il?
   c. *Madame Bovary* a-t-il été bien accueilli à sa sortie?
   d. Pouvez-vous citer d'autres romans de lui?

2. Le roman et le film se passent en Normandie. Pouvez-vous répondre aux questions suivantes sur la Normandie?
   a. Où se situe-t-elle?
   b. Quelles en sont les villes principales?
   c. Comment est le climat?
   d. Quelles sont les principales ressources économiques de la Normandie?
   e. Pouvez-vous nommer d'autres écrivains célèbres de Normandie?

CONVERSATION EN CLASSE

1. Les personnages: Emma Bovary (Isabelle Huppert)
   Charles Bovary (Jean-François Balmer)
   Léon
   Rodolphe (Christophe Malavoy)
   M. Homais, le pharmacien (Jean Yanne)
   M. Lheureux, le marchand de tissus

2. Où et à quelle époque le film se passe-t-il?

3. Quelles sont les origines sociales d'Emma? Quel type d'éducation a-t-elle reçu?

4. Comment Emma et Charles se rencontrent-ils?

5. Pourquoi Emma se marie-t-elle avec Charles? Le connaît-elle bien? Semble-t-elle heureuse le jour de son mariage?

6. Comment Emma occupe-t-elle ses journées au début de son mariage?

7. Pourquoi est-elle si excitée d'aller au bal?

8. Dans quel milieu social se trouve-t-elle plongée? Comment y traite-t-elle son mari?

9. Pourquoi les Bovary partent-ils de Tostes pour s'installer à Yonville? Charles a-t-il envie de ce changement?

10. Comment Emma choisit-elle le nom de sa fille?

11. Comment Emma commence-t-elle à se compromettre? Les gens du village s'en rendent-ils compte?

12. Quelles sont les relations d'Emma avec sa fille?

13. Qu'essaie de faire M. Lheureux à sa première visite à Emma? Que fait-elle?

14. Pourquoi Emma se rend-elle voir le curé? Est-il une aide précieuse?

15. Comment se passent les adieux entre Emma et Léon? Où Léon va-t-il?

16. Comment Emma et Rodolphe se rencontrent-ils?

17. En quoi Léon et Rodolphe sont-ils différents dès le premier jour?

18. Que raconte Rodolphe à Emma pendant le discours sur la place du marché? Quel effet ont ses paroles sur Emma? Qu'est-ce qui est comique pendant cette scène?

19. Dans quelles circonstances Emma commence-t-elle à tromper son mari?

20. Pourquoi Emma est-elle si heureuse quand l'opération du pied-bot semble avoir réussi? Pour qui est-elle désolée ensuite? Comment traite-t-elle Charles?

21. Comment les vêtements d'Emma changent-ils? Comment ses rapports avec Lheureux évoluent-ils?

22. Rodolphe est-il prévenant à son égard? Que fait-il pour elle? Qu'espère-t-elle de cette relation? Et lui?

23. Que pensez-vous de la lettre de Rodolphe?

24. Quel est le résultat de cette rupture sur la santé d'Emma? Charles est-il conscient des causes de la maladie de sa femme?

25. Au théâtre à Rouen, Léon est-il le même que le Léon d'autrefois? En quoi ses relations avec Emma vont-elles changer?

26. Comment Emma réagit-elle à la nouvelle de la mort de son beau-père?

27. Que fait Emma pour payer ses dettes?

28. Vers qui se tourne-t-elle pour trouver de l'argent? Comment est-elle reçue? Que pensez-vous de la façon dont Léon et Rodolphe réagissent?

29. Pourquoi et comment se suicide-t-elle?

30. Comment Charles réagit-il? Que devient Berthe?

APPROFONDISSEMENT

1. Vocabulaire

• **Enrichissez votre vocabulaire !**

La médecine

un docteur: *a doctor*
un généraliste: *a primary care physician*
un(e) infirmier (-ère): *a nurse*
un spécialiste: *a specialist*
un pédiatre: *a pediatrician*
un ophtalmologue: *an ophtalmologist*
un dermatologue: *a dermatologist*
un dentiste: *a dentist*
un chirurgien: *a surgeon*
une consultation: *an office visit*
un bilan de santé: *a check-up*

une radio(graphie): *an X-ray*
une échographie: *an ultrasound*
un diagnostic: *a diagnosis*
une ordonnance: *a prescription*
un médicament: *a medicine*
un vaccin: *a vaccine*
un hôpital: *a hospital*
une clinique: *a clinic*
la Croix-Rouge: *the Red Cross*

Le suicide

se donner la mort: *to kill oneself*
mettre fin à ses jours: *to take one's own life*
se tirer une balle: *to shoot oneself*
se pendre: *to hang oneself*
se noyer: *to drown*
suicidaire: *suicidal*

dépressif(-ve): *depressed*
la solitude: *loneliness*
avoir des problèmes de santé: *to have health problems*
une dépression nerveuse: *a nervous breakdown*

L'ambition

un souhait: *a wish*
un rêve: *a dream*
un désir: *a desire*
la convoitise: *covetousness*

l'orgueil: *pride, arrogance*
prétentieux (-se): *pretentious*
présomptueux (-se): *presumptuous*
l'arrivisme: *unscrupulous ambition*

- **Jouez avec les mots!**

A. Trouvez les mots qui se cachent derrière les définitions:

Indice: le mot en gras est une caractéristique d'Emma: _____

Se suicider

Fête

Riche

Contraire de rater

Se donner la mort

Belle robe

Monastère

Ne pas dire la vérité

Docteur

Argent que l'on doit

B. Retrouvez les mots qui se cachent derrière les lettres mélangées:

1. ACDENNNOOR   : _ _ _ _ _ _ _ _ _
2. EEGIOST   : _ _ _ _ _ _ _
3. EEPRRT   : _ _ _ _ _ _
4. ACDEEIMMNT   : _ _ _ _ _ _ _ _ _
5. EGILORU   : _ _ _ _ _ _ _
6. EEIMPRRS   : _ _ _ _ _ _ _ _
7. CEILTUV   : _ _ _ _ _ _ _
8. CEGHIINRRU   : _ _ _ _ _ _ _ _ _

2.   Réflexion - Essais

1. Analysez la personnalité d'Emma:
   a. Que sait-on sur son éducation? Que lisait-elle?
   b. Quel caractère Emma a-t-elle? Son caractère évolue-t-il?
   c. Qu'espère-t-elle et qu'attend-elle de la vie?
   d. Quelle est sa conception de l'amour?
   e. Pourquoi Emma est-elle si attirée par la ville (Rouen et Paris)?
   f. Qu'apprend-on sur la condition des femmes avec *Madame Bovary*?

2. Analysez le personnage de Charles:
   a. Charles est-il ambitieux?
   b. Quelle est sa conception du bonheur?
   c. En quoi la médecine de l'époque était-elle différente de celle d'aujourd'hui?
   d. *Madame Bovary* se moque de la bêtise de ses personnages. Pouvez-vous en donner quelques exemples?

3. Etudiez le couple Bovary:
   a. Décrivez leur mariage.
   b. Quels sont les sentiments d'Emma pour Charles, et de Charles pour Emma?
   c. En quoi le bal est-il un puissant révélateur des difficultés du couple? "C'est le plus beau jour de ma vie", dit-elle après. Est-ce un compliment adressé à Charles?
   d. Qui, de Charles ou d'Emma, est responsable de ce désastre conjugal? Les torts sont-ils partagés?

4. Comparez Léon et Rodolphe

	Léon	Rodolphe
Physiquement		
Personnalité		
Profession		
Comportement vis-à-vis d'Emma		
Ce qu'ils aiment		
Rupture avec Emma		

5. Analysez les personnages secondaires. Qui sont-ils? Que représentent-ils? Pourquoi sont-ils importants? Comment font-ils avancer l'intrigue?
   a. Homais:
   b. Lheureux:
   c. Hippolyte:
   d. Félicité:

6. Que pensez-vous d'Isabelle Huppert dans le rôle d'Emma? Est-elle bien choisie?

7. Emma mérite-t-elle son destin? Aurait-elle pu être heureuse? Dans quelles circonstances?

8. Comparez la première et la dernière scène. Où se passe la première scène? Pourquoi? Comment Emma et Charles sont-ils présentés? Quelle impression donnent-ils? Qui voit-on dans la dernière scène? La mort des Bovary a-t-elle changé quelque chose dans la vie des habitants d'Yonville? A quoi servent le petit garçon dans la première scène et la voix off dans la dernière scène?

3. Analyse d'une photo

1. Où et à quel moment cette scène se passe-t-elle?
2. Qu'est-ce qu'Emma a dans la main?
3. Que fait-elle?
4. Où est Charles? Sont-ils ensemble?

4. Analyse de citations

Analysez les citations suivantes en les replaçant dans leur contexte:

1. Emma: "J'aurais bien aimé me marier à minuit avec des flambeaux."
2. Narrateur: " La conversation de Charles était plate comme un trottoir de rue."
3. Rodolphe (faisant la cour à Emma): "On ne résiste pas au sourire des anges."
4. Narrateur (juste après l'échec de l'opération du pied-bot): "Elle se rappela toutes les privations de son âme, ses rêves tombant dans la boue comme des hirondelles blessées, tout ce qu'elle avait désiré, tout ce qu'elle s'était refusé, tout ce qu'elle aurait pu avoir."

5. Sous-titres

Les sous-titres de *Madame Bovary* sont très fidèles à l'original. Comparez ce dialogue (Emma implore Rodolphe de l'emmener) et les sous-titres en anglais, puis répondez aux questions:

1	Emmène-moi! Je souffre depuis quatre ans. Je meurs.	*Take me away! Four years of suffering. I'm dying!*
2	Ils sont à me torturer. Je n'y tiens plus. Sauve-moi!	*They torture me. Save me!*

3	Calme-toi! Que veux-tu?	*What do you want?*
4	Enlève-moi! Je t'en supplie.	*Take me away! I beg you.*
5	Et ta fille?	*And Berthe?*
6	Nous la prendrons. Tant pis.	*We'll take her too.*

   a. 2ème et 3ème répliques: à votre avis, pourquoi "Je n'y tiens plus" et "Calme-toi!" ne sont-ils pas traduits? Comment les auriez-vous traduits?

   b. 4ème réplique: "Take me away!" est utilisé deux fois dans ce passage (1ère et 4ème répliques). Les verbes "emmener" et "enlever" ont-ils le même sens en français? Pourquoi avoir utilisé le même verbe en anglais?

   c. 5ème réplique: pourquoi avoir choisi "Berthe" et pas "your daughter"?

   d. 6ème réplique: "tant pis" et "too" ont-ils le même sens? Quelle est la différence?

6. Les critiques

1. Jacques Siclier, dans *Le Monde* du 3 avril 1991, décrit Rodolphe (quand il fait la cour à Emma pendant les Comices) comme étant "un dandy sorti d'un livre et prononçant les paroles qu'elle a besoin d'entendre". Que veut-il dire?

2. Pour Alain Riou, "le film comporte (…) une sorte de gaieté constante, même dans sa montée lente vers la tragédie" (*Le Nouvel-Observateur*, 4 avril 1991). Etes-vous d'accord avec cette "gaieté constante"?

7. Parallèles avec d'autres films

1. La condition des femmes: Comparez la condition des femmes dans *Ridicule, Le hussard sur le toit, La veuve de Saint-Pierre* et *Madame Bovary*. Pourquoi se marient-elles? Comment sont leurs maris? Quelle importance l'argent a-t-il? Sont-elles libres?

2. Le suicide: Comparez le suicide d'Ugolin dans *Manon des sources* avec celui d'Emma dans *Madame Bovary* et celui de Charles Brice dans *L'accompagnatrice*. Pourquoi et comment ces personnages se sont-ils suicidés? Qui en a été le plus affligé? Quelles conséquences ces suicides ont-elles sur les autres personnages?

8. Lectures

1. Les deux passages suivants sont tirés de *Madame Bovary*, de Flaubert. Le premier extrait est le description du bal:

> "A trois pas d'Emma, un cavalier[1] en habit bleu causait[2] Italie avec une jeune femme pâle, portant une parure de perles. Ils vantaient[3] la grosseur des piliers de

---

1 a rider
2 was chatting

3 were praising

Saint-Pierre, Tivoli, le Vésuve, Castellamare et les Cassines, les roses de Gênes, le
Colisée au clair de lune. Emma écoutait de son autre oreille une conversation pleine
de mots qu'elle ne comprenait pas. On entourait un tout jeune homme qui avait
battu, la semaine d'avant, Miss Arabelle et Romulus, et gagné deux mille louis[4] à
sauter un fossé[5], en Angleterre. L'un se plaignait de ses coureurs[6] qui engraissaient[7];
un autre, des fautes d'impression[8] qui avaient dénaturé le nom de son cheval.

L'air du bal était lourd; les lampes pâlissaient. On refluait[9] dans la salle de
billard. Un domestique monta sur une chaise et cassa deux vitres; au bruit des
éclats de verre, madame Bovary tourna la tête et aperçut dans le jardin, contre les
carreaux[10], des faces de paysans qui regardaient. Alors le souvenir des Bertaux
lui arriva. Elle revit la ferme, la mare bourbeuse[11], son père en blouse sous les
pommiers, et elle se revit elle-même, comme autrefois, écrémant[12] avec son doigt
les terrines de lait dans la laiterie. Mais, aux fulgurations de l'heure présente, sa
vie passée, si nette jusqu'alors, s'évanouissait[13] tout entière, et elle doutait presque
de l'avoir vécue. Elle était là; puis autour du bal, il n'y avait plus que de l'ombre,
étalée sur tout le reste. Elle mangeait alors une glace au marasquin[14], qu'elle tenait
de la main gauche dans une coquille de vermeil, et fermait à demi les yeux, la
cuiller entre les dents."

1. De quoi parlent les invités? Leurs conversations sont-elles profondes?

2. Pourquoi Emma ne comprend-elle pas les conversations des invités?

3. Emma participe-t-elle aux conversations?

4. Donnez des exemples de références au luxe et à l'argent.

5. Flaubert admire-t-il ou condamne-t-il ce milieu?

6. A quoi Emma pense-t-elle en voyant les paysans? Est-ce un souvenir agré-
    able?

7. Pourquoi Emma prend-elle tant de plaisir à manger sa glace? Pourquoi
    ferme-t-elle les yeux?

8. Finalement, Emma est-elle intégrée au bal? Où se situe-t-elle?

Le passage suivant est tiré de l'épilogue:

"Le lendemain, Charles alla s'asseoir sur le banc, dans la tonnelle[15]. Des jours[16]
passaient par le treillis; les feuilles de vigne dessinaient leurs ombres sur le sable,
le jasmin embaumait, le ciel était bleu, des cantharides[17] bourdonnaient autour des
lis en fleur, et Charles suffoquait comme un adolescent sous les vagues effluves
amoureux qui gonflaient son coeur chagrin.

A sept heures, la petite Berthe, qui ne l'avait pas vu de toute l'après-midi,
vint le chercher pour dîner.

---

4 coins (former French currency)	11 muddy
5 a ditch	12 skimming
6 (here) horses	13 was vanishing
7 were getting fat	14 maraschino (cherry liqueur)
8 printing mistakes	15 the arbor
9 people were flowing back into	16 light
10 window panes	17 type of insect

Il avait la tête renversée[18] contre le mur, les yeux clos, la bouche ouverte, et tenait dans ses mains une longue mèche[19] de cheveux noirs.

- Papa, viens donc! dit-elle.

Et, croyant qu'il voulait jouer, elle le poussa doucement. Il tomba par terre. Il était mort.

Trente-six heures après, sur la demande de l'apothicaire, M. Canivet accourut. Il l'ouvrit et ne trouva rien.

Quand tout fut vendu, il resta douze francs soixante et quinze centimes qui servirent à payer le voyage de mademoiselle Bovary chez sa grand-mère. La bonne femme mourut dans l'année même; le père Rouault étant paralysé, ce fut une tante qui s'en chargea[20]. Elle est pauvre et l'envoie, pour gagner sa vie, dans une filature de coton[21].

Depuis la mort de Bovary, trois médecins se sont succédé[22] à Yonville sans pouvoir y réussir, tant M. Homais les a tout de suite battus en brèche[23]. Il fait une clientèle d'enfer[24]; l'autorité le ménage[25] et l'opinion publique le protège.

Il vient de recevoir la croix d'honneur[26]."

1. Dans quelles circonstances Charles est-il mort? Comparez sa mort avec celle d'Emma.

2. Qui conclut le roman: Emma, Charles ou Homais? Pourquoi?

3. Qui est responsable de la vie difficile que Berthe va devoir mener?

4. Pourquoi Homais réussit-il, alors que les Bovary ont tout perdu? Quel message Flaubert fait-il passer?

5. La présence, puis la mort d'Emma a-t-elle changé quelque chose à Yonville, ou la vie des gens continue-t-elle comme avant?

6. Quelle impression générale se dégage de l'épilogue?

2. La nouvelle suivante a été écrite par Maupassant en 1884. Lisez-la en vous souvenant de l'histoire de *Madame Bovary* et répondez aux questions

La parure[27]

C'était une de ces jolies et charmantes filles, nées, comme par une erreur du destin, dans une famille d'employés. Elle n'avait pas de dot[28], pas d'espérances, aucun moyen d'être connue, comprise, aimée, épousée par un homme riche et distingué; et elle se laissa marier avec un petit commis[29] du ministère de l'Instruction publique.

18	slumped backwards	24	he has tons of customers
19	lock	25	spares him
20	took care of her	26	the Legion of Honor
21	a cotton mill	27	(here) necklace
22	followed one another	28	dowry
23	because Mr Homais demolished their reputation right away	29	office clerk

Elle fut simple ne pouvant être parée[30]; mais malheureuse comme une déclassée; car les femmes n'ont point de caste ni de race, leur beauté, leur grâce et leur charme leur servant de naissance et de famille. Leur finesse native, leur instinct d'élégance, leur souplesse d'esprit, sont leur seule hiérarchie, et font des filles du peuple les égales des plus grandes dames.

Elle souffrait sans cesse, se sentant née pour toutes les délicatesses et tous les luxes. Elle souffrait de la pauvreté de son logement, de la misère des murs, de l'usure[31] des sièges, de la laideur des étoffes[32]. Toutes ces choses, dont une autre femme de sa caste ne se serait même pas aperçue[33], la torturaient et l'indignaient. La vue de la petite Bretonne qui faisait son humble ménage éveillait en elle des regrets désolés et des rêves éperdus. Elle songeait[34] aux antichambres muettes, capitonnées[35] avec des tentures[36] orientales, éclairées par de hautes torchères de bronze, et aux deux grands valets[37] en culotte courte qui dorment dans les larges fauteuils, assoupis[38] par la chaleur lourde du calorifère. Elle songeait aux grands salons vêtus de soie ancienne, aux meubles fins portant des bibelots[39] inestimables, et aux petits salons coquets, parfumés, faits pour la causerie[40] de cinq heures avec les amis les plus intimes, les hommes connus et recherchés dont toutes les femmes envient et désirent l'attention.

Quand elle s'asseyait, pour dîner, devant la table ronde couverte d'une nappe[41] de trois jours, en face de son mari qui découvrait la soupière[42] en déclarant d'un air enchanté: "Ah! le bon pot-au-feu[43]! je ne sais rien de meilleur que cela..." elle songeait aux dîners fins, aux argenteries[44] reluisantes[45], aux tapisseries peuplant les murailles de personnages anciens et d'oiseaux étranges au milieu d'une forêt de féerie; elle songeait aux plats exquis servis en des vaisselles merveilleuses, aux galanteries[46] chuchotées et écoutées avec un sourire de sphinx, tout en mangeant la chair rose d'une truite[47] ou des ailes de gelinotte[48].

Elle n'avait pas de toilettes[49], pas de bijoux, rien. Et elle n'aimait que cela; elle se sentait faite pour cela. Elle eût tant désiré plaire, être enviée, être séduisante et recherchée.

Elle avait une amie riche, une camarade de couvent qu'elle ne voulait plus aller voir, tant elle souffrait en revenant. Et elle pleurait pendant des jours entiers, de chagrin, de regret, de désespoir et de détresse.

Or, un soir, son mari rentra, l'air glorieux et tenant à la main une large enveloppe.

"Tiens, dit-il, voici quelque chose pour toi."

Elle déchira[50] vivement le papier et en tira une carte imprimée qui portait ces mots:

"Le ministre de l'Instruction publique et Mme Georges Ramponneau prient

30	decked out	41	tablecloth
31	wear and tear	42	(soup) tureen
32	fabrics	43	beef stew
33	would not even have noticed	44	silverware
34	was thinking about	45	shiny
35	padded with	46	gallant remarks
36	tapestries	47	trout
37	servants	48	grouse
38	dozing	49	dresses
39	knick-knacks	50	tore open
40	chat		

M. et Mme Loisel de leur faire l'honneur de venir passer la soirée à l'hôtel du ministère, le lundi 18 janvier."

Au lieu d'être ravie, comme l'espérait son mari, elle jeta avec dépit[51] l'invitation sur la table, murmurant:

"Que veux-tu que je fasse de cela?

- Mais, ma chérie, je pensais que tu serais contente. Tu ne sors jamais, et c'est une occasion, cela, une belle! J'ai eu une peine infinie[52] à l'obtenir. Tout le monde en veut; c'est très recherché et on n'en donne pas beaucoup aux employés. Tu verras là tout le monde officiel."

Elle le regardait d'un oeil irrité, et elle déclara avec impatience:

"Que veux-tu que je me mette sur le dos pour aller là?"

Il n'y avait pas songé; il balbutia[53]:

"Mais la robe avec laquelle tu vas au théâtre. Elle me semble très bien, à moi..."

Il se tut, stupéfait, éperdu[54], en voyant que sa femme pleurait. Deux grosses larmes descendaient lentement des coins des yeux vers les coins de la bouche; il bégaya[55]:

"Qu'as-tu? qu'as-tu?"

Mais, par un effort violent, elle avait dompté sa peine et elle répondit d'une voix calme en essuyant ses joues humides:

"Rien. Seulement je n'ai pas de toilette et par conséquent je ne peux aller à cette fête. Donne ta carte à quelque collègue dont la femme sera mieux nippée[56] que moi."

Il était désolé. Il reprit:

"Voyons, Mathilde. Combien cela coûterait-il, une toilette convenable, qui pourrait te servir encore en d'autres occasions, quelque chose de très simple?"

Elle réfléchit quelques secondes, établissant ses comptes et songeant aussi à la somme qu'elle pouvait demander sans s'attirer un refus immédiat et une exclamation effarée[57] du commis économe[58].

Enfin, elle répondit en hésitant:

"Je ne sais pas au juste, mais il me semble qu'avec quatre cents francs je pourrais arriver."

Il avait un peu pâli, car il réservait juste cette somme pour acheter un fusil[59] et s'offrir des parties de chasse, l'été suivant, dans la plaine de Nanterre, avec quelques amis qui allaient tirer des alouettes[60], par là, le dimanche.

Il dit cependant:

"Soit. Je te donne quatre cents francs. Mais tâche[61] d'avoir une belle robe."

Le jour de la fête approchait, et Mme Loisel semblait triste, inquiète, anxieuse. Sa toilette était prête cependant. Son mari lui dit un soir:

"Qu'as-tu? Voyons, tu es toute drôle depuis trois jours."

Et elle répondit:

51	pique	57	alarmed
52	I went to a lot of trouble	58	thrifty
53	stammered	59	a rifle
54	distraught	60	larks
55	stuttered	61	but make sure you...
56	dressed		

"Cela m'ennuie[62] de n'avoir pas un bijou, pas une pierre, rien à mettre sur moi. J'aurai l'air misère[63] comme tout. J'aimerais presque mieux ne pas aller à cette soirée."

Il reprit[64]:

"Tu mettras des fleurs naturelles. C'est très chic en cette saison-ci. Pour dix francs tu auras deux ou trois roses magnifiques."

Elle n'était point convaincue.

"Non... il n'y a rien de plus humiliant que d'avoir l'air pauvre au milieu de femmes riches."

Mais son mari s'écria:

"Que tu es bête! Va trouver ton amie Mme Forestier et demande-lui de te prêter[65] des bijoux. Tu es bien assez liée[66] avec elle pour faire cela."

Elle poussa un cri de joie:

"C'est vrai. Je n'y avais point pensé."

Le lendemain, elle se rendit[67] chez son amie et lui conta[68] sa détresse.

Mme Forestier alla vers son armoire à glace, prit un large coffret[69], l'apporta, l'ouvrit, et dit à Mme Loisel:

"Choisis, ma chère."

Elle vit d'abord des bracelets, puis un collier de perles, puis une croix vénitienne, or et pierreries, d'un admirable travail. Elle essayait les parures devant la glace, hésitait, ne pouvait se décider à les quitter, à les rendre. Elle demandait toujours:

"Tu n'as plus rien d'autre?

- Mais si. Cherche. Je ne sais pas ce qui peut te plaire."

Tout à coup elle découvrit, dans une boîte de satin noir, une superbe rivière de diamants; et son coeur se mit à battre d'un désir immodéré. Ses mains tremblaient en la prenant. Elle l'attacha autour de sa gorge, sur sa robe montante, et demeura en extase devant elle-même.

Puis, elle demanda, hésitante, pleine d'angoisse[70]:

"Peux-tu me prêter cela, rien que cela?

- Mais oui, certainement."

Elle sauta au cou de son amie, l'embrassa avec emportement, puis s'enfuit avec son trésor.

Le jour de la fête arriva. Mme Loisel eut un succès. Elle était plus jolie que toutes, élégante, gracieuse, souriante et folle de joie[71]. Tous les hommes la regardaient, demandaient son nom, cherchaient à être présentés[72]. Tous les attachés du cabinet voulaient valser[73] avec elle. Le ministre la remarqua.

Elle dansait avec ivresse[74], avec emportement[75], grisée[76] par le plaisir, ne pensant plus à rien, dans le triomphe de sa beauté, dans la gloire de son succès,

62 it bothers me	70 anguish
63 I will look poor	71 overjoyed
64 continued	72 introduced
65 to lend	73 to waltz
66 on good enough terms	74 ecstatically
67 she went	75 passionately
68 told her	76 intoxicated
69 jewel box	

dans une sorte de nuage de bonheur fait de tous ces hommages, de toutes ces admirations, de tous ces désirs éveillés, de cette victoire si complète et si douce au coeur des femmes.

Elle partit vers quatre heures du matin. Son mari, depuis minuit, dormait dans un petit salon désert avec trois autres messieurs dont les femmes s'amusaient beaucoup.

Il lui jeta sur les épaules les vêtements qu'il avait apportés pour la sortie, modestes vêtements de la vie ordinaire, dont la pauvreté jurait[77] avec l'élégance de la toilette de bal. Elle le sentit et voulut s'enfuir, pour ne pas être remarquée par les autres femmes qui s'enveloppaient de riches fourrures[78].

Loisel la retenait:

"Attends donc. Tu vas attraper froid dehors. Je vais appeler un fiacre[79]."

Mais elle ne l'écoutait point et descendait rapidement l'escalier. Lorsqu'il furent dans la rue, ils ne trouvèrent pas de voiture; et ils se mirent à chercher, criant après les cochers[80] qu'ils voyaient passer de loin.

Ils descendaient vers la Seine, désespérés, grelottants[81]. Enfin ils trouvèrent sur le quai un de ces vieux coupés noctambules qu'on ne voit dans Paris que la nuit venue, comme s'ils eussent été honteux de leur misère pendant le jour.

Il les ramena jusqu'à leur porte, rue des Martyrs, et ils remontèrent tristement chez eux. C'était fini, pour elle. Et il songeait, lui, qu'il lui faudrait être au ministère à dix heures.

Elle ôta les vêtements dont elle s'était enveloppé les épaules, devant la glace, afin de se voir encore une fois dans sa gloire. Mais soudain elle poussa un cri. Elle n'avait plus sa rivière autour du cou!

Son mari, à moitié dévêtu[82] déjà, demanda:

"Qu'est-ce que tu as?"

Elle se tourna vers lui, affolée[83]:

"J'ai... j'ai... je n'ai plus la rivière de Mme Forestier."

Il se dressa, éperdu:

"Quoi!... comment!... Ce n'est pas possible!"

Et ils cherchèrent dans les plis[84] de la robe, dans les plis du manteau, dans les poches[85], partout. Ils ne la trouvèrent point.

Il demandait:

"Tu es sûre que tu l'avais encore en quittant le bal?

- Oui, je l'ai touchée dans le vestibule du ministère.

- Mais si tu l'avais perdue dans la rue, nous l'aurions entendue tomber. Elle doit être dans le fiacre.

- Oui. C'est probable. As-tu pris le numéro?

- Non. Et toi, tu ne l'as pas regardé?

- Non."

Ils se contemplaient atterrés[86]. Enfin Loisel se rhabilla.

"Je vais, dit-il, refaire tout le trajet que nous avons fait à pied, pour voir si je ne la retrouverai pas."

---

77 clashed
78 furs
79 hackney cab
80 cabmen
81 shivering

82 half undressed
83 panic-stricken
84 folds
85 pockets
86 appalled

Et il sortit. Elle demeura en toilette de soirée, sans force pour se coucher, abattue[87] sur une chaise, sans feu, sans pensée.

Son mari rentra vers sept heures. Il n'avait rien trouvé.

Il se rendit à la préfecture de Police[88], aux journaux, pour faire promettre une récompense[89], aux compagnies de petites voitures, partout enfin où un soupçon d'espoir le poussait.

Elle attendit tout le jour, dans le même état d'effarement devant cet affreux désastre.

Loisel revint le soir, avec la figure creusée[90], pâlie; il n'avait rien découvert.

"Il faut, dit-il, écrire à ton amie que tu as brisé la fermeture[91] de sa rivière et que tu la fais réparer. Cela nous donnera le temps de nous retourner[92]."

Elle écrivit sous sa dictée.

Au bout d'une semaine, ils avaient perdu toute espérance.

Et Loisel, vieilli de cinq ans, déclara:

"Il faut aviser[93] à remplacer ce bijou."

Ils prirent, le lendemain, la boîte qui l'avait renfermé, et se rendirent chez le joaillier[94], dont le nom se trouvait dedans. Il consulta ses livres:

"Ce n'est pas moi, Madame, qui ai vendu cette rivière; j'ai dû seulement fournir l'écrin[95]."

Alors ils allèrent de bijoutier en bijoutier, cherchant une parure pareille à l'autre, consultant leurs souvenirs, malades tous deux de chagrin et d'angoisse.

Ils trouvèrent, dans une boutique du Palais-Royal, un chapelet de diamants qui leur parut entièrement semblable à celui qu'ils cherchaient. Il valait[96] quarante mille francs. On le leur laisserait à trente-six mille.

Ils prièrent donc le joaillier de ne pas le vendre avant trois jours. Et ils firent condition qu'on le reprendrait, pour trente-quatre mille francs, si le premier était retrouvé avant la fin de février.

Loisel possédait dix-huit mille francs que lui avait laissés son père. Il emprunterait[97] le reste.

Il emprunta, demandant mille francs à l'un, cinq cents à l'autre, cinq louis par-ci, trois louis par-là. Il fit des billets, prit des engagements ruineux, eut affaire aux usuriers[98], à toutes les races de prêteurs. Il compromit toute la fin de son existence, risqua sa signature sans savoir même s'il pourrait y faire honneur, et, épouvanté[99] par les angoisses de l'avenir, par la noire misère qui allait s'abattre sur lui, par la perspective de toutes les privations physiques et de toutes les tortures morales, il alla chercher la rivière nouvelle, en déposant sur le comptoir du marchand trente-six mille francs.

Quand Mme Loisel reporta[100] la parure à Mme Forestier, celle-ci lui dit, d'un air froissé[101]:

"Tu aurais dû me la rendre plus tôt, car je pouvais en avoir besoin."

---

87 aghast	95 the case
88 police headquarters	96 it cost
89 reward	97 would borrow
90 looking gaunt	98 lenders
91 broke the clasp	99 terrified
92 to think of a solution	100 brought back
93 to see about	101 offended
94 jeweler	

Elle n'ouvrit pas l'écrin, ce que redoutait[102] son amie. Si elle s'était aperçue de la substitution, qu'aurait-elle pensé? qu'aurait-elle dit? Ne l'aurait-elle pas prise pour une voleuse?

Mme Loisel connut la vie horrible des nécessiteux[103]. Elle prit son parti, d'ailleurs, tout d'un coup, héroïquement. Il fallait payer cette dette effroyable. Elle payerait. On renvoya[104] la bonne[105]; on changea de logement; on loua sous les toits une mansarde.

Elle connut les gros travaux du ménage, les odieuses besognes[106] de la cuisine. Elle lava la vaisselle, usant ses ongles[107] roses sur les poteries grasses et le fond des casseroles. Elle savonna le linge sale[108], les chemises et les torchons[109], qu'elle faisait sécher sur une corde[110]; elle descendit à la rue, chaque matin, les ordures[111], et monta l'eau, s'arrêtant à chaque étage pour souffler. Et, vêtue[112] comme une femme du peuple[113], elle alla chez le fruitier, chez l'épicier, chez le boucher, le panier au bras, marchandant[114], injuriée[115], défendant sou à sou son misérable argent.

Il fallait chaque mois payer des billets, en renouveler d'autres, obtenir du temps.

Le mari travaillait, le soir, à mettre au net les comptes[116] d'un commerçant, et la nuit, souvent, il faisait de la copie à cinq sous la page.

Et cette vie dura dix ans.

Au bout de dix ans, ils avaient tout restitué, tout, avec le taux de l'usure[117], et l'accumulation des intérêts superposés.

Mme Loisel semblait vieille, maintenant. Elle était devenue la femme forte, et dure, et rude[118], des ménages pauvres. Mal peignée[119], avec les jupes de travers et les mains rouges, elle parlait haut[120], lavait à grande eau les planchers[121]. Mais parfois, lorsque son mari était au bureau, elle s'asseyait auprès de la fenêtre, et elle songeait à cette soirée d'autrefois, à ce bal où elle avait été si belle et si fêtée.

Que serait-il arrivé si elle n'avait point perdu cette parure? Qui sait? qui sait? Comme la vie est singulière, changeante! Comme il faut peu de chose pour vous perdre ou vous sauver!

Or, un dimanche, comme elle était allée faire un tour aux Champs-Elysées pour se délasser[122] des besognes de la semaine, elle aperçut tout à coup une femme qui promenait un enfant. C'était Mme Forestier, toujours jeune, toujours belle, toujours séduisante.

Mme Loisel se sentit émue[123]. Allait-elle lui parler? Oui, certes. Et maintenant qu'elle avait payé, elle lui dirait tout. Pourquoi pas?

Elle s'approcha.

"Bonjour, Jeanne."

---

102 dreaded	113 (here) a lower class woman
103 the destitute	114 bargaining
104 let go	115 insulted
105 maid	116 accounts
106 chores	117 interest rate
107 nails	118 rough
108 washed the dirty laundry	119 dishevelled
109 kitchen rags	120 (here) loudly
110 rope	121 floors
111 trash	122 to relax
112 dressed	123 moved

L'autre ne la reconnaissait point, s'étonnant d'être appelée ainsi familièrement par cette bourgeoise. Elle balbutia:

"Mais... Madame!... Je ne sais... Vous devez vous tromper[124].

- Non. Je suis Mathilde Loisel."

Son amie poussa un cri:

"Oh!... ma pauvre Mathilde, comme tu es changée!...

- Oui, j'ai eu des jours bien durs, depuis que je ne t'ai vue; et bien des misères... et cela à cause de[125] toi!...

- De moi... Comment ça?

- Tu te rappelles bien cette rivière de diamants que tu m'as prêtée pour aller à la fête du ministère.

- Oui. Eh bien?

- Eh bien, je l'ai perdue.

- Comment! puisque tu me l'as rapportée.

- Je t'en ai rapporté une autre toute pareille. Et voilà dix ans que nous la payons. Tu comprends que ça n'était pas aisé[126] pour nous, qui n'avions rien... Enfin c'est fini, et je suis rudement contente.

- Tu dis que tu as acheté une rivière de diamants pour remplacer la mienne?

- Oui. Tu ne t'en étais pas aperçue, hein? Elles étaient bien pareilles."

Et elle souriait d'une joie orgueilleuse et naïve.

Mme Forestier, fort émue, lui prit les deux mains.

"Oh! ma pauvre Mathilde! Mais la mienne était fausse. Elle valait au plus cinq cents francs!..."

1. De quel milieu social Mme Loisel vient-elle? De quoi rêve-t-elle? Comparez-la avec Emma Bovary.

2. Comparez M. Loisel et Charles Bovary: leurs occupations, leurs goûts, leurs sentiments pour leur femme.

3. Comparez la scène du bal: les préparatifs, les impressions des deux femmes pendant le bal, l'attitude des maris, et les jours qui suivent le bal.

4. Comparez les conséquences des erreurs d'Emma et de Mme Loisel sur leur entourage (Charles et Berthe, M. Loisel).

5. Comparez la déchéance des deux femmes. Pourquoi tombent-elles si bas?

6. Comparez la façon ironique dont les deux histoires se terminent.

---

124 you must be making a mistake
125 because of
126 easy

CHAPITRE 5

Marius et Jeannette

Présentation du film

Marius et Jeannette vivent dans un quartier ouvrier de Marseille. Ils ont tous les deux été éprouvés par la vie, mais leur rencontre va leur permettre de retrouver le goût du bonheur.

Carte d'identité du réalisateur

Robert Guédiguian (né en 1953) a grandi dans le quartier ouvrier de l'Estaque à Marseille. Parmi ses premiers films (*Dernier été*, 1980, *Dieu vomit les tièdes*, 1989, *A la vie, à la mort!*, 1995) certains ont été soutenus par la critique mais Guédiguian n'a été révélé au grand public qu'en 1997 grâce à *Marius et Jeannette*. C'est un réalisateur indépendant et engagé, fidèle à ses acteurs et ses techniciens (avec lesquels il travaille depuis ses débuts) ainsi qu'à Marseille (cadre de tous ses films). Récemment il a réalisé *La ville est tranquille* (2000) et *Marie-Jo et ses deux amours* (2002).

Carte d'identité des acteurs

Ariane Ascaride (née en 1954) et Robert Guédiguian se sont rencontrés pendant leurs études, puis se sont mariés. Ils partagent beaucoup d'idées politiques et sociales. Non seulement Ariane a joué dans tous les films de son mari, mais elle a aussi joué pour d'autres réalisateurs et elle poursuit une belle carrière au théâtre.

Gérard Meylan est un très bon ami d'enfance de Guédiguian. Ce n'est pas un acteur professionnel (il est infirmier à Marseille), et il ne tourne presque que pour Guédiguian, qui l'a fait jouer dans tous ses films.

L'heure de gloire

Ariane Ascaride a remporté le César de la meilleure actrice et Robert Guédiguian a été nominé pour le César du meilleur réalisateur et celui du meilleur film. *Marius et Jeannette* a aussi remporté le prix Louis-Delluc et le prix Lumière (décerné par la presse internationale).

PREPARATION

1. Vocabulaire

Vocabulaire utile avant de voir le film:

Noms

une usine: *a factory*
une cimenterie: *a cement factory*
un(e) ouvrier (-ère): *a worker*
un vigile: *a guard*
un pot de peinture: *a can of paint*
une salopette: *overalls*
un supermarché: *a supermarket*
une caissière: *a cashier*
le chômage: *unemployment*

une cour: *a courtyard*
un(e) voisin(e): *a neighbor*
un mur: *a wall*
un tracteur: *a tractor*
la vérité: *the truth*
une épreuve: *a trial (= a difficult time)*
un représentant: *a traveling salesman*
un conte: *a tale*
l'avenir: *the future*

Verbes

boiter: *to limp*
voler: *to steal*
reprocher qqch à qq'un: *to reproach s.o. for sth*
être viré(e) (fam.)/renvoyé(e): *to be fired*
avoir mal au dos: *to have back aches*
rêver de qqch/qq'un: *to dream of sth/s.o.*
répondre à qq'un: *to talk back to s.o.*
peindre: *to paint*

se débrouiller: *to manage*
plaquer qq'un (fam.): *to ditch s.o.*
s'inquiéter: *to worry*
reconstruire: *to build again*
mal prendre qqch: *to react badly*
se moquer de: *to make fun of*
apprivoiser qq'un: *to win s.o. over*

Adjectifs

bavard(e): *talkative*
exubérant(e): *exuberant*
taciturne: *taciturn*
réservé(e): *shy*

solitaire: *lonesome*
courageux (-se): *brave*
musulman(e): *Muslim*
bouleversé(e): *upset*

inutile: *useless*

coupable: *guilty*

tendre: *tender*

platonique: *platonic*

ensoleillé(e): *sunny*

lumineux (-euse): *bright*

Traduisez!

1. Marius is a guard in a cement factory. He wears overalls and he limps.

2. Jeannette works as a cashier in a supermarket, but she is fired because she is too talkative and she talked back to the boss.

3. She stole cans of paint to paint her house.

4. Unemployment is a trial for Jeannette but she is brave and she manages.

2.   Repères culturels

1. Que savez-vous sur Marseille? et l'Estaque?

2. Où la ville d'Aix-en-Provence est-elle située? En quoi est-elle différente de Marseille?

3. Quelles idées le Front National défend-il?

4. Que savez-vous sur les journaux suivants: *Le Monde Diplomatique* et *L'Humanité*?

5. Cézanne est mentionné dans le film. Qui est-il? Pourquoi est-il connu?

CONVERSATION EN CLASSE

1. Les personnages: Jeannette (Ariane Ascaride)
   Marius (Gérard Meylan)
   Justin
   Caroline
   Dédé et Monique
   Magali et Malek (les enfants de Jeannette)

2. Comment Marius et Jeannette se rencontrent-ils?

3. Pourquoi Marius tutoie-t-il Jeannette dans cette première scène?

4. Qu'est-ce que Jeannette reproche à son fils? Pourquoi?

5. Pourquoi Marius apporte-t-il les pots de peinture chez Jeannette?

6. Que voit Jeannette dans son rêve?

7. Que fait Jeannette comme travail? Pourquoi est-elle renvoyée?

8. Pourquoi Jeannette refuse-t-elle quand Marius propose de peindre chez elle?

9. Pourquoi Marius propose-t-il la course à pied?

10. Comment se passent les premiers rapports entre les enfants et Marius?

11. Qu'est-il arrivé aux pères des enfants de Jeannette? Pourquoi n'est-elle plus avec eux?

12. Quels journaux Justin et Caroline lisent-ils? Pourquoi lisent-ils ceux-là?

13. Quelles questions Malek se pose-t-il sur la religion? Que lui explique Justin?

14. Pourquoi Jeannette pense-t-elle qu'il y a une justice quand elle revoit son ancien patron, M. Ebrard?

15. Comment Magali réagit-elle quand sa mère rentre après sa nuit passée avec Marius?

16. Où Magali veut-elle aller faire ses études? Pourquoi Jeannette prend-elle mal cette décision?

17. Comment voit-on de plus en plus clairement que Marius a un rapport particulier avec les enfants?

18. Qu'observe Jeannette quand elle va à la cimenterie dans l'espoir de parler à Marius?

19. Qu'est-ce que Caroline et Monique recommandent à Jeannette de faire?

20. Qui va chercher Marius finalement? Pourquoi eux?

21. Pourquoi la scène du bar a-t-elle lieu? Etait-elle nécessaire pour l'histoire?

22. Quelles confidences Marius fait-il à Justin et Dédé?

23. Comprend-on maintenant pourquoi Marius a cessé de voir Jeannette?

24. Avait-il déjà parlé de ce drame à quelqu'un? Pourquoi s'est-il confié à Justin et Dédé?

25. Comment Justin et Dédé interprètent-ils "l'attachement"?

26. Comment le film se termine-t-il? Pourquoi est-ce si positif?

APPROFONDISSEMENT

1. Vocabulaire

- **Enrichissez votre vocabulaire !**

Au supermarché

un chariot: *a cart*
un consommateur: *a consumer*
faire les courses: *to go shopping*
une publicité (une pub): *an ad / a commercial*
une marque: *a brand*
une étiquette: *a label*
un(e) vendeur (-euse): *a salesperson*
un rayon: *an aisle*
acheter: *to buy*
un achat: *a purchase*
vendre: *to sell*
coûter: *to cost*

dépenser: *to spend*
être en solde: *to be on sale*
cher (-ère): *expensive*
bon marché: *cheap*
une affaire: *a good deal*
faire la queue: *to wait on line*
un grand magasin: *a department store (ex: Galeries Lafayette, Printemps)*
un hypermarché = une grande surface: *a "super" supermarket (ex: Leclerc, Carrefour, Casino)*
un centre commercial: *a shopping center*

Chômage et précarité

être au chômage: *to be unemployed*
avoir droit à qqch: *to be entitled to sth*
remplir les conditions: *to qualify*
l'aide: *assistance*

une allocation: *a benefit*
les allocations de chômage: *unemployment benefits*
un bon: *a coupon*

lutter contre le chômage: *to fight unemployment*
le taux de chômage: *the unemployment rate*
les statistiques du chômage: *unemployment figures*
supprimer des emplois: *to downsize*
être licencié(e): *to be laid off*
faire de l'intérim: *to temp*

un travail à temps plein/complet: *a full-time job*
un travail à temps partiel: *a part-time job*
instable: *unstable*
vulnérable: *vulnerable*
envoyer sa candidature: *to apply*
être embauché(e): *to be hired*
une assistante sociale: *a social worker*

- **Jouez avec les mots!**

A. Trouvez l'intrus:

être en solde	faire la queue	une affaire	bon marché
être embauché	être au chômage	être licencié	supprimer des emplois
un supermarché	un hypermarché	un chariot	une grande surface
une allocation	avoir droit à qqch	instable	remplir les conditions
un consommateur	l'aide	un achat	faire les courses
un vendeur	cher	dépenser	coûter

B. Complétez la phrase en choisissant l'expression qui convient.

1. Pierre a perdu son travail mais il
   a. est licencié
   b. fait de l'intérim
   c. fait la queue

2. Comment connais-tu ce produit? Je l'ai vu sur
   a. une publicité
   b. un bon
   c. un grand magasin

3. Recevez-vous des allocations? Non, nous
   a. sommes en solde
   b. remplissons les conditions
   c. n'y avons pas droit

4. Jeannette n'achète pas de Coca parce que
   a. c'est une affaire
   b. ça coûte trop cher
   c. c'est une marque

5. J'ai perdu mon travail car mon entreprise
   a. a supprimé des emplois
   b. est au chômage
   c. envoie sa candidature

6. Attends! J'ai oublié de prendre
   a. une étiquette
   b. un rayon
   c. un chariot

2. Réflexion - Essais

1. Faites le portrait de Marius et de Jeannette (leurs points communs et leurs différences) et décrivez l'évolution dans leurs relations. Sont-elles lisses et limpides? Pourquoi? Quelles sont leurs hésitations? A quoi sont-elle dues?

2. Ce film décrit une communauté de personnes.
   a. Que savez-vous sur Caroline, Justin, Monique et Dédé?
   b. Quels sont les liens entre les voisins? Que partagent-ils? Comment s'aident-ils?
   c. Pourquoi la petite cour est-elle importante?

3. Les enfants de Jeannette:
   a. Pourquoi sont-ils importants dans l'histoire?
   b. Quelle attitude Jeannette a-t-elle vis-à-vis d'eux? Comment les élève-t-elle?
   c. En quoi l'histoire serait-elle différente si Jeannette n'avait pas d'enfant?

4. Quel personnage a le plus changé entre le début et la fin? Expliquez votre point de vue.

5. Peut-on dire que, malgré leurs problèmes, les personnages sont heureux?

6. Deux lieux sont importants dans le film: la cimenterie et la maison de Jeannette. Pourquoi sont-ils importants pour Marius et Jeannette?

7. Pensez aux couleurs des vêtements de Jeannette, de la salopette de Marius et de la peinture. Pourquoi avoir choisi celles-là?

8. Il est clairement dit au début du film que *Marius et Jeannette* est un conte. Pourquoi est-ce un conte?

9. Comparez la première et la dernière scène. Où ont-elles lieu? Les personnages sont-ils présents au début? Quel est le symbolisme du ballon et de la passerelle? Quels sont les derniers mots du film? Est-ce classique?

3. Analyse d'une photo

1. Où cette scène se passe-t-elle? Que font Marius et Jeannette?
2. Qui va arriver quelques minutes plus tard?
3. Pourquoi cette scène est-elle importante?

4.   Analyse de citations

Analysez les citations suivantes en les replaçant dans leur contexte :

1. Magali: "Je voudrais qu'elle soit heureuse. […] Elle le mérite. J'ai presque envie de dire qu'elle y a droit, que si elle avait pas sa part de bonheur, ça serait comme une injustice".

2. Justin: "C'est les daltoniens de la religion".

3. Justin: "Ce type, il a plus assez de musique dans le cœur pour faire danser sa vie".

5.   Sous-titres

Dans le dialogue suivant, Magali explique à sa mère pourquoi elle veut aller à Paris. Comparez l'original en français et les sous-titres en anglais, puis répondez aux questions:

1	Je veux faire l'école de journalisme. Où tu veux que j'aille à part Paris, et puis c'est pas la Chine!… On met même pas quatre heures en TGV…	*I want to go to a journalism school. Where else can I go? It's not China. It's only four hours by train!*
2	Et tu vas habiter où à Paris?	*Where will you live?*
3	On prendra une chambre à deux avec Rose.	*I'll share with Rose.*
4	Elle veut faire du journalisme, Rose?	*She wants to be a journalist?*
5	Non, elle veut faire du théâtre.	*No, an actress.*
6	Ha!… Ca m'étonne pas d'elle.	*Surprise, surprise.*
7	Pourquoi tu dis ça?	*Why say that?*
8	Pour rien… Je la connais ta Rose, elle a pas beaucoup d'épines tu sais, elle va vite se faire cueillir…	*No reason. That Rose hasn't got many thorns, she'll soon get picked.*

a. 1ère réplique: pourquoi l'article défini ("l'") est-il remplacé par l'article indéfini ("a")?

b. 1ère réplique: pourquoi "TGV" est-il traduit par "train"? Est-ce un bon choix?

c. 3ème réplique: "I'll share" est beaucoup plus court que "On prendra une chambre à deux". Est-ce que cela a le même sens?

d. 5ème réplique: pourquoi avoir traduit "du théâtre" par "an actress"? Comment la question de Jeannette était-elle posée en anglais?

e. 6ème réplique: que pensez-vous de "Surprise, surprise"? Est-ce un bon sous-titre? Pourquoi?

f. 8ème réplique: Jeannette fait un jeu de mots avec "Rose", "épines" et "cueillir". Est-il rendu en anglais? Est-ce facile de traduire des jeux de mots?

6.   Les critiques

1.   *Le Figaro* du 20 novembre 1997 affirme qu'"il s'agit sûrement d'un film d'amour, mais plus sûrement encore d'un film de tendresse". Etes-vous d'accord qu'il est plus question de tendresse que d'amour dans *Marius et Jeannette*?

2.   Lors d'une interview pour *Télérama* (10 décembre 1997), Guédiguian a dit "Moi, je dis toujours que j'ai fait un film encourageant". Trouvez-vous ce film encourageant? Pourquoi?

7.   Parallèle avec d'autres films

La Provence: quatre films se passent en Provence (*Jean de Florette, Manon des sources, Le hussard sur le toit* et *Marius et Jeannette*). Est-elle filmée de la même façon? Quels aspects de la Provence voit-on?

8.   Lectures

1. Extrait du scénario

Dans l'extrait suivant, Jeannette rentre de la cimenterie où elle a essayé de voir Marius. Caroline et Monique lui posent des questions. Lisez cet extrait (les indications sur les mouvements de caméra ne sont pas notées pour privilégier le dialogue) et répondez aux questions.

Caroline. Alors? Tu l'as vu?
     *Jeannette se tourne vers la droite et [...] s'appuie[1] lentement au volet[2]. [...]
     Elle a un petit soupir[3].*
Jeannette. Ouais.
     Un silence.
Monique. Et alors?
Jeannette. Rien.
Caroline. Mais qu'est-ce qu'il a dit?
Jeannette *(prenant une inspiration et tournant la tête plus franchement vers Caroline).*
     Je viens de vous le dire: rien.
     Elle détourne la tête, regardant à nouveau devant elle.
Monique. Mais il t'a pas donné une explication?
Jeannette *(sans la regarder).* On s'est pas parlé.
Caroline. Oh!
Jeannette *(secouant la tête).* Je l'ai vu de loin, il m'a pas vue...
     Elle baisse la tête.
Caroline *(jetant un bref coup d'œil vers Monique et s'énervant[4] un peu).* Mais enfin,
     faut qu'il te donne une explication!
Jeannette *(haussant[5] le ton).* Mais il a rien à me donner, on s'est rien promis.
Monique. Et ben!... T'es pas curieuse, hein!
Caroline. Ou alors... c'est que tu l'aimes pas autant que tu crois.
Monique. Oh, remarque, c'est peut-être mieux, hein. *(Un temps)* Comme ça tu

---

1 leans against
2 shutter
3 sigh
4 getting a bit worked up
5 raising her voice

l'oublieras plus vite.

Jeannette hoche[6] un peu la tête, le regard baissé, sans regarder personne.

Jeannette. Je vais rentrer, j'ai ma vaisselle à faire.

Elle semble soupirer encore en silence.

Caroline. T'es bête, Jeannette. C'est le destin de personne d'être malheureux. Crois-moi.

(Elle baisse les yeux, tourne la tête vers le sol) Quand pendant des mois on se dit tous les jours qu'on va mourir, on apprend à faire la part[7] *(elle tourne à nouveau la tête vers Jeannette)* de ce qui est important et de ce qui ne l'est pas. *Jeannette, l'air malheureux, ne la regarde pas. Elle hoche légèrement la tête.*

Jeannette *(des larmes dans la voix).* Je vais faire ma vaisselle. J'aime pas quand ça traîne[8] dans l'évier[9]... C'est...

Caroline insiste.

Caroline. Mais tu peux pas rester comme ça sans savoir. Ça va te miner[10].

Jeannette *(criant presque).* Je vais pas me miner pour un mec qui me laisse tomber[11], non!... De toute façon le père de Magali m'a déjà fait le coup[12], et le père de Malek il m'a pas avertie[13] qu'il allait se faire écrabouiller[14] sous un échafaudage[15]!... *(Elle hausse les épaules)* Alors, bon, j'ai l'habitude hein, de ne pas avoir d'explications. *(Elle baisse la tête)* On finit par s'y faire[16] hein! *(Elle relève[17] le visage droit devant elle. Un temps. Elle sort les mains de ses poches et prend une inspiration)* Allez bonsoir.

Monique regarde Caroline puis baisse les yeux tandis qu'on entend en off les pas de Jeannette qui rentre chez elle et ferme la porte. Monique relève les yeux vers Caroline.

Monique *(avec un petit mouvement des yeux vers chez Jeannette).* Qu'est-ce qu'on fait?

Caroline. Qu'est-ce que tu veux faire? Le bonheur des gens contre leur gré[18]?... Regarde ce que ça a donné en URSS.

1. Jeannette se comporte-t-elle dans cette scène comme elle le fait en général?

2. Caroline et Monique comprennent-elles la résignation de Jeannette? Qu'est-ce que Marius doit à Jeannette d'après elles?

3. Expliquez ce que veut dire Caroline quand elle dit que "C'est le destin de personne d'être malheureux."

4. Comment Jeannette explique-t-elle qu'elle ne va pas se battre pour retrouver Marius?

5. Pourquoi Caroline compare-t-elle la situation de Jeannette et l'URSS?

---

6 nods	13 he didn't warn me
7 to distinguish between	14 to get crushed
8 lies	15 scaffolding
9 sink	16 you get used to it
10 it's going to drain you	17 she lifts up her face
11 who dumps me	18 against their will
12 already played that trick on me	

2. Interview de Robert Guédiguian

Cette interview a été réalisée par Michel Guilloux pour *L'Humanité* (souvenez-vous de la couleur politique de ce journal!) au lendemain de la sortie en salles[19] de *Marius et Jeannette*. Lisez-la et répondez aux questions.

Robert Guédiguian, un lutteur[20] qui a retrouvé le sourire

On l'annonçait lundi, à l'issue[21] de l'avant-première[22] organisée par la Société des amis de *l'Humanité*, Robert Guédiguian est homme d'engagement[23] et d'"encouragement'. 'Marius et Jeannette' avait déjà créé un bel événement lors de sa projection au dernier Festival de Cannes dans la section Un certain regard […]. Le film est en salles depuis hier. Rencontre dans les locaux parisiens d'Agat-Films, maison de production indépendante qu'a créée le cinéaste en compagnie d'Annie Tresgot et Alain Guesnier.

'Marius et Jeannette' est, selon vous, un 'conte'. Pourquoi cette forme?

Je l'avais déjà employée pour 'L'argent ne fait pas le bonheur'. Le conte met le spectateur et le critique dans un certain état d'esprit par rapport au film. L'effet immédiat est plus fort. On peut mélanger tous les registres à l'envi[24], du mélo[25] au burlesque. Dire 'c'est un conte', c'est affirmer d'emblée[26] qu'on n'est pas dans le naturalisme. N'étant pas dans le réel, chacun est disposé[27] à accepter un certain nombre de choses dont l'une, essentielle à mes yeux: chaque personnage a sa chance, y compris les deux qui pourraient 'glisser' le plus - le crétin[28] qui a voté une fois Front national et le contremaître[29]. 'Marius et Jeannette' est optimiste de part en part[30] mais, pour autant[31], je pense montrer que je ne suis pas naïf.

Avec le conte, je balance l'envie d'émerveiller ou de réenchanter, de redonner du courage, de dire que le monde pourrait être meilleur et qu'on peut le regarder différemment.

Etes-vous un cinéaste d'"histoires'?

Je crois aux histoires et à la nécessité d'en raconter, ce qui n'interdit ni la finesse, ni la distance, ni l'interpellation du spectateur au bon sens du terme. J'adore les digressions dans un roman. Le personnage sort de chez lui et puis brusquement se rappelle des événements qui lui sont arrivés dans son enfance, qui convoquent[32] d'autres souvenirs, etc. Au cinéma, la forme est différente. Mais on peut utiliser la voix off, par exemple pour des digressions d'ordre politique ou philosophique. Le tout[33] est de trouver le bon moyen pour que ce ne soit pas emmerdant[34] à l'écran (sourire).

---

19 the release	27 is prepared to
20 a fighter	28 idiot
21 following	29 foreman (M. Ebrard)
22 preview	30 through and through
23 a man of action	31 for all that
24 as much as you want	32 here: remind him
25 sentimental	33 the key
26 right away	34 (slang) boring

Je pense faire un cinéma plus allégorique que réaliste, tout en étant intéressé par le fait d'être entre les deux. […] J'aimerais qu'on réfléchisse. Je ne veux pas être battu. Au cinéma, je veux bien rire ou pleurer mais il faut que l'auteur me parle. C'est aussi pourquoi j'emploie la musique en contrepoint. Je préfère un plan[35] de trente secondes, à trente mètres, qu'un de quinze minutes à quinze kilomètres du spectateur.

Avec le conte pointe[36] aussi l'utopie, le rêve. Quelle importance ont-ils à vos yeux?

L'utopie me tient à coeur depuis mes trois derniers films, même ceux qui ne portent pas la mention 'conte' proposent une solution. J'étais moins en forme, plus désespéré avec un film tel 'Ki lo sa?'. Parfois les gens me disent: 'Dans vos films, Marseille c'est formidable.' Je leur réponds que non, elle n'est pas formidable du tout quand 40% des gens votent Front national. Je n'en veux[37] pas aux gens qui me disent ça, cela démontre que le film leur a fait du bien. Mais il ne faut pas se tromper. Mon film est une proposition de cinéaste, ma manière à moi de m'en sortir, de fabriquer de petites utopies puisque les grandes ne sont plus à l'ordre du jour. Mais il y a quelque chose de vrai, individuellement, du droit de rêver, du fonctionnement de cette cour, d'empêcher Dédé de voter une deuxième fois Front national et qui fera peut-être grève de nouveau. On ne peut pas vivre sans rêve.

Pendant un certain temps, on a pensé que les utopies étaient réalisables[38]. On s'est peut-être aperçu que par définition une utopie ne se réalise pas, mais sert à vous donner des coups de main[39] quand on n'est pas en forme, à prendre conscience[40] que vous n'êtes pas seul, qu'il est possible d'avancer. Le combat reprend, plus près de l'individu. C'est peut-être l'enterrement d'une conception de l'utopie qui permet à la seconde de se déployer[41]. On en a fini avec ça, maintenant que fait-on? Il faut essayer de gagner du terrain[42]. Il faut peut-être arrêter de penser global. Ce que j'aime dans 'Marius et Jeannette', c'est à la fois l'amour entre deux personnages blessés par la vie et leur relation au collectif. […]

Vous sentez-vous responsable des images que vous réalisez?

Tous ceux qui prétendent le contraire sont des menteurs ou des ânes[43]. On est responsable de chaque image que l'on réalise. Que ce soit en télévision, au cinéma ou dans la publicité, chaque image a une portée[44], aucune n'est insignifiante. Le spectacle sans idéologie, cela n'existe pas. Je crois au contraire qu'il existe des cinéastes responsables qui considèrent que leurs images ont du sens. 'Petits arrangements avec les morts', de Pascale Ferran, est un film responsable même s'il n'est pas un film social ni politique. Il existe des cinéastes 'concernés' par le monde dans lequel ils vivent et intéressés par autre chose que leur personne ou le pognon[45].

---

35 a shot	41 to develop
36 comes through	42 to gain ground
37 I don't hold it against	43 fools
38 attainable	44 impact
39 a helping hand	45 (slang) dough
40 to become aware	

'Concerné', vous l'avez été avec ce mouvement initié par les cinéastes pour les sans-papiers[46]. Quel regard[47] portez-vous sur cette expérience inédite[48]?

Je me dis qu'il faudrait beaucoup y réfléchir. Personne ne savait à l'avance la manière dont cela allait fonctionner et surtout pas nous. Qu'est-ce que ça révèle? Qu'il est temps d'envisager d'autres manières de faire de la politique. La forme que nous avons trouvée était une manière utile de faire de la politique, qui en appelait aussi aux nouvelles technologies - le fax, etc. -, en dehors de tout relais politique normal. Peut-être que ces gens-là n'ont pas envie de militer toute leur vie et veulent trouver une alternative à la définition de la citoyenneté[49] réduite[50] au vote. De temps en temps, dans une vie d'homme, on peut se dire j'arrête, je milite sur telle chose durant six mois. Cela a à voir avec la vie personnelle. C'est ce qu'il faudrait arriver à théoriser. [...]

Ce mouvement a laissé des traces dans le cinéma en France. Les gens qui se sont vus à cette occasion ont échangé, noué[51] des amitiés. Cela m'a sûrement donné des idées. Cela va forcément affecter le contenu de nos films. Cela nous incite[52] à rester vigilants. Si nous avons le pouvoir de lever des lièvres[53], je le referai dès demain. Pour moi, c'est de la guérilla. Les cinéastes ne sont pas comme les intellectuels. La forme - c'est important la forme - qu'a prise notre appel est liée à notre pratique. L'histoire de la désobéissance a permis de s'engager sur un principe. Le deuxième appel est une manière de dire aux politiques que jamais plus on ne leur signera de chèque en blanc. [...]

L'indépendance est à la fois ce qui caractérise vos films et qualifie une certaine branche du cinéma français. Le paysage semble s'obscurcir sur ce terrain-là.

La France est le seul pays où cela se passe ainsi et c'est tant mieux. 'Western', de Manuel Poirier, 'Y aura-t-il de la neige à Noël?', de Sandrine Veysset, ou 'Marius et Jeannette' - je l'espère! - sont des films indépendants qui marchent beaucoup mieux qu'ailleurs. Le combat est permanent contre les grands groupes. Le cinéma français est mobilisé depuis toujours, au travers de sa législation, du tissu d'exploitants[54], de diffuseurs[55], de producteurs indépendants. Ce sont des réseaux qui existent, se battent, ont un rapport différent au public. Le clivage[56] à ce niveau n'est pas droite-gauche[57] d'ailleurs. Des syndicats[58] de producteurs plutôt marqués à droite s'opposent aux alliances Gaumont-Buena Vista (le studio Disney, NDLR[59]) et UGC-Fox. Le danger est de voir arriver les multiplexes. Ils ne doivent pas tuer le tissu de salles indépendantes, en particulier en centre-ville. Il y a l'idée de quotas, qui rend fous[60] furieux les Américains obligés de financer la production de films français. Mais les quotas à la télévision ont permis de sauver la production française. Cela se discute. On ne peut pas occuper le terrain à armes[61] inégales. Même si la France

---

46 illegal immigrants
47 how do you view
48 new
49 citizenship
50 limited to
51 formed friendships
52 it urges us
53 to stumble on something important
54 the network of cinema owners / managers

55 distributors
56 split
57 (political) right wing-left wing
58 guilds
59 (note de la rédaction) editor's note
60 raving mad
61 on unequal terms

est l'endroit du monde où la bataille se mène le mieux, il ne faut pas lâcher[62] une seconde.

1. Comment Robert Guédiguian justifie-t-il la forme du conte? Expliquez les différentes raisons avec vos propres mots.

2. Dans *Marius et Jeannette*, Guédiguian a-t-il utilisé la voix off pour ses "digressions d'ordre politique ou philosophique"? Comment a-t-il fait?

3. Trouvez-vous que le film donne une image formidable de Marseille?

4. Que veut-il dire quand il affirme que "les grandes [utopies] ne sont plus à l'ordre du jour"? Etes-vous d'accord avec lui?

5. Pensez-vous, comme Guédiguian, que "chaque image a une portée, aucune n'est insignifiante"?

6. Est-ce une bonne idée pour les cinéastes de faire de la politique, notamment de façon originale comme le mouvement pour les sans-papiers?

7. Quelle différence fait-il entre les cinéastes et les intellectuels?

8. Comment le cinéma français se défend-il face aux super-productions américaines?

9. Quels sont, d'après Guédiguian, les deux dangers pour le cinéma français?

10. Qu'est-ce qui montre que cet entretien a été réalisé pour un journal communiste, et pas pour *Le Figaro* ou *Le Monde* par exemple?

---

62 let go

CHAPITRE 6

Le grand chemin

Présentation du film

En 1958, Louis, petit parisien de neuf ans, est envoyé à la campagne pour trois semaines chez une amie de sa mère. Il y fait des découvertes sur le monde des adultes, l'amour, la mort et le monde rural grâce notamment à Martine, la petite voisine espiègle et intrépide.

Carte d'identité du réalisateur

Jean-Loup Hubert (né en 1949) est un réalisateur discret qui était auteur de bandes dessinées avant de faire du cinéma. Il affectionne les chroniques familiales, les films intimistes et attachants. *Le grand chemin* (1987) est son plus gros succès à ce jour. Depuis, il a aussi réalisé *Après la guerre* (1989), *La reine blanche* (1991), *Marthe ou la promesse du jour* (1997) et *Duel* (1999). Il a écrit le scénario de presque tous ses films.

Carte d'identité des acteurs

Anémone (née en 1950) a commencé par jouer de nombreux seconds rôles, jusqu'en 1981 où *Viens chez moi, j'habite chez une copine* l'a fait connaître. On l'a ensuite vue dans *Le Père Noël est une ordure* (1982) et *Péril en la demeure* (1985), premier film dans lequel elle n'avait pas un rôle comique. C'est *Le grand chemin* qui lui a apporté le succès en 1987. Plus récemment, elle a joué dans *Le petit prince a dit* (1992), *Aux petits bonheurs* (1993) et *Lautrec* (1998).

Richard Bohringer (né en 1941) écrivait des pièces et chantait avant que sa carrière au cinéma ne soit lancée par *Diva* en 1981. Il a endossé les rôles les plus divers, notamment dans *Le grand chemin* (1987), *L'accompagnatrice* (1992), *La lumière des étoiles mortes* (1994), *Les caprices d'un fleuve* (1996) et *Mauvais genres* (2001). Il continue à écrire et son second roman a été publié en 1994.

L'heure de gloire

Richard Bohringer et Anémone ont reçu le César du meilleur acteur et celui de la meilleure actrice, et l'Académie Nationale du Cinéma a décerné le prix du meilleur film au *Grand chemin*.

PREPARATION

1.   Vocabulaire

Vocabulaire utile avant de voir le film:

Les noms

un chemin: *a lane, a road*

une brouette: *a wheelbarrow*

une charrette: *a cart*

les cabinets: *the outhouse*

le hululement: *ululation (of owls)*

un garçon manqué: *a tomboy*

un cimetière: *a cemetery*

un cercueil: *a coffin*

une tombe: *a grave*

un enterrement: *a funeral*

un curé: *a priest*

une bonne sœur: *a nun*

une dactylo: *a typist*

un atelier: *a workshop*

le toit: *the roof*

une échelle: *a ladder*

une gargouille: *a gargoyle*

la gouttière: *the gutter*

des civelles: *baby eels*

un maillot de bain: *a swim suit*

l'enfance: *childhood*

Les verbes

pleurer: *to cry*

accoucher: *to give birth*

hériter: *to inherit*

avoir le vertige: *to have a fear of heights*

faire une fugue: *to run away from home*

Les adjectifs

enceinte: *pregnant*

saoul(e): *drunk*

espiègle: *mischievous*

Traduisez!

1. Pelo makes wheelbarrows, carts and coffins in his workshop.
2. Let's use the ladder to go on the roof! I can't! I have a fear of heights!
3. The priest needs to get ready for the funeral.
4. When Pauline dies the nuns will inherit her house.

2. Repères culturels

a. Le film se passe en province (près de Nantes). Quelle est la différence entre "la" province et "une" province? Qu'est-ce qu'un département? une région?

b. La Guerre d'Algérie est mentionnée dans le film. Quand et pourquoi cette guerre a-t-elle eu lieu? Comment s'est-elle terminée?

3. Bande-annonce

Allez sur le site du producteur du film (www.flachfilm.com). Cliquez sur "Recherche", puis sur "Films de cinéma", puis sur "Le grand chemin". Validez et la bande-annonce va se mettre en marche toute seule. Regardez-la plusieurs fois et répondez aux questions suivantes:

a. Qui sont les personnages principaux? Quelle impression générale avez-vous d'eux?

b. Le garçon et la fille ont-ils la même attitude? Qui pose des questions? Qui répond?

c. Les relations entre les personnages semblent-elles évoluer? de quelle façon?

d. Que voit-on du village? et des alentours?

CONVERSATION EN CLASSE

1. Les personnages:
   Marcelle (Anémone)
   Pelo (Richard Bohringer)
   Louis (Antoine Hubert)
   Martine (Vanessa Guedj)
   Claire (la mère de Louis)
   Solange (la sœur de Martine)
   Simon (le fiancé de Solange)

2. Où et à quelle époque le film se passe-t-il?

3. Pourquoi Louis ne veut-il pas laisser sa mère?

4. Louis est-il content de l'arrivée du bébé?

5. La mère de Louis connaît-elle Pelo? Que sait-elle sur lui?

6. Quelle est la première impression que nous avons de Pelo?

7. Louis a-t-il déjà vu quelqu'un tuer un lapin? Pourquoi? Marcelle est-elle consciente de cette différence?

8. Pourquoi Louis ne peut-il pas aller chez son père à Nice pendant la venue du bébé? Quelle raison sa mère donne-t-elle? Quelle est la vraie raison?

9. Que pensez-vous des hululements de Pelo la première nuit? Quelles explications donne-t-il plus tard?

10. Que fait Pelo pendant que Marcelle va à la messe?

11. Que se passe-t-il entre Pelo et Marcelle après l'arrivée de Louis?

12. Quand Pelo rentre tard et saoul et que Marcelle s'est enfermée, que découvre Pelo? Avait-il accès à la chambre de bébé avant? Pourquoi à votre avis? Pourquoi Pelo détruit-il tout?

13. Décrivez la personnalité de Martine.

14. Aime-t-elle les morts et les cimetières? Pourquoi?

15. Est-elle toujours gentille avec Louis?

16. Que pense Pelo de la mort de Pauline (la vieille dame)? Qui doit être content maintenant?

17. Que fait Marcelle après l'enterrement? Que comprend Louis? Quelles explications demande-t-il plus tard à Pelo?

18. Dans quelles circonstances Martine va-t-elle à l'église?

19. Quelle est l'évolution des sentiments de Louis quand il reçoit la lettre de sa mère? Pourquoi est-il déçu par la carte postale?

20. Martine a-t-elle tout compris? Que lui dit-elle?

21. Que fait-il pour se venger?

22. Après être rassurés par le médecin sur l'état de Louis, quelles sont les réactions de Marcelle et de Pelo?

23. Où Simon (le fiancé de Solange) s'en va-t-il? A-t-il des raisons d'être inquiet?

24. Louis est-il triste de partir? Et Martine? Est-elle triste de le voir partir?

25. Qu'est-ce qu'il a oublié d'emmener avec lui? Est-ce symbolique?

26. Que se passe-t-il entre Pelo et Marcelle? Pourquoi à votre avis?

APPROFONDISSEMENT

1. Vocabulaire

- **Enrichissez votre vocabulaire !**

La campagne

un champ: *a field*	un cheval: *a horse*
un pré: *a meadow*	un âne: *a donkey*
le foin: *hay*	une chèvre: *a goat*
une grange: *a barn*	un cochon: *a pig*
la terre: *the soil*	une poule: *a hen*
une ferme: *a farm*	un lapin: *a rabbit*
les animaux de la ferme: *farm animals*	un canard: *a duck*
une vache: *a cow*	quelques fleurs: *a few types of flowers*

la jonquille: *daffodil*
la tulipe: *tulip*
le muguet: *lily of the valley*
la rose: *rose*
le bouton d'or: *buttercup*
la pâquerette: *daisy*
le coquelicot: *poppy*

les fleurs des champs: *wildflowers*
quelques arbres: *a few types of trees*
le chêne: *oak*
l'érable: *maple*
le saule: *willow*
le peuplier: *poplar*

La mort

mourir: *to die*
être mort(e): *to be dead*
l'enterrement: *the burial*
enterrer: *to bury*

se suicider: *to commit suicide*
être assassiné(e): *to be assassinated*
prendre le deuil: *to go into mourning*
sincères condoléances: *deepest sympathy*

- **Jouez avec les mots!**

A. Complétez les phrases suivantes avec les mots de la liste:

champs	cimetière	vertige
enceinte	vache	lapins
tulipes	toit	accoucher
poules	mort	jonquilles
enterrement	peupliers	

1. Dans cette ferme ils ont une _____ pour le lait, des _____ pour les œufs, et des _____ pour la viande.

2. Cette femme est _____ de 8 mois. Elle va bientôt _____.

3. Vous préférez les fleurs jaunes comme les _____, ou les rouges comme les _____?

4. Quand on a appris qu'André était _____, on s'est préparé à aller au _____ pour l'_____.

5. Ces _____ sont bordés de _____.

6. Je ne pourrais jamais monter sur le _____ d'une église car j'ai le _____.

B. Trouvez les mots qui se cachent derrière les définitions:

Indice: le mot en gras est un lieu que Martine aime: _____

Prêtre

Fleur rouge

Fiancé de Solange

Objet fabriqué par Pelo

Femme qui attend un enfant

Animaux que Marcelle élève

Pour monter

Village du film

Boîte pour les morts

2.   Réflexion - Essais

1.   Etudiez le couple Pelo-Marcelle. Donnez des exemples de leurs querelles, de leurs rivalités, et de la violence entre eux.

2.   Louis a-t-il les mêmes rapports avec Marcelle et avec Pelo? En quoi sont-ils différents?

3.   Analysez l'amitié entre Louis et Martine (Comment commence-t-elle? Qu'ont-ils en commun? Donnez des exemples de choses qu'ils font ensemble).

4.   Nous avons trois familles dans le film. Qui? Sont-elles traditionnelles ?

5.   Les femmes travaillent-elles dans le film? Que font-elles?

6.   Marcelle et Pelo sont-ils d'accord sur la religion? Qu'en pensent-ils? Qu'est-ce qu'elle représente?

7.   En quoi la vie à Rouans est-elle typique d'un village? En quoi serait-elle différente à Paris?

8.   Imaginez que Louis écrive une lettre à sa mère, avant d'avoir reçu sa carte postale. Que lui raconterait-il sur sa vie à Rouans, avec Pelo, Marcelle et Martine? Ecrivez sa lettre (n'oubliez pas que c'est un enfant de 9 ans qui écrit!):

9.   A votre avis, en quoi Louis est-il changé après ces trois semaines?

10. Pouvez-vous expliquer le titre?

11. Comparez la première et la dernière scène. Où les deux scènes ont-elles lieu? Quel temps fait-il? Qu'est-ce qui a changé entre les deux scènes?

3.   Analyse d'une photo

1.   Où se trouvent Martine et Louis?

2.   Que regardent-ils?

3.   Quelles expressions lisez-vous sur leur visage?

4.   Analyse de citations

Analysez les citations suivantes en les replaçant dans leur contexte:

1. Marcelle: "Du jour où t'as compris qu'il s'attachait, t'as tout fait pour l'éloigner de moi, cet enfant".

2. Marcelle: "Et s'il s'était tué!" "J'en serais morte s'il était tombé!"

5. Sous-titres

Comparez ce dialogue entre Louis et Martine et les sous-titres en anglais, puis répondez aux questions:

1	Il est comment Pelo?	*And Pelo?*
2	Il est menuisier...	*He's a carpenter.*
3	Il est gentil?	*Is he nice?*
4	Ça dépend... Quand il a sa cuite il est pas baisant... Remarque... c'est pas ça qui fait peur à Marcelle!... Elle est dure à cuire...	*That depends. When he's on a binge, he's a mess! But that doesn't faze Marcelle a bit! She's hard as nails.*
5	C'est vrai que c'est une mégère?	*Is she really a shrew?*
6	Une mémère?	*A sprue?*
7	Non. Une mégère! Tu sais c'que c'est toi?	*No, a shrew. Know what that is?*
8	Non... Je sais pas... Mais si tu veux je chercherai, j'ai un dico!	*No, but I'll look it up in the dictionary!*

a. 1ère réplique: "And Pelo?" traduit-il exactement l'original? Quelle est la différence entre les deux?

b. 4ème réplique: il y a trois expressions familières dans cette réplique ("a sa cuite", "pas baisant" et "dure à cuire"). Sont-elles bien rendues en anglais? Le niveau de langue est-il respecté?

c. 6ème réplique: comparez mégère/mémère et shrew/sprue. Le mot "sprue" est-il courant? Est-il donc bien choisi?

d. 8ème réplique: était-il possible de traduire "dico" (abréviation courante de "dictionnaire")? A qui le dictionnaire appartient-il? Est-ce clair dans le sous-titre?

6. Les critiques

1. Gilbert Salachas, dans le *Télérama* du 3 décembre 1997 écrit que "Jean-Loup Hubert, dans ce récit partiellement autobiographique, interprété par son propre fils, rappelle, par assimilation, les émois, les surprises, les joies et les tristesses de toutes les enfances". Qu'en pensez-vous? Trouvez-vous que ce film est un bon portrait de l'enfance?

2. Alexandre Astuc (*Paris-Match*, 24 avril 1987) pense que "le grand mérite du beau film de Jean-Loup Hubert est de nous peindre avec vérité et tendresse ce monde rural aujourd'hui en voie de disparition". Il est vrai que les Français sont de plus en plus citadins et que les traditions de la campagne se perdent. Et vous? Vivez-vous en ville ou à la campagne? Qu'est-ce que vous préférez? Le film vous donne-t-il envie de vivre à la campagne?

7. Parallèles avec d'autres films

1. L'amitié: comparez l'amitié entre Louis et Martine dans *Le grand chemin*, et celle entre Julien et Jean dans *Au revoir les enfants*. Qu'est-ce qui est commun? Qu'est-ce qui est différent?

2. Les cimetières: comparez l'importance du cimetière dans *Rouge baiser* et dans *Le grand chemin*. Qui fréquente le cimetière? En quoi est-il important dans l'histoire?

3. Le père absent: analysez le motif du père absent à travers *Le grand chemin*, *Au revoir les enfants* et *L'accompagnatrice*. A travers les yeux de quels personnages le thème est-il traité? Comment les enfants dont le père est absent ressentent-ils ce manque? Pourquoi les pères sont-ils absents?

4. L'alcoolisme: Comparez l'alcoolisme de Jean dans *Jean de Florette*, celui de Pelo dans *Le grand chemin*, et celui de Neel dans *La veuve de Saint-Pierre*. Pourquoi ces personnages boivent-ils et quelles sont les conséquences de leurs excès?

5. La campagne: *Un dimanche à la campagne* et *Le grand chemin* se passent à la campagne. Est-elle traitée de la même façon dans les deux films? Comment est-elle filmée? Que représente-t-elle pour les personnages? Est-ce un lieu idyllique, un lieu qui fait peur, ou tout simplement le lieu où l'on a toujours vécu?

8. Lectures

1. Extrait du scénario

Les dialogues suivants sont extraits du scénario (certaines indications sur les mouvements de caméra ne sont pas notées pour privilégier le dialogue). Louis s'est enfui et se cache sur le toit de l'église. Pelo vient le chercher. Lisez les dialogues et répondez aux questions:

Toit de l'église – extérieur jour

Plan[1] *sur Louis assis au pied de la croix sur le toit de l'église. Il caresse un lapin qu'il tient dans les bras. En arrière-plan on devine le bourg[2] et la campagne environnante. On entend le bruit d'une porte qui s'ouvre. Louis tourne légèrement la tête alerté par le bruit. Plan moyen sur Pelo arrivant sur le toit par la porte venant de la charpente[3] de l'église. Il regarde vers le haut cherchant Louis. Il l'aperçoit.*

Pelo. Ah! T'es là… […] Eh ben, tu parles d'un acrobate!… *(Louis jette un coup d'œil à Pelo)* C'est Martine qui t'a montré le truc[4] de la gargouille? Ben c'est pas tombé loin!… le Curé a proprement failli être baptisé!… *(Pelo cherche une solution pour accéder jusqu'à Louis. Il saisit[5] une échelle jonchant[6] le sol)* Bouge pas, hein! *(Louis regarde Pelo)* Attends, je vais approcher l'échelle. *(L'échelle, redressée[7] par Pelo, entre dans le champ[8] et est posée sur le toit, accrochée à un crochet de fer[9], pas loin de Louis. Pelo commence à monter à l'échelle tout en regardant Louis)* N'essaie pas de descendre tout seul, hein!… je viens te chercher… *Louis se met debout et regarde Pelo*

---

1 shot	6 lying on the ground
2 the village	7 straightened up
3 the frame	8 in the picture
4 a trick	9 attached to an iron hook
5 grabs	

Louis (*pleurant*). Va-t'en, je ne descendrai pas! Va-t'en!

> *Pelo s'arrête de monter et regarde Louis.*

Pelo. Comme t'es là, t'en as gros sur la patate[10] hein, c'est ça Louis?…c'est ça?…

Mur sur le côté de l'église – extérieur jour

Martine tourne un instant la tête derrière elle pour s'adresser à qui la suit. Elle pointe le toit de l'église du doigt puis elle continue de courir vers l'église.

Martine. Il est là! Il est là! (*Marcelle, Solange et Yvonne arrivant en courant derrière Martine tout en regardant vers le sommet du toit de l'église.*) Regardez! A la croix! *Elles aperçoivent Louis et stoppent net la bouche ouverte. Marcelle porte une main à sa gorge[11].*

Yvonne (*portant la main à sa bouche*). Oh, mon Dieu!

Solange (*saisissant Marcelle par les épaules*). Crie pas surtout!… *Plan large sur Louis au sommet de l'église marchant sur l'arête[12] du toit.*

Marcelle. Mais qu'est-c'qu'il fait Pelo?… Il devrait monter!… *Martine est excitée et amusée par l'événement.*

Martine. Il a peut-être le vertige!

Yvonne. Oh!

> *Yvonne, exaspérée, donne une grosse claque[13] à Martine qui recule[14] sous l'impact de la gifle.*

Martine. Aïe!

Toit de l'église – extérieur jour

Pelo. C'est à cause de la calotte[15] que Marcelle t'as filée que tu t'es sauvé[16]?…

Louis. Je m'en moque[17] de ça! Je m'en moque de Marcelle! Je vous déteste! Je vous déteste!

> *Louis recommence à avancer sur l'arête du toit en pleurant.*

Pelo. Dis pas ça, mon bonhomme[18]!… bouge pas, bouge pas!… Tu sais, on a été drôlement[19] contents, Marcelle et moi, tous les deux de t'avoir à la maison…

> *Louis est arrêté et regarde Pelo.*

Louis. C'est pas vrai! Vous vous engueulez[20] tout le temps! Vous êtes méchants! Vous êtes méchants!

> *Louis recommence à marcher en pleurant.*

Pelo. Va pas par là! Arrête, Louis… (*Pelo, effrayé, tend le bras[21] vers Louis*) … arrête! Tu vas tomber, tu vas tomber, Louis!

Louis. Je m'en moque si je tombe! Ce s'ra bien fait pour Papa[22]!… *Louis tourne la tête et recommence à marcher. Pelo, paniqué, crie très fort.*

Pelo. Louis! Reviens!

---

10 you feel bad	17 I don't care
11 her throat	18 buddy
12 the arris	19 really happy
13 a slap (in the face)	20 (slang) you yell at each other
14 steps back	21 stretches out his arm
15 a slap (in the face)	22 That'll teach Papa
16 you ran away	

Louis s'arrête et se tourne à nouveau vers Pelo.

Louis. Je m'en moque! Si Maman elle va mourir à cause du bébé, je s'rai avec
Maman!…

Je s'rai avec Maman!

1. Sur quel ton Pelo parle-t-il à Louis au début? Qu'essaie-t-il de faire?

2. Marcelle, Solange et Yvonne s'attendaient-elles à trouver Louis sur le toit
   de l'église? Comment réagissent-elles?

3. L'attitude de Martine est-elle conforme à son caractère? A-t-elle conscience
   de la gravité de la situation?

4. Pourquoi Louis pleure-t-il? Quelle explication donne-t-il?

5. A-t-il peur de mourir?

2. Entretien avec Richard Bohringer

Lisez l'entretien suivant, réalisé par Karim Ghiyati en décembre 1997 pour *L'Avant-
Scène Cinéma*, et répondez aux questions.

**Vous souvenez-vous comment Jean-Loup Hubert vous a présenté le rôle de
Pelo?**

La première fois que je 1'ai rencontré, j'ai dit que je ne tournerai jamais avec lui.
Ma femme m'a dit que j'avais tort et que l'histoire était belle. J'ai dit: «bon on va
aller rebecter[23] avec lui». On se revoit et je me dis encore que je ne tournerai jamais
avec lui. Ma femme m'a répété que j'étais bête et que le film était beau. Bon, j'ai
accepté de le tourner… Du premier au dernier jour de tournage, ça été la guerre.
Après le film, j'étais sûr qu'on n'allait plus jamais retourner ensemble. Pourtant[24]
plus tard, il écrit *Après la guerre* que je tourne. Jean-Loup Hubert est un metteur
en scène qui m'a donné des lettres de noblesse[25]. Grâce à lui, j'ai cessé d'être un
tueur[26], un caractériel pathologique[27]… Je lui en suis infiniment reconnaissant[28]. Et
puis le tournage avec Antoine était magique, d'ailleurs s'il n'avait pas été bon, je
ne 1'aurais pas été non plus.

**Comment percevez-vous ce film aujourd'hui, quasiment[29] dix ans après avoir
joué le rôle de Pelo?**

Ce film a été un très grand succès populaire et il m'a beaucoup marqué. Avec ce
film, j'ai l'impression d'avoir approché quelque chose. Vous savez aucun film n'est
innocent, et moi, je crois être un urbain tendre qui peut avoir beaucoup de bonheur
dans l'espace de la campagne, dans le presque rien et le presque tout. Le presque
rien ce serait le moucheron[30] qui va vivre quelques secondes sur les bords[31] d'une
rivière où il y a des vaches, avec les odeurs qui montent, la multitude de petites
bestioles[32]. Le presque tout, c'est la luminosité, les couleurs, le son.

---

23 (slang) eat again	28 grateful
24 and yet	29 almost
25 *here*: who opened new doors for me	30 the gnat
26 a killer	31 on the banks
27 a disturbed misfit	32 tiny creatures

Vous êtes alors sensible[33] au thème du «Petit Parisien à la campagne»?

Bien sûr. Moi j'ai vécu ça. C'est très drôle, maintenant que vous m'en parlez, je fais la relation entre ce que j'ai vécu et le film. Pourtant j'y ai souvent pensé au film avant ce soir… J'étais un petit Parisien venant d'un milieu très pauvre (comme des milliers de gens), qui devenait un petit paysan occasionnel. Ma grand-mère et l'assistance publique[34] m'avaient envoyé tout jeune dans une ferme en Haute-Savoie. J'ai vécu là trois mois à la fois[35] inquiétants[36] parce que dans la campagne et la montagne il y a des ombres[37], des mystères qui peuvent inquiéter un petit enfant, et enthousiasmants[38] parce que les odeurs qui viennent de la terre sont enivrantes[39]. C'était à la fois la peur des livres de la collection verte ou rose[40], des fantômes dans les bois et en même temps cette exaltation qui se dégage[41] de la nature. Ce n'est pas du tout quelque chose que je dis aujourd'hui à 56 ans, après y avoir beaucoup réfléchi, non, c'est quelque chose que j'ai ressenti sur le moment, j'ai le souvenir d'avoir ressenti ces deux pôles, ces deux attractions, qui n'en faisaient qu'une en fin de compte[42], parce que l'exaltation de la journée doit être accompagnée des fantômes de la nuit. Le petit Louis découvre dans le film non seulement la nature mais surtout les adultes. Il découvre une situation extrême. J'ai beaucoup aimé cet homme que j'ai interprété dans le film, j'aurais adoré être Pelo.

Vous sentez-vous beaucoup éloigné[43] de lui?

Ah oui, Pelo, c'est un mec épatant[44]. Il est ivre d'amour[45] pour sa femme. Il a fait une grosse connerie[46]: il a voulu la faire accoucher[47] comme on le faisait dans le temps[48], puis ça s'est mal passé et il traîne[49] toujours ça avec lui.

Quelles étaient à votre sens les difficultés du rôle?

Tous les rôles sont difficiles à jouer. Je ne suis pas du tout un acteur qui joue avec de la grâce. J'essaie, quand les metteurs en scène m'en donnent la possibilité, d'être plutôt que de jouer. Je vais vous raconter une histoire vraie que Jean-Loup Hubert m'a rapportée[50] après le tournage. La veuve réelle de Pelo était avec la fille de Pelo devant l'école communale[51] dans laquelle je suis entré au premier jour de tournage. Là, j'ai pénétré[52] dans une classe qui était transformée en vestiaire[53]. On m'a donné les vêtements, j'ai parlé, j'ai regardé la lumière, qui entrait par la vitre[54], avec laquelle j'allais vivre pendant trois mois. J'ai mis les mains dans les poches et je suis sorti sans me regarder dans le miroir. Je ne savais pas que cette vieille dame et l'autre plus jeune étaient «ma veuve» et «ma fille». Je passe devant elles et la fille

---

33 sensitive to	43 removed
34 health and social security services	44 a great guy
35 both	45 madly in love with
36 uneasy	46 (*slang*) mistake
37 shadows	47 give birth
38 exhilirating	48 in the past
39 intoxicating	49 he drags
40 "Bibliothèque rose" and "Bibliothèque verte" are popular series of books for children	50 told me
	51 the local elementary school
	52 I entered
41 radiates from	53 dressing room
42 in fact	54 the window

dit à sa mère: «Eh! regarde, on dirait[55] papa». On m'a rapporté cette histoire plus tard. Ça ne veut pas dire que c'était un rôle facile à interpréter. J'étais, physiquement, banalement[56], ce que devait être Pelo. C'est quelqu'un d'assez costaud[57], pas très grand, qui marche en poussant son corps... ce que je suis. L'humanité de Pelo vient de sa faute qu'il traîne avec lui.

Le Grand chemin est un film que le public a beaucoup aimé, ainsi que certains journalistes. Moi, plus il vieillit et plus je le trouve joli, plus je lui trouve de l'âme[58], de la simplicité, moins je le trouve artificiel. *Le Grand chemin* est un film d'un naturel, c'est vrai un peu recomposé, recadré[59], mais on n'est pas très loin d'un film naturaliste. Le petit garçon est amené à la campagne parce que sa mère ne peut pas le garder pendant l'été, comme des milliers de mamans. L'enfant profite[60] un petit peu de l'air, il arrive chez un couple qui a perdu un enfant. Et de plus en plus il va le remplacer et il va devenir ce que Marcelle n'a pas eu.

1. Richard Bohringer était-il séduit par le projet? Comment le tournage s'est-il passé?

2. Pourquoi est-il reconnaissant à Jean-Loup Hubert?

3. Comment Richard Bohringer décrit-il la nature?

4. Pourquoi comprend-il bien ce que ressent Louis dans le film?

5. Comment définit-il son travail? Essaie-t-il de jouer un rôle? L'histoire qu'il raconte (sur la femme et la fille de Pelo) est-elle révélatrice de son travail?

---

55 he looks like
56 quite simply
57 sturdy
58 a soul
59 recentered
60 takes advantage of

CHAPITRE 7

Le fabuleux destin d'Amélie Poulain

Présentation du film

Amélie est serveuse dans un bar de Montmartre. Elle mène une vie simple et tranquille jusqu'au jour où le hasard l'amène à rendre un inconnu heureux. Elle décide alors de réparer incognito la vie des autres, sans se soucier de son propre bonheur. Jusqu'à ce qu'elle rencontre Nino, un garçon séduisant et mystérieux…

Carte d'identité du réalisateur

Jean-Pierre Jeunet: né en 1955, il s'est d'abord illustré dans la publicité et les courts-métrages (César en 1981 et 1991 pour deux courts-métrages). Avec Marc Caro, il a réalisé *Delicatessen* (1991), une comédie macabre qui a remporté un grand succès, puis *La cité des enfants perdus* (1995), un conte fantastique très original. Il est ensuite parti pour Hollywood et y a réalisé *Alien, la résurrection* en 1997, puis est rentré en France pour *Le fabuleux destin d'Amélie Poulain* (2001).

Carte d'identité des acteurs

Audrey Tautou: née en 1978, elle a reçu le César du meilleur espoir féminin en 1998 pour son rôle dans *Vénus Beauté (Institut)*. Elle a ensuite joué dans plusieurs films mais c'est le rôle d'Amélie qui l'a rendue célèbre. Depuis, elle a joué dans *A la folie… pas du tout* (2002) et *L'auberge espagnole* (2002).

Mathieu Kassovitz: né en 1967, il s'est passionné très tôt pour le cinéma. Il est à la fois acteur et réalisateur et doué pour les deux. Il signe des films contemporains, engagés et violents: *Métisse* (1993), *La haine* (1995), *Assassin(s)* (1997) et *Les rivières pourpres* (2000). Il joue dans presque tous ses films. Il a aussi été remarqué dans *Un héros très discret* (1995) et *Amen* (2002).

L'heure de gloire

Le fabuleux destin d'Amélie Poulain a connu un immense succès public et critique. Il a été remarqué aux César (meilleur film, meilleur réalisateur, meilleure musique, meilleur décor), aux Golden Globes (Nomination pour le Golden Globe du meilleur film étranger), aux Oscars (cinq nominations aux Oscars, dont celle du meilleur film en langue étrangère). C'est le film français ayant obtenu le plus de nominations de toute l'histoire des Oscars. Il a aussi reçu d'innombrables prix dans le monde entier.

PREPARATION

1. Vocabulaire

Vocabulaire utile avant de voir le film :

Noms

un(e) serveur (-euse): *a waitress*
un bar-tabac: *a café with a cigarette counter*
un poisson rouge: *a goldfish*
une boîte: *a box*
un(e) locataire: *a tenant*
un(e) voisin(e): *a neighbor*
un(e) épicier (-ère): *a grocer*
un photomaton: *a photo booth / a (photo booth) photo*
une lampe de chevet: *a bedside lamp*
un album photos: *a photo album*
un nain de jardin: *a gnome*
un jeu de piste: *a treasure hunt*

un stratagème: *a stratagem*
un vélomoteur: *a moped*
une sacoche: *a saddlebag*
la levure: *yeast*
un but: *a goal*
une vocation: *a calling*
un ange gardien: *a guardian angel*
une fée: *a fairy*
un conte de fée: *a fairy tale*
le bonheur: *happiness*
le destin: *destiny*
les effets spéciaux: *special effects*
une scène truquée: *a scene involving special effects*

Verbes

être cardiaque: *to have a heart condition*
tenir qq'un à l'écart: *to hold s.o. back*

écraser: *to crush*
faire des ricochets: *to skim stones*

découvrir: *to discover*

appartenir à qq'un: *to belong to s.o.*

collectionner: *to collect*

cacher: *to hide*

jouer à cache-cache avec qq'un: *to play hide-and-seek with s.o.*

manipuler: *to manipulate*

améliorer: *to improve*

faire qqch à l'insu de qq'un: *to do sth without s.o.'s knowing*

tomber amoureux(-euse) de: *to fall in love with*

être sans prétentions: *to be unassuming*

Adjectifs

solitaire: *solitary*

veuf (-ve): *widowed*

naïf (-ve): *naïve*

idéaliste: *idealistic*

idéalisé(e): *idealized*

(in)fidèle: *(un)faithful*

jaloux (-ouse): *jealous*

généreux (-se): *generous*

déterminé(e): *resolute*

lâche: *cowardly*

romantique: *romantic*

touchant(e): *touching*

attachant(e): *endearing*

émouvant(e): *moving*

fantaisiste: *fanciful, whimsical*

décalé(e): *quirky*

Traduisez!

1. Amélie is a waitress in a café in Montmartre. One day she discovers a box that is going to change her life.

2. Her goal is to improve her neighbors' lives without them knowing.

3. She falls in love with Nino, a romantic and endearing young man, who collects photo booth photos.

4. She organizes a treasure hunt in which she plays hide-and-seek with him.

2. Repères culturels

1. Le film se passe à Montmartre, un quartier de Paris. Situez-le sur une carte. Pour quoi ce quartier est-il connu? Qu'est-ce qui le différencie des autres quartiers de Paris?

2. Le père d'Amélie habite à Enghien. Où cette ville se trouve-t-elle?

3. Nino travaille à la Foire du Trône. Qu'est-ce que c'est? Combien de temps dure-t-elle? Est-ce une foire récente? Attire-t-elle beaucoup de visiteurs? (Pour vous aider: www.foiredutrone.com).

4. Dans le film, M. Dufayel peint une reproduction du *Déjeuner des canotiers* de Renoir. Que savez-vous sur ce peintre? Observez bien le tableau (et en particulier la jeune fille au verre d'eau) avant de voir le film.

5. Cherchez dans un dictionnaire français unilingue le sens exact du mot "fabuleux". Ce mot n'a-t-il qu'un sens ou en a-t-il plusieurs?

3. Bande-annonce

Allez sur le site officiel du film (www.amelie-lefilm.com). Cliquez sur "Bande-annonce", puis cliquez sur une icône. Appuyez sur ▶. Regardez la bande-annonce plusieurs fois et répondez aux questions suivantes:

1. Quelle impression avez-vous des personnages?

2. Que savez-vous sur Amélie et Nino?

3. Ecoutez la musique qui accompagne les images. Comment peut-on la décrire?

4. Ces scènes, extraites du film, se passent dans beaucoup de lieux différents. Pouvez-vous en repérer quelques-uns?

5. Remarquez-vous quelques effets spéciaux? Lesquels?

6. A votre avis, de quoi ce film va-t-il parler?

CONVERSATION EN CLASSE

1. Les personnages: Amélie Poulain (Audrey Tautou)
                            Nino Quincampoix (Mathieu Kassovitz)
                            Raphaël Poulain (le père d'Amélie)
                            M. Dufayel (le peintre)
                            Collignon (l'épicier)
                            Lucien (l'apprenti épicier)
                            Georgette (la buraliste)
                            Joseph (le jaloux)
                            Madeleine Wallace (la concierge)

2. Décrivez les parents d'Amélie.

3. Pourquoi Amélie ne va-t-elle pas à l'école?

4. Quelles conséquences cette vie étrange a-t-elle sur la fillette?

5. Que fait la mère d'Amélie avec le poisson rouge? Pourquoi?

6. Qu'arrive-t-il à la mère d'Amélie?

7. Que se passe-t-il dans la nuit du 30 août 1997? Que décide alors Amélie?

8. Comment retrouve-t-elle le nom du propriétaire de la boîte?

9. Comment Amélie rencontre-t-elle Nino Quincampoix?

10. Comment Amélie se débrouille-t-elle pour que Dominique Bretodeau retrouve sa boîte? Comment réagit-il?

11. Que veut dire le reportage en noir et blanc qu'Amélie regarde à la télévision sur sa vie, sa mort, la mort de son père, ses œuvres de charité?

12. Pourquoi et comment Nino perd-il sa sacoche?

13. Que trouve Amélie dans la sacoche du vélomoteur de Nino?

14. Quel stratagème utilise-t-elle pour que Georgette et Joseph s'intéressent l'un à l'autre?

15. Pourquoi Amélie fait-elle refaire la clé de l'appartement de Collignon? Comment réagit-il quand il rentre chez lui?

16. Décrivez les réactions de M. Poulain quand il reçoit les photos du nain de jardin en voyage. Pourquoi et comment Amélie envoie-t-elle ces photos?

17. Qu'est-ce qu'Amélie apprend sur Nino quand elle va au sex-shop?

18. Décrivez le jeu de piste préparé par Amélie pour rendre l'album à Nino. Pourquoi ne le lui rend-elle pas plus simplement?

19. Comment Nino et Amélie communiquent-ils sans se parler?

20. Qui est "l'inconnu du Photomaton", dont Nino collectionne les photos?

21. Pourquoi Amélie ne se montre-t-elle pas au rendez-vous Gare de l'Est, le mardi à 17h?

22. Comment Amélie réagit-elle quand Joseph lui dit que Gina et Nino sont ensemble?

23. Que voit Amélie dans son rêve éveillé? Que fait Nino? Comment Lucien traite-t-il Collignon?

24. Pourquoi Amélie n'ouvre-t-elle pas la porte à Nino?

25. Que trouve Amélie dans sa chambre? Qui a préparé cela? Que dit M. Dufayel?

26. Que fait alors Amélie? Pourquoi?

27. Pourquoi Nino est-il derrière sa porte? Est-ce clair?

28. Combien de temps cette histoire a-t-elle pris?

APPROFONDISSEMENT

1. Vocabulaire

- **Enrichissez votre vocabulaire !**

Le bonheur

la joie: *joy*
la gaieté: *cheerfulness*
le plaisir: *pleasure*
(mal)heureux (-se): *(un)happy*
heureux comme un poisson dans l'eau: *happy as a clam*
joyeux (-se): *cheerful*
gai(e): *cheerful, happy*

gai(e) comme un pinson: *happy as a lark*
porter bonheur: *to bring luck*
un porte-bonheur: *a lucky charm*
par bonheur = heureusement: *fortunately*
faire le bonheur de qq'un: *to make s.o. happy*
nager dans le bonheur: *to be overjoyed*
proverbe: l'argent ne fait pas le bonheur: *money can't buy happiness*

Paris

la capitale: *the capital city*
un quartier: *a neighborhood*
un arrondissement: *a district (Paris est divisé en 20 arrondissements)*
la banlieue: *the suburb*
un(e) Parisien(ne): *a Parisian*
un(e) habitant(e): *an inhabitant*
un(e) citadin(e): *a city person*
une maison individuelle: *a single family house*
un appartement: *an apartment*
un immeuble: *a building*
une rue piétonne: *a pedestrian street*

une place: *a square*
une église: *a church*
un musée: *a museum*
un pont: *a bridge*
une île: *an island*
une station de métro: *a subway station*
un arrêt de bus: *a bus stop*
une gare: *a train station*
une carte: *a map*
la périphérie: *the outskirts*
le (boulevard) périphérique: *the beltway*

- **Jouez avec les mots!**

A. Faites des phrases avec le vocabulaire suivant:

1. un jeu de piste:

2. un vélomoteur:

3. appartenir à qq'un:

4. faire qqch à l'insu de qq'un:

5. tomber amoureux de:

6. décalé(e):

7. faire le bonheur de qq'un:

8. un quartier:

9. une rue piétonne:

10. la périphérie:

B. Mots-croisés:

Horizontalement :

2. Habite à côté;
   Livre de photos
4. Métier de Collignon;
   Terre au milieu de l'eau
5. Café
6. Procédé utilisé par Amélie;
   Femme qui a des pouvoirs magiques
8. Lieu de culte
9. Oiseau heureux
11. District de Paris
12. Petite avenue
13. Joie
14. Transport souterrain;
    Donner à M. Poulain l'envie de voyager
    en est un
15. Joyeuses
16. Espace ouvert dans une ville
17. Document pour s'orienter

Verticalement:

B. A des ailes
C. Le bus s'y arrête
F. Habitants de Paris;
   On y prend le train
H. Femme qui habite en ville
 I. Seul
K. Métier d'Amélie
L. Bâtiment
M. Candide
N. Construction au-dessus d'une rivière
O. A perdu sa femme;
   Le Louvre en est un
Q. Pas courageux
R. Histoire imaginaire
S. Transport en commun

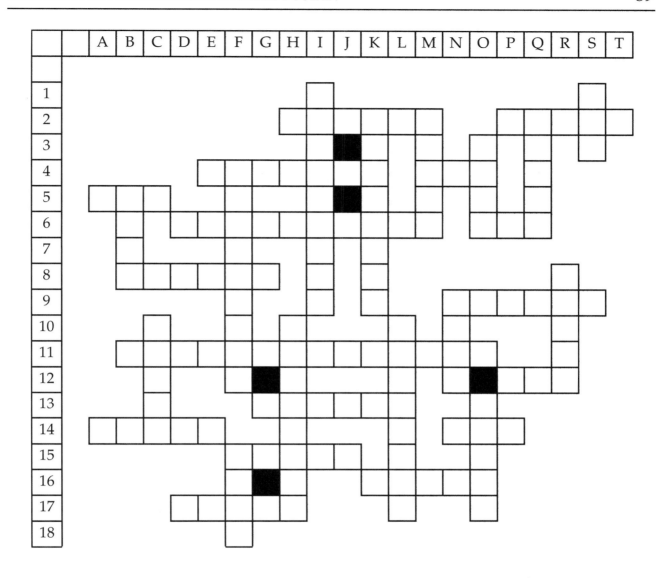

2. Réflexion - Essais

1. Faites le portrait d'Amélie et de Nino, en les comparant. Qu'ont-ils en commun? Qu'est-ce qui les rapproche?

2. Comment Amélie change-t-elle la vie de son père, ainsi que celle de Georgette, Joseph, Madeleine Wallace et Collignon? Réussit-elle à résoudre leurs problèmes?

3. Trouvez-vous que les interventions d'Amélie sont morales? Elle ment à Georgette, Joseph et Mme Wallace, son père s'angoisse et Collignon croit devenir fou. Ces "inconvénients" se justifient-ils, puisque c'est pour la bonne cause? Amélie va-t-elle trop loin?

4. Suzanne (la patronne du café), Gina (la serveuse), Philomène (l'hôtesse de l'air), Eva (l'employée du sex-shop, collègue de Nino) aident Amélie à faire le bonheur des autres. Quel rôle ont-elles exactement? Amélie pourrait-elle se débrouiller sans elles?

5. Quel rôle M. Dufayel a-t-il dans la vie d'Amélie? Pourquoi l'observation du tableau est-elle si importante?

6. Quel personnage a le plus changé entre le début et la fin?

7. Quelle importance peut-on accorder aux lieux (Paris – Montmartre)? L'histoire serait-elle la même ailleurs, dans une autre ville, un autre quartier, où est-ce que le lieu joue un rôle?

8. Qu'est-ce que les personnages cachent ou se cachent, cherchent et découvrent au fur et à mesure du film? Remplissez le tableau suivant en séparant les choses concrètes (ex: la boîte de M. Bretodeau) de celles qui sont plus abstraites (ex: l'amour):

	Concret	Abstrait
ils (se) cachent		
ils cherchent		
ils découvrent		

9. Jean-Pierre Jeunet a embelli le film en travaillant les images (lumière, couleurs, effets spéciaux) et en demandant à Yann Tiersen de composer une musique originale. Donnez des exemples de lumière, de couleurs et d'effets spéciaux qui servent l'intrigue et réfléchissez à la musique. Accompagne-t-elle bien l'histoire et le personnage d'Amélie? Pourquoi?

10. Que pensez-vous du titre: *Le fabuleux destin d'Amélie Poulain*? Le trouvez-vous bien choisi? Pensez aux différents sens du mot "fabuleux". Ce mot est-il adapté pour décrire le destin et la vie d'Amélie?

11. Cette histoire est-elle possible? Qu'est-ce qui est impossible?

12. La carrière américaine du film:
   a. Aux Etats-Unis, le film s'appelle *Amélie* (ou *Amelie*, sans accent). A votre avis, pourquoi le titre original n'a-t-il pas été traduit? Comment aurait-on pu le traduire? Il avait été question, avant la sortie du film, de l'intituler *Amélie from Montmartre*. Qu'en pensez-vous? Cela aurait-il été un bon titre?
   b. Vincent Ostria, dans *L'Humanité* du 25 avril 2001, écrit que "Jean-Pierre Jeunet a composé une bluette au style publicitaire, truffée d'effets spéciaux, située dans un Montmartre de carte postale, et sans aucun doute destinée à séduire le public américain friand de pittoresque". Avez-vous l'impression que le réalisateur a voulu vous séduire?

13. Comparez la première et la dernière scène. Qu'ont-elles en commun? Quels sont les personnages présentés au début du film? Qui est présent à la fin? Qu'est-ce qui a changé pour eux?

3. Analyse d'une photo

1. Où et à quel moment cette scène se passe-t-elle?
2. Que fait Amélie?
3. De quoi rêve-t-elle?
4. Cette image est-elle réelle? Quel procédé le réalisateur a-t-il utilisé?

4. Analyse de citations

Analysez les citations suivantes en les replaçant dans leur contexte :

1. Voix off: "Si ça le touche, elle décide de se mêler de la vie des autres".
2. La collègue de Nino: "Les temps sont durs pour les rêveurs".
3. M. Dufayel: "Vous savez la chance, c'est comme le Tour de France. On l'attend longtemps et puis ça passe vite. Alors, quand le moment vient, il faut sauter la barrière sans hésiter".

5. Sous-titres

Comparez ce dialogue entre M. Dufayel et Amélie et les sous-titres en anglais, puis répondez aux questions:

1	Vous savez la fille au verre d'eau?	*The girl with the glass…*
2	Si elle a l'air un peu à côté, c'est peut-être parce qu'elle est en train de penser à quelqu'un.	*Maybe her thoughts are with somebody else.*
3	A quelqu'un du tableau?	*Somebody in the picture?*
4	Non, plutôt à un garçon qu'elle a croisé ailleurs. Elle a l'impression qu'ils sont un peu pareils elle et lui.	*More likely a boy she saw somewhere and felt an affinity with.*

5	Autrement dit, elle préfère s'imaginer une relation avec quelqu'un d'absent, plutôt que de créer des liens avec ceux qui sont présents.	*You mean she'd rather imagine herself relating to an absent person than build relationships with those around her?*

a. 1ère réplique: qu'est-ce qui n'est pas traduit? Pourquoi ces mots-là ne sont-ils pas traduits?

b. 2ème réplique: le sous-titre est très concis. Rend-il bien les idées de l'original en français?

c. 4ème réplique: comparez "Elle a l'impression qu'ils sont un peu pareils elle et lui" et "and felt an affinity with". Est-ce le même registre de langue? Est-ce un bon sous-titre? Pourquoi?

d. 5ème réplique: pourquoi "autrement dit" n'est-il pas traduit par "in other words"? Pourquoi avoir choisi "you mean"?

6. Les critiques

1. "L'intention [de Jean-Pierre Jeunet] était d'écrire un film sur la victoire de l'imagination. Qu'il soit léger, qu'il fasse rêver, qu'il fasse plaisir". C'est ce qu'écrit Sophie Delassein dans le *Nouvel-Observateur* du 7 juin 2001. Ce film vous a-t-il fait rêver, vous a-t-il fait plaisir?

2. Isabelle Boucq, quant à elle, commence sa critique dans le *Journal Français* de novembre 2001 ainsi: "Véritable bulle de bonheur cinématographique, *Le fabuleux destin d'Amélie Poulain* reflète le désir actuel de voir la vie en rose". Cela peut-il expliquer le succès phénoménal de ce film, tant en France qu'à l'étranger?

7. Lecture

Face au succès du *Fabuleux destin d'Amélie Poulain, Studio Magazine* a consacré un grand dossier au film en juin 2001 (le film est sorti le 25 avril 2001). Deux journalistes, Jean-Pierre Lavoignat et Michel Rebichon, ont posé 100 questions sur le film. Lisez les extraits suivants et répondez aux questions à la fin de l'article.

"UN PHENOMENE. Il y avait longtemps qu'on n'avait pas vu ça. Ce n'est pas une question de nombre d'entrées (même si, trois semaines après sa sortie, le film en est à 3 millions de spectateurs). C'est une questions de qualité de réaction. Il y avait longtemps, en effet, qu'on n'avait pas vu un film français susciter[1] une telle passion, un tel engouement[2]. Comme si, avec *Le fabuleux destin d'Amélie Poulain*, Jeunet avait inventé le consensus tonique. La France toute entière est tombée amoureuse de la jolie Amélie. [...] Tout le monde se retrouve dans le film, quels que soient son âge, son origine sociale, son mode de vie. Tout le monde se l'approprie. [...] Jusqu'au *Monde*, qui fait sa une[3] avec un papier sur les prochaines présidentielles[4], intitulé "Le Président, les Français et Amélie Poulain"! Les spectateurs, eux, y retournent deux, trois fois. Le réalisateur et les acteurs reçoivent un courrier de folie, fourmillant[5] d'inventivité et débordant[6] d'admiration. [...] Le message est clair. *Amélie* est un film qui donne envie d'être heureux. C'est un film qui stimule l'imagination. C'est un film qui fait aimer l'amour.

---

1 arouse	4 presidential elections
2 craze	5 teeming with
3 the front page	6 overflowing with

Le réalisateur, lui, est sur un nuage. [...] Et si vous insistez en lui demandant comment il explique le succès d'*Amélie*, il vous dira qu'il s'explique simplement. Simplement parce que son film est consacré à ces "petits riens" qui remplissent la vie de tout le monde tous les jours. Parce qu'il renvoie[7] à l'enfance, dont personne ne guérit[8] jamais tout à fait. Parce qu'il fait l'éloge[9] de l'acte de générosité gratuit, et que chacun, dans le monde d'aujourd'hui, a la nostalgie de cette générosité-là. Parce qu'il raconte une histoire d'amour plus exaltante[10] que douloureuse[11], plus romantique que crue[12], et que chacun attend cette évidence-là de l'amour[13]. Et enfin, parce que c'est un film qui pousse aux grandes décisions, qui incite à sauter la barrière[14], et que nous avons tous cette belle espérance de ne pas passer à côté de notre vie et de ses rencontres. Ce qu'il ne dit pas, c'est qu'au-delà de ces bons sentiments qu'il a su (et ce n'est pas aussi simple qu'on pourrait l'imaginer) faire sonner juste[15], dont il a su paver le chemin qui mène au paradis, il y a un vrai regard de cinéaste, un vrai talent d'artiste. L'ambition et l'exigence d'un artiste.

4. Pourquoi avoir choisi de faire se dérouler l'action d'*Amélie* essentiellement à Montmartre?
Parce que JPJ voue une passion absolue à ce quartier, qu'il habite. [...] Quand il tournait *Alien , la résurrection* à Los Angeles, il avait une telle nostalgie de son quartier qu'il s'était juré[16] d'y situer l'action de son prochain film.

22. En quoi[17] le tournage d'*Amélie* était-il une première pour Jeunet?
C'est la première fois que JPJ tourne en extérieurs, et pas seulement en studio (mais il voulait que "Paris soit au cœur du film"). Maniaque et perfectionniste, il déteste ça. Parce que son film dépend alors de la météo, du bruit, "d'une voiture garée où il ne faut pas, d'un mec[18] qui déboule[19] dans le champ et d'un tas d'autres impondérables". Non seulement, lui qui prépare beaucoup n'aime pas perdre de temps, mais surtout, il a horreur de ne pas tout contrôler, ne pas tout maîtriser. L'expérience d'*Amélie* ne l'a pas fait changer d'avis – au contraire même! – sur les tournages en extérieurs. Même s'il y a une chose qui l'a ravi: les repérages[20].

26. Combien de temps après le début du film entend-on la voix d'Amélie?
Pratiquement[21] 20 minutes. Presque un record. Un beau défi[22] en tout cas. Qui faisait peur à JPJ lui-même.

27. Quels sont les premiers mots d'Amélie dans le film?
"Les poules couvent[23] souvent au couvent." C'est la petite Amélie (Flora Guiet) qui les prononce.

---

7 brings back
8 heals
9 it praises
10 exhilarating
11 painful
12 crude
13 everyone hopes for love to be that easy
14 that pushes to overcome our fears
15 sound right

16 he had sworn
17 in what way
18 a guy
19 who runs onto the scene
20 researching locations
21 almost
22 challenge
23 brood

28. Quels sont les premiers mots d'Amélie adulte, et donc d'Audrey Tautou dans le film? "Mais pourquoi tu ne profiterais[24] pas de ta retraite pour voyager? Tu n'as jamais quitté Enghien..." Cette phrase, bien sûr, s'adresse à son père (Rufus).

29. Quelle est la scène qu'Audrey Tautou et Mathieu Kassovitz ont tournée en premier? Celle du train fantôme. [...] Et le lendemain, on a tourné la scène des baisers dans le couloir.

30. Le 3 septembre 1973, date de la conception d'Amélie par ses parents, correspond-il à un anniversaire particulier? Oui. A celui de JPJ, tout simplement.

31. Pourquoi Jeunet a-t-il choisi le 31 août 1997, jour de la mort de Lady Di, pour faire basculer[25] le destin d'Amélie?
Pour... entraîner[26] le spectateur sur une fausse piste[27], puisque très vite, Amélie ne s'en occupe plus! "Ce n'est pas la mort de Lady Di, dit JPJ, qui change la vie d'Amélie, mais la chute[28] du bouchon d'une bouteille de parfum!" C'était aussi pour se moquer de l'exploitation médiatique de l'événement. "Avec le recul[29], dit-il, je m'aperçois qu'en fait, Lady Di voulait aussi faire le bien autour d'elle. Mais ce qu'Amélie accomplit anonymement, elle le faisait de manière totalement médiatisée. Ce n'est pas un hasard[30] non plus si, dans le film, on évoque Mère Teresa, dont la mort a été éclipsée[31] par celle de Diana..."

33. Quel est le dialogue préféré d'Audrey Tautou?
Les conseils que prodigue Dufayel à Amélie: "Vous, vous n'avez pas les os en verre. Vous pouvez vous cogner à la vie[32]. Si vous laissez passer cette chance, alors, avec le temps, c'est votre cœur qui va devenir aussi sec et cassant que mon squelette. Alors, allez-y, nom d'un chien[33]!" "Si ce sont les phrases que je préfère, dit-elle, c'est parce que, justement, il y a là toute la leçon du film..."

34. Quelle est la réplique[34] d'Amélie que préfère Mathieu Kassovitz?
"Je suis la belette[35] de personne." C'est ce qu'Amélie répond à la concierge lorsque celle-ci lui lit la lettre de son défunt mari ("Je vis avec la certitude d'avoir laissé ma raison de vivre à Paris. Je ne la retrouverai que vendredi en quinze, en voyant apparaître ma belette adorée sur le quai de la gare...") et lui demande si on lui a déjà écrit des lettres comme ça.

35. Quelle est leur scène préférée?
Lorsqu'on leur demande à tous les deux, ensemble, quelle est leur scène préférée, ils hésitent, sourient, se regardent et, finalement, Mathieu Kassovitz dit: "La scène de la mobylette à la fin." Et Audrey Tautou acquiesce[36] dans un sourire...

---

24 take advantage
25 to change the course of
26 to lead
27 wrong track
28 her dropping
29 in hindsight
30 it's not an accident

31 was overshadowed
32 you can take the knocks of life
33 for God's sake!
34 line
35 weasel
36 approves

36. Quelle est la dernière phrase prononcée par Amélie?

"Pas aujourd'hui, non." C'est ce qu'elle répond à la concierge qui lui demande si elle croit aux miracles, alors qu'elle rentre chez elle dépitée[37], croyant que Nino lui préfère Gina. Et elle prononce ces mots près de dix minutes avant la fin. Presque un record.

40. Quelle est la gare parisienne que l'on voit dans le film?

Elle n'existe pas! Il s'agit d'un mélange entre la gare de l'Est et la gare du Nord. Avec aussi – juste le temps d'un plan – une horloge de la gare de Lyon.

44. Pourquoi Jeunet a-t-il choisi *Le déjeuner des canotiers* de Renoir pour être le tableau que reproduit sans cesse l'Homme de verre?

Parce qu'il adore les peintres impressionnistes, et Renoir particulièrement, qui a souvent peint Montmartre. Et aussi parce qu'il cherchait un tableau avec plusieurs personnages, qui lui permettrait de jouer avec l'interprétation de leurs regards.

52. Quelqu'un, en particulier, a-t-il inspiré le personnage du méchant Collignon?

Pas lui, mais les vengeances qu'Amélie lui inflige, oui. Un critique de cinéma, que JPJ avait trouvé particulièrement désagréable et mesquin[38] à la sortie de *La cité des enfants perdus*, avait en effet stimulé les idées de vengeance du cinéaste…

53. Le nain de jardin a-t-il vraiment voyagé?

Non, il n'est allé ni devant le Kremlin à Moscou, ni devant l'Empire State Building à New York, ni au pied du Kilimandjaro, ni à l'hôtel Luxor de Las Vegas, ni au temple d'Angkor. Il s'agit d'un photo-montage réalisé par Jean-Marie Vives, qui a d'abord photographié le nain sur son toit avant d'incruster les monuments.

59. Pourquoi n'y a-t-il quasiment que des nouvelles Coccinelle Volkswagen dans les rues du Paris d'*Amélie*?

Parce que ce sont des voitures rondes et qu'*Amélie* est "l'histoire d'une fille qui arrondit[39] les angles." Et tant pis si elles n'existaient pas à l'époque de la mort de Lady Di!

69. Quelle a été la scène la plus difficile à tourner pour Jeunet?

"Celle de la mobylette à la fin, dit JPJ, parce qu'on savait que c'était la dernière scène du film, qu'on allait se quitter et qu'on était tristes…"

74. Quelle a été la spécificité de la post-production d'*Amélie*?

La post-production du film s'est faite intégralement en numérique, ce qui a permis à JPJ d'apporter à ses images toutes les corrections qu'il désirait (couleur des ciels, reliefs, détails…). Du coup, il est aussi l'un des premiers à avoir essuyé les plâtres[40] de cette nouvelle technologie (délais, coûts…).

76. Y a-t-il eu des critiques qui n'ont pas aimé *Amélie*?

---

37 piqued
38 petty

39 smooths things over
40 to put up with all the initial problems

Etrangement, oui. Par exemple, Michel Boujut dans *Charlie Hebdo*: "On pourrait appeler ça un film ramasse-miettes[41], décoratif et sans émotion." Remo Forlani sur RTL: "Ils sont tous plus laids les uns que les autres!" François Gorin dans la critique "contre" de *Télérama*: "Oh, cet écœurement[42] qui vous gagne après griserie[43] passagère, cette candeur confite[44], cette hypersophistication du bricolage[45], ce confinement de maison de poupée..."

100. D'où est extraite la phrase du roman d'Hipolito qu'il retrouve taguée sur un mur à la fin du film?
Elle vient d'un roman qu'a écrit le scénariste Guillaume Laurant, *Le jardin public*, mais qu'il n'a jamais publié, parce qu'il n'en était pas content et qu'il n'aimait que cette phrase: "Sans toi, les émotions d'aujourd'hui ne seraient que la peau morte des émotions d'autrefois." "Si j'ai repris cette phrase pour *Amélie*, dit-il, c'est parce qu'il me semble qu'elle exprime tout le film, tout le "message" du film: l'amour rend le quotidien[46] magique."

Répondez aux questions suivantes:

1. Pourquoi *Le fabuleux destin d'Amélie Poulain* est-il un phénomène?

2. Expliquez ce que veut-dire "consensus tonique".

3. Vous retrouvez-vous aussi dans le film?

4. Pourquoi est-ce révélateur que *Le Monde* ait associé *Amélie* aux élections?

5. Comment le réalisateur explique-t-il le succès d'*Amélie*? (Répondez en utilisant vos propres mots!)

6. Qu'est-ce qui est difficile quand on tourne un film en extérieurs?

7. Quelle différence peut-on faire entre le travail accompli par Lady Di et celui d'Amélie?

8. A votre avis, pourquoi la scène de la mobylette est celle qu'Audrey Tautou et Mathieu Kassovitz préfèrent?

9. Pourquoi le tableau de Renoir (*Le déjeuner des canotiers*) est-il bien choisi pour ce film?

10. Quelle nouvelle technique Jean-Pierre Jeunet a-t-il utilisée pour *Amélie*? Que peut-on faire avec?

11. Que pensez-vous des critiques? Se justifient-elles?

12. Etes-vous d'accord que la phrase d'Hipolito exprime tout le film? Si vous deviez exprimer le film en une seule phrase, que diriez-vous?

---

41 full of scattered ideas
42 nausea
43 intoxication
44 sickly sweet
45 the manufactured scenes
46 everyday life

CHAPITRE 8

Ridicule

Présentation du film

Grégoire Ponceludon de Malavoy, un jeune noble provincial, éclairé mais naïf, arrive à Versailles avec l'espoir d'obtenir l'aide du roi pour faire assécher les marais qui tuent ses paysans. Grégoire découvre alors le monde de la cour, le bel esprit, les intrigues politiques, l'amour et les compromissions.

Carte d'identité du réalisateur

Patrice Leconte (né en 1947) a d'abord travaillé dans la bande-dessinée avant de se lancer dans le cinéma. Le succès est venu en 1978 avec *Les bronzés*. D'autres comédies ont suivi (notamment *Viens chez moi, j'habite chez une copine*, 1980, *Tandem*, 1987), puis Patrice Leconte a alterné les genres. Il a été remarqué pour *Monsieur Hire* (1989), *Le mari de la coiffeuse* (1990), *Ridicule* (1996), *La fille sur le pont* (1999), *La veuve de Saint-Pierre* (2000) et *L'homme du train* (2002). Patrice Leconte tourne environ un film par an, ainsi que des publicités.

Carte d'identité des acteurs

Charles Berling (né en 1958) a été acteur de théâtre pendant des années avant de se tourner vers le cinéma. Après quelques petits rôles (*Petits arrangements avec les morts*, 1994, *Nelly et Monsieur Arnaud*, 1995), c'est *Ridicule* qui l'a révélé. Discret, sincère, il a confirmé ensuite avec *Les palmes de M. Schutz* (1997), *Nettoyage à sec* (1997), *L'ennui* (1998), *Un pont entre deux rives* (1999) et *Les destinées sentimentales* (2000).

Fanny Ardant (née en 1949) a fait de solides études de sciences politiques et a beaucoup voyagé avant de devenir actrice. Intelligente, originale, sophistiquée, elle a d'abord joué pour François Truffaut (*La femme d'à côté*, 1981, *Vivement dimanche*, 1983) et Alain Resnais (*L'amour à mort*, 1984, *Mélo*, 1986), puis s'est imposée dans *Le Colonel Chabert* (1994), *Pédale douce* (1996), *Ridicule* (1996) et *8 femmes* (2002). Elle mène en parallèle une très belle carrière au théâtre.

Jean Rochefort (né en 1930): après des rôles sans grand relief dans les années 60, il a joué pour Tavernier dans les années 70, et s'est imposé dans *Le crabe-tambour* en 1977. Acteur fantaisiste, curieux, enthousiaste, il était remarquable dans *Tandem* (1987), *Je suis le seigneur du château* (1989), *Le mari de la coiffeuse* (1990), *Ridicule* (1996), *Le placard* (2000) et *L'homme du train* (2002).

Judith Godrèche (née en 1972) est une actrice discrète et réservée qui a connu le succès très jeune: *La fille de 15 ans* en 1989 et surtout *La désenchantée* en 1990. Plus tard, elle a joué dans *Beaumarchais l'insolent* (1995), *Ridicule* (1996) et *L'homme au masque de fer* (1997), avant de faire une pause pour raisons familiales. Elle est revenue en 2002 avec *L'auberge espagnole* et *Parlez-moi d'amour*.

L'heure de gloire

Ridicule a été nominé pour la Palme d'Or au festival de Cannes. Il a aussi été très remarqué aux César puisqu'il a remporté celui du meilleur film, du meilleur réalisateur, du meilleur décor et des meilleurs costumes. Les Golden Globes l'ont nominé dans la catégorie "meilleur film étranger".

PREPARATION

1. Vocabulaire

Vocabulaire utile avant de voir le film:

Les noms

le roi: *the king*	un(e) paysan(ne): *a peasant*
la reine: *the queen*	un moustique: *a mosquito*
une comtesse: *a countess*	un abbé: *an abbot*
un marais: *a marsh*	une veuve: *a widow*

la cour: *the court*

un(e) courtisan(e): *a courtier*

un(e) sot(te): *a fool*

un scaphandre: *a diving suit*

un arbre généalogique: *a family tree*

Les verbes

assécher (un marais): *to drain (a marsh)*

être en deuil: *to be in mourning*

expérimenter: *to make experiments*

élever (un enfant): *to raise (a child)*

tricher: *to cheat*

remercier qq'un: *to thank s.o.*

se suicider: *to commit suicide*

se pendre: *to hang oneself*

ridiculiser qq'un: *to ridicule s.o.*

se moquer de qq'un: *to make fun of s.o.*

humilier qq'un: *to humiliate s.o.*

trahir qq'un: *to betray s.o.*

se venger de qqch: *to take one's revenge for sth*

faire un croc-en-jambe à qq'un: *to trip s.o. up*

se réfugier: *to take refuge*

Les adjectifs

éclairé(e): *enlightened*

coûteux (-se): *costly*

humilié(e): *humiliated*

sourd(e): *deaf*

muet(te): *mute*

corrompu(e): *corrupt*

égoïste: *selfish*

rusé(e): *shrewd*

calculateur (-trice): *calculating*

fat: *self-satisfied*

influent(e): *influential*

impitoyable: *pitiless*

Traduisez!

1. The courtiers were corrupt and pitiless but they were influential.

2. If Grégoire talked about his marshes and his mosquitoes, the court would ridicule him.

3. Mathilde is enlightened and she likes to make experiments with her diving suit.

4. I had seen the countess and the abbot cheat, so I made fun of them and humiliated them.

2.   Repères culturels

1. Le film se passe en 1783, à la cour de Louis XVI. Pouvez-vous répondre aux questions suivantes sur Louis XVI?
   a. Combien de temps son règne a-t-il duré?
   b. Qui était sa femme? Comment était-elle?
   c. Etait-il capable de diriger le pays?
   d. Quels ont été les faits marquants de son règne?

2. Le film se passe à Versailles. Que savez-vous sur Versailles?
   a. Où Versailles se trouve-t-il?
   b. Quand Versailles a-t-il été construit? Qui a décidé de le faire construire?
   c. Comment était la vie à Versailles? Qu'est-ce qui était organisé dans le parc?
   d. Les artistes étaient-ils les bienvenus au palais?
   e. A quelle date les rois ont-ils quitté Versailles?

3. Le film se passe dans la région de la Dombes. Savez-vous où elle se trouve?

4. Qui était l'abbé de l'Epée? Qu'a-t-il inventé?

5. Voltaire et Rousseau sont mentionnés dans le film. Qui sont-ils? Pourquoi sont-ils connus?

6. Qu'est-ce qu'un duel? Dans quelles circonstances un duel avait-il lieu? Etait-ce légal au moment du film?

7. La Révolution française est mentionnée à la fin du film. Pouvez-vous expliquer ce qui s'est passé pendant la Révolution?

CONVERSATION EN CLASSE

1. Les personnages: Grégoire Ponceludon de Malavoy (Charles Berling)
                            la comtesse de Blayac (Fanny Ardant)
                            Mathilde (Judith Godrèche)
                            le marquis de Bellegarde (Jean Rochefort)
                            l'abbé de Vilecourt (Bernard Giraudeau)

2. Que font les paysans au début du film? Où sont-ils?

3. Pourquoi Ponceludon part-il pour Versailles?

4. Comment apprend-il que le comte de Blayac est mort?

5. Qu'arrive-t-il à Grégoire après son départ de la maison Blayac? Par qui est-il recueilli ensuite?

6. Comment Grégoire est-il reçu par Maurepas (le ministre)? Que pense celui-ci de son projet?

7. Comment Versailles est-il organisé? Qui occupe l'aile gauche? Qui occupe l'aile droite?

8. Comment se passe l'entrée de Ponceludon dans le monde des courtisans?

9. A quoi Mathilde emploie-t-elle son temps?

10. Quel est l'accord de mariage entre Mathilde et Montalieri?

11. Ponceludon est-il aidé par le généalogiste?

12. Comment le marquis de Bellegarde élève-t-il sa fille?

13. Comment Ponceludon obtient-il les papiers généalogiques dont il a besoin? Qui est intervenu en sa faveur? Pourquoi?

14. Comment se passe l'entretien entre Ponceludon et la comtesse de Blayac quand il vient pour la remercier?

15. Quelle méchante plaisanterie Vilecourt fait-il au baron de Guérêt? Pourquoi ce dernier se suicide-t-il ?

16. Pourquoi et par qui Paul est-il renvoyé?

17. Pourquoi Mathilde va-t-elle parler à la comtesse de Blayac?

18. Quel était le but du souper organisé par la comtesse?

19. Pourquoi Ponceludon rentre-t-il chez lui?

20. Pourquoi Mathilde se montre-t-elle à la cour?

21. Comment l'abbé de Vilecourt perd-il les faveurs de la comtesse de Blayac?

22. Pourquoi Ponceludon retourne-t-il à Versailles?

23. Pourquoi la comtesse fait-elle venir le marquis de Bellegarde après sa nuit passée avec Ponceludon?

24. Comment l'assemblée réagit-elle devant les sourds-muets présentés par l'abbé de l'Epée?

25. Pourquoi le roi s'intéresse-t-il à Ponceludon? Que lui propose-t-il?

26. Pourquoi le duel a-t-il lieu?

27. Comment la comtesse réagit-elle en apprenant que Grégoire est parti avec Mathilde?

28. Pourquoi le roi ne veut-il plus recevoir Ponceludon? Quelle excuse donne-t-il?

29. Que se passe-t-il pendant le dernier bal?

30. Que font le marquis de Bellegarde, Ponceludon et Mathilde en 1794?

APPROFONDISSEMENT

1. Vocabulaire

- **Enrichissez votre vocabulaire !**

La monarchie

l'absolutisme: *absolutism*
le royaume: *the kingdom*
la royauté: *royalty*
un monarque: *a monarch*
un souverain: *a sovereign*
la couronne: *the crown*

le couronnement: *the coronation*
prétendre à la couronne: *to lay claim to the throne*
héréditaire: *hereditary*
le trône: *the throne*
succéder au trône: *to succeed to the throne*
placer qq'un sur le trône: *to put s.o. on the throne*

Les jeux de mots

un calembour: *a pun, a play on words*
une boutade: *a flash of wit*
une blague: *a joke*
une plaisanterie: *a jest*
une équivoque: *a double entendre*

un mot d'esprit = un trait d'esprit: *a witticism*
un paradoxe: *a paradox*
faire de l'esprit: *to be witty*
l'ironie: *irony*

Les sciences

la biologie: *biology*
la physique: *physics*
la chimie: *chemistry*
la médecine: *medicine*
la technologie: *technology*
la conquête de l'espace: *space exploration*
la recherche: *research*
faire des recherches: *to do research*
un chercheur: *a researcher*

un laboratoire: *a laboratory*
une expérience: *an experiment*
faire une expérience: *to perform an experiment*
une découverte: *a discovery*
un(e) expert(e): *an expert*
être expert(e) dans sa matière: *to be an expert in one's field*
un(e) spécialiste en qqch: *a specialist in sth*
faire autorité en qqch: *to be an authority on sth*

- **Jouez avec les mots!**

A. Complétez la phrase en choisissant l'expression qui convient.

1. Où le chercheur fait-il ses expériences?
   - a. au calembour
   - b. au laboratoire
   - c. à l'expert

2. Que veut assécher Ponceludon?
   - a. les marais
   - b. la cour
   - c. les moustiques

3. On l'avait tellement humilié qu'il s'est
   - a. trahi
   - b. ridiculisé
   - c. pendu

4. Ce garçon ne parle pas. Il est
   - a. muet
   - b. sourd
   - c. éclairé

5. Que faut-il pour plonger?
   - a. un souverain
   - b. une boutade
   - c. un scaphandre

6. Cette femme est veuve. Elle
   - a. a triché
   - b. a pris le deuil
   - c. fait autorité

7. Je n'approuve pas les machinations de la comtesse. Elle est
   - a. corrompue
   - b. calculatrice
   - c. égoïste

8. Le roi est mort. Son fils va
   - a. faire de l'esprit
   - b. expérimenter
   - c. lui succéder

B. **Retrouvez les mots du Vocabulaire en utilisant une syllabe de chaque colonne:**

MO	CLAI	NIE	1. Monarchie
I	TI	DRE	2.
SCA	RO	QUE	3.
E	LEM	**CHIE**	4.
MOUS	**NAR**	RE	5.
RO	PHAN	QUE	6.
COUR	FLU	BOUR	7.
IN	YAU	NE	8.
PHY	TI	ENT	9.
CA	LE	SAN	10.
E	RON	ME	11.
COU	SI	VER	12.

2.   Réflexion - Essais

1.   Faites le portrait de Grégoire.

2.   Analysez l'évolution dans les sentiments de Grégoire vis-à-vis de la cour.

3.   Faites le portrait, en les contrastant, de Madame de Blayac et de Mathilde.

4.   Décrivez les mœurs et les occupations des courtisans.

5.   Comment le bel esprit est-il utilisé? A quoi sert-il?

6.   Quel rôle le marquis de Bellegarde joue-t-il tout au long du film?

7.   Décrivez la personnalité de l'abbé de Vilecourt et son rôle dans l'histoire.

8.   Quelle impression avez-vous du roi?

9.   Analysez les vêtements portés par Mathilde, Ponceludon, Bellegarde, Vilecourt et la comtesse. De quelles couleurs sont-ils? Sont-ils simples ou luxueux? En quoi représentent-ils ceux qui les portent?

10.   Le film est basé sur une série d'oppositions. Pouvez-vous en noter quelques-unes?

11.   Pourquoi les idées de Ponceludon sont-elles typiques du XVIIIe siècle?

12.   Mathilde est-elle typique de son époque?

3. Analyse d'une photo

1. Qui voit-on sur cette photo?
2. Où sont-ils?
3. A quel moment cette scène se passe-t-elle?
4. Pourquoi Ponceludon et la comtesse sourient-ils?
5. Où le groupe va-t-il? Qui marche en tête?

4. Analyse de citations

Analysez les citations suivantes en les replaçant dans leur contexte:

1. Ponceludon: "Les paysans, monsieur, ne nourrissent pas seulement les moustiques. Ils nourrissent aussi les aristocrates".
2. Bellegarde: "Perdez cette habitude de rire de toutes vos dents. C'est infiniment rustique."
3. La comtesse de Blayac: "Sachez mieux dissimuler votre dissimulation, afin que je puisse m'abandonner sans trop de déshonneur".
4. Ponceludon: "Le roi n'est pas un sujet".

5. Sous-titres

La scène suivante est extraite de la partie de bouts-rimés. Ponceludon vient d'avoir la preuve que la Comtesse et Vilecourt ont triché. Comparez l'original en français et les sous-titres en anglais, puis répondez aux questions:

1	Annoncez!	*Verse form?*
2	Octosyllabe.	*Octosyllables.*
3	Toujours fidèle à sa "conduite", L'abbé, sans nuire à sa "santé", Peut faire deux mots d'esprit de "suite"... L'un en hiver, l'autre en "été".	*The abbot's quick wit has such "skill" It inspires in every "newcomer" He can entertain at "will" Once in winter and once in the "summer"*

4	[...] Le prix, monsieur, de votre discrétion?	[...] *What price is your silence?*
5	Madame, soyez sans crainte. Votre procédé ne sera pas... éventé!	*Fear not. I will not fan the winds of gossip.*

a. 1ère réplique: "Verse form?" n'est pas une traduction d'"Annoncez". Pourquoi cette différence?

b. 3ème réplique: sur les quatre mots à utiliser ("conduite", "santé", "suite" et "été"), combien sont traduits? Etait-il facile de traduire ce bout-rimé? Qu'a donc décidé de faire le sous-titreur? L'idée générale est-elle bien rendue en anglais?

c. 4ème réplique: comparez le sens des mots "discrétion" et "silence". Lequel est le plus fort?

d. 5ème réplique: comment le sens du mot "éventé" est-il rendu en anglais? Le sous-titre est-il réussi?

6. Les critiques

1. Christian Gasc, qui a créé les costumes du film, affirme que "Ponceludon, c'est un peu Bellegarde quand il était jeune" (*Première*, novembre 1995). Qu'en pensez-vous? Etes-vous d'accord?

2. Dans le *Télérama* du 2 décembre 1998, Cécile Mury écrit que "Dans les ors et les soies de la reconstitution historique, Patrice Leconte glisse des personnages d'une dérangeante modernité". Que veut-elle dire? Pouvez-vous donner des exemples pour illustrer son propos?

7. Parallèles avec d'autres films

1. La condition des femmes: comparez la condition des femmes dans *Ridicule, Le hussard sur le toit* et *Madame Bovary*. Pourquoi se marient-elles? Comment sont leurs maris? Quelle importance l'argent a-t-il? Sont-elles libres?

2. La moquerie: la moquerie joue un rôle-clé dans *Ridicule* et *Le dîner de cons*. Est-elle traitée de la même façon? Réfléchissez à ceux qui sont moqués:
   • Pourquoi le sont-ils?
   • En sont-ils conscients?
   • Quelle(s) conséquence(s) les moqueries ont-elles sur eux?
   • Qui remporte la bataille: les moqueurs ou les moqués?

3. La fuite vers les Anglais: dans *Ridicule* les aristocrates fuient vers l'Angleterre pour échapper à la Révolution française. Dans *La veuve de Saint-Pierre* Neel a la possibilité de s'enfuir en allant "chez les Anglais" (c'est-à-dire à Terre-Neuve, aujourd'hui province canadienne mais qui appartenait à l'Angleterre en 1850). Pourquoi, dans les deux films, les personnages pensent-ils aux Anglais quand ils doivent fuir? Que représentait l'Angleterre à l'époque?

8. Lectures

1. Extrait du roman

Lisez l'extrait suivant (les premiers pas de Ponceludon à Versailles) et répondez aux questions.

En entrant dans le grand salon qui ne s'était pas dépeuplé[1] depuis les premières heures, Ponceludon prit son tour parmi les diseurs[2] de condoléances. Devant lui se tenait un homme vêtu de noir, au visage douloureux[3] et couvert de scrofules que la poudre cachait mal. Il était le seul qui paraissait avoir une peine profonde. Le jeune provincial ne tarda[4] pas à se reculer[5] d'un pas, tant les odeurs mêlées de parfum et de pourriture[6] qu'exhalait cet homme étaient fortes. Ponceludon reconnut la gangrène, à lui si familière, puisqu'il l'avait tenue dans ses bras et même embrassée lorsque sa petite Jeanne avait agonisé[7]. Après de rapides condoléances, le malade laissa la place à Ponceludon, qui nota les sourires narquois[8] de la comtesse de Blayac et de l'abbé, dont les regards[9] suivaient le malheureux[10]. Le jeune homme s'inclina[11] un peu plus profondément qu'il était d'usage, trahissant[12] malgré lui ses manières campagnardes.

—Mes condoléances, madame, dit Ponceludon du ton le plus révérencieux[13]. M. de Blayac était un ami de mon père.

La comtesse leva sur lui les yeux d'un chat qui foudroie[14] un insecte en vol d'un coup de patte[15].

—Du mien aussi.

Mais son sourire était presque tendre. Elle possédait cet art des courtisanes, des «filles»[16] et des actrices, incompréhensible pour les femmes du commun, de dissocier son sourire de son regard, et de semer[17] ainsi le trouble chez un homme peu familier des mœurs de la cour, des petits pavillons ou des coulisses[18]. Ponceludon était à ce point innocent dans le monde que la passe[19] d'arme lui échappa, sans qu'il en pût admirer les finesses. Il eut pourtant le sentiment d'être moqué. Il allait prendre congé[20] quand il surprit[21] le regard de l'abbé Vilecourt. Un regard de dégoût[22] appuyé dirigé vers ses bottes, tachées[23] de boue. Le jeune ingénieur, piqué[24] au vif, fut assez maladroit[25] pour se justifier.

—J'ai voyagé depuis le pays de Dombes, dit-il.

—C'est votre premier séjour à Versailles? demanda Vilecourt avec une onction suave.

—J'y suis né pendant une ambassade de mon père.

---

1 had not emptied	14 swatting
2 people offering their condolences	15 with its paw
3 sorrowful	16 *here*: prostitutes
4 was not long	17 to sow confusion
5 to step back	18 in the back rooms
6 putrid smell	19 *here*: clever smile
7 was dying	20 to take his leave
8 mocking	21 intercepted
9 whose eyes	22 a fixed look of disgust
10 the unfortunate man	23 spotted with mud
11 bowed	24 vexed
12 betraying	25 clumsy
13 reverent	

L'abbé, comme un chien d'arrêt[26], avait cru flairer[27] un sot[28], et son instinct lui commandait de lui couper la retraite[29].

—Ah, courtisan de naissance! minauda[30]-t-il, en regardant la comtesse avec un air gourmand.

—On peut naître dans une écurie[31] sans se croire cheval, lâcha[32] Ponceludon.

Cette repartie[33] sans appel[34] fut la cause d'un brusque changement de physionomie chez la veuve et son confesseur, mais Ponceludon avait déjà tiré sa révérence[35], remis son chapeau et tourné les talons[36].

1. Quelle est la première impression qu'a Grégoire des gens qui fréquentaient M. de Blayac?

2. Quels détails montrent que Grégoire est étranger à Versailles?

3. Qu'est-ce la réponse de la Comtesse aux condoléances de Grégoire révèle sur elle?

4. A quelles "finesses" l'auteur fait-il référence au sujet de la Comtesse?

5. Quelle attitude Vilecourt a-t-il vis-à-vis de la Comtesse et de Grégoire? Cette scène est-elle révélatrice de la suite de l'histoire?

6. Pourquoi la Comtesse et Vilecourt ont-il "un brusque changement de physionomie" après la repartie de Grégoire? Qu'ont-ils compris?

2. La Déclaration des Droits de l'Homme et du Citoyen (extraits)

Rappel historique: L'Assemblée Constituante a voté la Déclaration des Droits de l'Homme et du Citoyen le 26 août 1789. La Déclaration s'inspire des idées des humanistes et des philosophes des Lumières (Locke, Voltaire, Montesquieu, Rousseau) et de la Déclaration américaine. Contrairement à celle-ci, cependant, la Déclaration française a une dimension philosophique, éternelle et universelle, qui s'applique à tous les pays et pas exclusivement à la France. C'est la raison pour laquelle elle rencontrera un immense écho dans le monde occidental.

Article premier.

Les hommes naissent et demeurent libres, et égaux en droits. Les distinctions sociales ne peuvent être fondées que sur l'utilité commune[37].

Article 2.

Le but de toute association politique est la conservation des droits naturels et imprescriptibles de l'homme. Ces droits sont la liberté, la propriété, la sûreté[38] et la résistance à l'oppression.

---

26 a pointer
27 thinking he had sniffed out
28 a fool
29 to cut off his line of retreat
30 he simpered
31 a stable
32 Ponceludon came out with

33 retort
34 final
35 had already bowed out
36 walked away
37 general utility
38 safety

Article 4.

La liberté consiste à pouvoir faire tout ce qui ne nuit[39] pas à autrui[40]. Ainsi[41], l'exercice des droits naturels de chaque homme n'a de bornes[42] que celles qui assurent aux autres membres de la société la jouissance[43] de ces mêmes droits. Ces bornes ne peuvent être déterminées que par la loi.

Article 6.

La loi est l'expression de la volonté générale[44]. Tous les citoyens ont droit de concourir[45] personnellement, ou par leurs représentants, à sa formation. Elle doit être la même pour tous, soit qu'elle protège, soit qu'elle punisse. Tous les citoyens étant égaux à ses yeux, sont également admissibles à toutes dignités[46], places et emplois publics, selon leur capacité, et sans autre distinction que celle de leurs vertus[47] et de leurs talents.

Article 9.

Tout homme étant présumé innocent jusqu'à ce qu'il ait été déclaré coupable, s'il est jugé indispensable de l'arrêter, toute rigueur[48] qui ne serait pas nécessaire pour s'assurer[49] de sa personne, doit être sévèrement réprimée[50] par la loi.

Article 10.

Nul[51] ne doit être inquiété[52] pour ses opinions, même religieuses, pourvu que[53] leur manifestation ne trouble pas l'ordre public établi par la loi.

Article 11.

La libre communication des pensées et des opinions est un des droits les plus précieux de l'homme. Tout citoyen peut donc parler, écrire, imprimer librement ; sauf à répondre de l'abus de cette liberté[54], dans les cas déterminés par la loi.

Article 12.

La garantie des droits de l'Homme et du Citoyen nécessite une force publique[55]. Cette force est donc instituée[56] pour l'avantage de tous, et non pour l'utilité particulière de ceux auxquels elle est confiée[57].

1. Article premier:
   a. Quelles sont les grandes nouveautés apportées par la Déclaration?
   b. Qu'est-ce qui distinguera les hommes désormais: leur naissance ou leur formation?

---

39 harm
40 others
41 therefore
42 limits
43 the ability to enjoy
44 overall will
45 to contribute
46 positions of high rank
47 their merit
48 force

49 to arrest him
50 punished
51 no one
52 troubled
53 provided that
54 for abusing this right
55 a police force
56 established
57 entrusted

2. Article 2:
   a. Quels droits ont les hommes?
   b. Que veulent-ils dire par propriété (être propriétaire de quoi?), sûreté (être en sécurité où, quand?) et résistance à l'oppression (de qui? de quoi?)

3. Article 4:
   a. Les hommes ont-ils une liberté absolue? Quelles sont les limites?
   b. Qui fixe ces limites?

4. Article 6:
   a. Que peuvent faire les citoyens s'ils le souhaitent?
   b. Que doit faire la justice?
   c. Quelle est la seule condition pour accéder aux postes les plus élevés?

5. Article 9:
   a. Quels sont les deux changements quand une personne est arrêtée?
   b. A votre avis, comment les arrestations et les détentions se passaient-elles auparavant?

6. Article 10:
   a. Quel grand changement cet article apporte-t-il?
   b. De quelle religion les rois de France étaient-ils?
   c. Les Protestants étaient-ils bien considérés par la monarchie?

7. Article 11:
   a. De quelle manière cet article complète-t-il le précédent?
   b. Sous l'Ancien Régime, était-il possible de publier tout ce que l'on souhaitait?
   c. L'article approuve-t-il une liberté d'expression totale?

8. Article 12:
   a. Pour quelle raison est-il nécessaire d'avoir une police?
   b. Qui protègera-t-elle?

3. Déclarations de Louis XVI

Rappel historique: Louis XVI était un roi faible et incapable de diriger le pays. Les déclarations suivantes le montrent sous un jour différent:

a. LOUIS XVI aux députations[58] de toutes les gardes nationales du royaume, 13 juillet 1790 :

«Redites à vos concitoyens[59] que j'aurais voulu leur parler à tous comme je vous parle ici. Redites-leur que leur Roi est leur père, leur frère, leur ami, qu'il ne peut être heureux que de leur bonheur, grand que de leur gloire, puissant que de leur liberté, riche que de leur prospérité, souffrant que de leurs maux[60]. Faites surtout entendre les paroles, ou plutôt les sentiments de mon coeur dans les humbles chaumières[61] et dans les réduits[62] des infortunés. Dites-leur que, si je ne puis me transporter avec vous dans leurs asiles[63], je veux y être par mon affection et par

---

58 delegations	61 cottages
59 fellow citizens	62 *here*: very poor lodgings
60 pains	63 shelters

les lois protectrices du faible, veiller[64] pour eux, vivre pour eux, mourir, s'il le faut, pour eux.»

   b. Les spectateurs les plus proches de l'échafaud[65] ont entendu Louis XVI dire, juste avant de mourir:

« Je meurs innocent de tous les crimes qu'on m'impute[66] ; je pardonne aux auteurs de ma mort; je prie Dieu que le sang que vous allez répandre[67] ne retombe pas sur la France. »

   1. Dans la première déclaration, Louis XVI semble très inquiet du bonheur et de la santé de ses sujets. Donnait-il cette impression dans le film?

   2. Semble-t-il sincère?

   3. Que pensez-vous de ses dernières paroles? Pouvait-on en attendre autant en le voyant dans le film?

   4. Quelle est sa crainte? Pense-t-il que sa mort va servir à quelque chose? Est-il clairvoyant?

4. Dernière lettre de Marie-Antoinette

Rappel historique: Marie-Antoinette a passé toute l'année 1793 en prison. Après la mort de Louis XVI en janvier, elle a perdu son fils de 8 ans en juillet, puis sa fille de 16 ans en août. Les deux enfants étaient eux aussi emprisonnés, et chacun dans une cellule différente. Le 16 octobre au matin, Marie-Antoinette a écrit une dernière lettre, adressée à Elizabeth, sœur de Louis XVI. Elle a été guillotinée le même jour à midi.

Ce 16 octobre, 4 heures et demie du matin

C'est à vous, ma sœur, que j'écris pour la dernière fois. Je viens d'être condamnée, non pas à une mort honteuse[68]—elle ne l'est que pour les criminels—mais à aller rejoindre votre frère; comme lui innocente, j'espère montrer la même fermeté[69] que lui dans ces derniers moments.

Je suis calme comme on l'est quand la conscience ne reproche rien; j'ai un profond regret d'abandonner mes pauvres enfants; vous savez que je n'existais que pour eux, et vous, ma bonne et tendre sœur, vous qui avez par votre amitié tout sacrifié pour être avec nous; dans quelle position je vous laisse! J'ai appris par le plaidoyer[70] même du procès[71] que ma fille était séparée de vous. Hélas! la pauvre enfant, je n'ose pas lui écrire; elle ne recevrait pas ma lettre. Je ne sais même pas si celle-ci vous parviendra[72]; recevez pour eux deux ici ma bénédiction. J'espère qu'un jour, lorsqu'ils seront plus grands, ils pourront se réunir avec vous, et jouir[73] en entier de vos tendres soins[74]. Qu'ils pensent tous deux à ce que je n'ai cessé de leur inspirer: que les principes et l'exécution exacte de ses devoirs sont la première base de la vie; que leur amitié et leur confiance[75] mutuelle en feront le bonheur.

64 be on watch for them	70 speech for the defense
65 scaffold	71 trial
66 that I am accused of	72 will reach you
67 to shed	73 enjoy
68 shameful	74 care
69 firmness	75 trust

Que ma fille sente que, à l'âge qu'elle a, elle doit toujours aider son frère par les conseils que l'expérience qu'elle aura de plus que lui et son amitié pourront lui inspirer. Que mon fils, à son tour, rende à sa sœur tous les soins, les services, que l'amitié peut inspirer. Qu'ils sentent enfin tous deux que, dans quelque[76] position où ils pourront se trouver, ils ne seront vraiment heureux que par leur union. Qu'ils prennent exemple de nous.

Combien dans nos malheurs[77] notre amitié nous a donné de consolations, et dans le bonheur on jouit doublement quand on peut le partager avec un ami; et où en trouver de plus tendre, de plus cher que dans sa propre famille? Que mon fils n'oublie jamais les derniers mots de son père, que je lui répète expressément: qu'il ne cherche jamais à venger notre mort.

[…] Je demande sincèrement pardon à Dieu de toutes les fautes que j'ai pu commettre depuis que j'existe. J'espère que dans sa bonté il voudra bien recevoir mes derniers vœux[78], ainsi que ceux que je fais depuis longtemps pour qu'il veuille bien recevoir mon âme[79] dans sa miséricorde[80] et sa bonté.

Je demande pardon à tous ceux que je connais, et à vous, ma sœur, en particulier, de toutes les peines[81] que, sans le vouloir, j'aurais pu vous causer. Je pardonne à tous mes ennemis le mal qu'ils m'ont fait. Je dis ici adieu à mes tantes et à tous mes frères et sœurs. J'avais des amis; l'idée d'en être séparée pour jamais et leurs peines sont un des plus grands regrets que j'emporte en mourant. Qu'ils sachent, du moins, que jusqu'à mon dernier moment, j'ai pensé à eux.

Adieu, ma bonne et tendre sœur; puisse cette lettre vous arriver! Pensez toujours à moi; je vous embrasse de tout mon cœur, ainsi que ces pauvres et chers enfants. Mon dieu! qu'il est déchirant[82] de les quitter pour toujours. Dieu, adieu! Je ne vais plus m'occuper que de mes devoirs spirituels. Comme je ne suis pas libre dans mes actions, on m'amènera peut-être un prêtre, mais je proteste ici que je ne lui dirai pas un mot et que je le traiterai comme un être[83] absolument étranger.

1. Pourquoi Marie-Antoinette n'a-t-elle pas honte de mourir?

2. Pourquoi a-t-elle la conscience tranquille?

3. A propos de ses enfants elle écrit: "Je n'existais que pour eux". A-t-on cette impression dans le film? Pour quoi vivait-elle aussi?

4. Elle écrit que "les principes et l'exécution exacte de ses devoirs sont la première base de la vie". Marie-Antoinette faisait-elle son devoir dans le film? Quels étaient les devoirs d'une reine au XVIIIème siècle?

---

76 whatever
77 ordeals
78 wishes
79 my soul
80 mercy

81 sorrow
82 heartbreaking
83 a being

5. Elle mentionne qu'elle était proche de Louis XVI. Aviez-vous l'impression,
    en regardant le film, que les époux royaux étaient amis? Souvenez-vous
    que les mariages royaux étaient arrangés et que les époux n'avaient pas
    l'obligation de s'aimer!

6. Est-il surprenant qu'elle pardonne à ses ennemis? Pourquoi le fait-elle à
    votre avis?

7. Cette lettre vous surprend-elle? Eclaire-t-elle un aspect de sa personnalité
    que l'on ne soupçonne pas dans le film?

8. Après avoir vu le film, comprenez-vous pourquoi elle a été guillotinée?
    Pensez-vous que sa mort était justifiée?

CHAPITRE 9

La veuve de Saint-Pierre

LA VEUVE DE SAINT-PIERRE

Présentation du film

Saint-Pierre et Miquelon, 1849. Un homme est assassiné. Le coupable, Neel Auguste, est condamné à mort mais il n'y a ni guillotine ni bourreau sur l'île. Commence alors une longue attente, pendant laquelle il va gagner l'estime et l'amitié du Capitaine et de sa femme, chargés de le surveiller.

Carte d'identité du réalisateur

Patrice Leconte (né en 1947) a d'abord travaillé dans la bande dessinée avant de se lancer dans le cinéma. Le succès est venu en 1978 avec *Les bronzés*. D'autres comédies ont suivi (notamment *Viens chez moi, j'habite chez une copine*, 1980 et *Tandem*, 1987), puis Patrice Leconte a alterné les genres. Il a été remarqué pour *Monsieur Hire* (1989), *Le mari de la coiffeuse* (1990), *Ridicule* (1996), *La fille sur le pont* (1999), *La veuve de Saint-Pierre* (2000) et *L'homme du train* (2002). Patrice Leconte tourne environ un film par an, ainsi que des publicités.

Carte d'identité des acteurs

Juliette Binoche (née en 1964) a débuté très jeune au théâtre, avant de se consacrer au cinéma. *Rendez-vous* l'a fait connaître en 1985. Ouverte, agréable, simple, Juliette a de la personnalité et son franc-parler. Parmi ses films les plus marquants on peut citer *Mauvais sang* (1986), *Les amants du Pont-Neuf* (1991), *Le hussard sur le toit* (1995), *Alice et Martin* (1998), *La veuve de Saint-Pierre* (2000), ainsi que des films pour des réalisateurs étrangers (*L'insoutenable légèreté de l'être*, 1988, *Bleu*, 1993, *Le patient anglais*, 1997, *Chocolat*, 2000). C'est une actrice très appréciée des spectateurs et constamment demandée par les réalisateurs.

Daniel Auteuil (né en 1950) a d'abord été un acteur comique. C'est *Jean de Florette* et *Manon des sources* qui l'ont fait changer de registre, et il est alors devenu très demandé par les plus grands réalisateurs. Il sait être grave, comique, subtil, poignant, pudique, et surtout humain. Il a fait des prestations remarquées dans *Un cœur en hiver* (1992), *La Reine Margot* (1994), *Le Huitième jour* (1996), *Lucie Aubrac* (1997), *La fille sur le pont* (1999), *La veuve de Saint-Pierre* (2000) et *Le placard* (2001).

L'heure de gloire

Juliette Binoche et Emir Kusturica ont été nominés pour le César de la meilleure actrice et celui du meilleur acteur dans un second rôle. Le film a aussi été nominé pour le Golden Globe du meilleur film étranger.

PREPARATION

1. Vocabulaire

Vocabulaire utile avant de voir le film :

Noms

le brouillard: *fog*

un pêcheur: *a fisherman*

une taverne: *an inn*

un pari: *a bet*

la morue: *cod*

un meurtrier: *a murderer*

le bagne: *convict prison*

le rachat (d'un péché): *atonement (for a sin)*

la bonté: *goodness*

le pardon: *forgiveness*

un bourreau: *an executioner*

une serre: *a greenhouse*

la cour: *the courtyard*

une cellule: *a cell (in a prison)*

le Conseil: *the Council*

les notables: *the leading citizens*

une émeute: *an uprising*

une barque: *a row boat*

l'abnégation: *self-sacrifice*

la clémence: *mercy*

la trahison: *treason*

la sédition: *sedition*

la cour martiale: *court martial*

la peine de mort: *the death penalty*

une hache: *an axe*

un plaidoyer pour / contre: *a plea for/against*

Verbes

se soûler: *to get drunk*

commettre un crime: *to commit a crime*

se venger: *to have one's revenge*

avoir du mal à (faire qqch): *to have a hard time (doing sth)*

perdre la face: *to lose face*

pardonner: *to forgive*

avoir confiance en qq'un: *to trust s.o.*

ramer: *to row*

s'enfuir: *to flee*

s'échapper = s'évader: *to escape*

faire fusiller qq'un: *to have s.o. shot*

être relevé(e) de ses fonctions: *to be dismissed*

avoir raison/tort: *to be right/wrong*

Adjectifs

soûl(e) = ivre: *drunk*

sobre: *sober*

entêté(e): *stubborn*

pudique: *modest*

ambigu(ë): *ambiguous*

lâche: *cowardly*

lucide: *clear-sighted*

déchirant(e): *heartrending*

digne: *dignified*

résigné(e): *submissive*

abolitionniste: *abolitionist*

Autre

autrement: *otherwise*

parmi: *among*

Traduisez!

1. Neel is a fisherman who commits a crime because he was drunk.
2. Madame La is stubborn and she would like Neel to flee with the row boat.
3. The Council members are cowardly, they are afraid of losing face and they don't trust anyone.
4. They have difficulty finding an executioner among the people of Saint-Pierre.

2. Repères culturels

1. Où les îles de Saint-Pierre-et-Miquelon se trouvent-elles?
2. De quelle nationalité les habitants sont-ils?
3. A quoi fait-on référence quand on parle de "la métropole"?
4. Où la Martinique et Fort-de-France se situent-elles? La Martinique est-elle française?
5. Quelle était la situation politique en France en 1849? Quel type de gouvernement avait-on?
6. De quand date la guillotine?
7. En quelle année la peine de mort a-t-elle été abolie en France?
8. Que veut dire le mot "sédition"? Expliquez-le en français.
9. A quoi sert une cour martiale?

CONVERSATION EN CLASSE

1. Les personnages: Madame La = Pauline (Juliette Binoche)
                            Le Capitaine = Jean (Daniel Auteuil)
                            Neel Auguste (Emir Kusturica)
                            Louis Ollivier
                            le Gouverneur

2. Qui voit-on dans la première scène? Comment est-elle habillée? Pourquoi?

3. Décrivez les conditions de travail des pêcheurs.

4. Que font les hommes quand ils rentrent de la pêche?

5. Pourquoi les deux hommes tuent-ils le Père Coupard?

6. Décrivez le procès des deux criminels.

7. Par quoi la scène du procès est-elle interrompue? Pourquoi ces deux interruptions?

8. Comment Louis Ollivier meurt-il?

9. Pourquoi Madame La propose-t-elle à Neel de l'aider à faire la serre?

10. Que pense le Gouverneur des sorties de Neel et de Madame La? De quoi a-t-il peur?

11. Pourquoi le Capitaine s'oppose-t-il au Gouverneur quand ils parlent de Madame La?

12. Que comprend-on sur la relation entre Jeanne-Marie et Neel? Qui est le père de la petite fille?

13. Que partagent Madame La et Neel?

14. Pourquoi la Martinique envoie-t-elle une guillotine mais pas de bourreau?

15. Pourquoi, et comment, la population change-t-elle d'opinion envers Neel?

16. Pourquoi le Gouverneur a-t-il tant de mal à trouver un bourreau parmi les habitants de St-Pierre?

17. Quels avantages matériels le bourreau aura-t-il?

18. M. Chevassus a-t-il envie d'être bourreau? Pourquoi le fait-il?

19. La population accepte-t-elle l'argent offert pour tirer le bateau qui apporte la guillotine? Pourquoi Neel accepte-t-il?

20. Pourquoi le Capitaine dit-il aux gens qui manifestent de rentrer chez eux? A-t-il raison? Que se serait-il passé autrement?

21. Que pense le Capitaine quand Madame La et Neel partent en barque donner l'argent à Jeanne-Marie?

22. Comment le Conseil prend-il la décision du Capitaine de ne pas faire assurer l'exécution de Neel?

23. Pourquoi Madame La veut-elle que Neel s'enfuie? Pourquoi refuse-t-il?

24. Pourquoi le Capitaine est-il relevé de ses fonctions?

25. Pourquoi Madame La pense-t-elle que le rappel de Jean à Paris est de sa faute? A-t-elle raison?

26. Comment l'exécution de Neel se passe-t-elle?

27. Qu'arrive-t-il au Capitaine?

28. L'exécuteur est-il resté à St-Pierre? Pourquoi à votre avis?

APPROFONDISSEMENT

1. Vocabulaire

• **Enrichissez votre vocabulaire !**

La justice

un cambriolage: *a housebreaking*
un vol: *a robbery*
un viol: *a rape*
un homicide volontaire: *a murder*
un homicide involontaire: *manslaughter*
commettre un crime: *to commit a crime*
le suspect: *the suspect*
l'accusé(e): *the defendant*
le/la coupable: *the guilty party*
la victime: *the victim*
l'enquête: *the investigation*
une piste: *a lead*
un mobile: *a motive*
une preuve: *a piece of evidence*
un témoin: *a witness*

le tribunal: *the courtroom*
le procès: *the trial*
le juge: *the judge*
les jurés: *the jury*
un avocat: *a lawyer*
défendre: *to defend*
être arrêté(e): *to be arrested*
être interrogé(e): *to be questioned*
avouer: *to confess*
être condamné(e): *to be sentenced*
être incarcéré(e): *to be jailed*
la réclusion à perpétuité: *life sentence*

La pêche

un bateau de pêche: *a fishingboat*
un filet: *a net*
un poisson: *a fish*
    une truite: *a trout*
    un saumon: *a salmon*
    un thon: *a tuna*
    une sole: *a sole*

des fruits de mer: *seafood*
    une huître: *an oyster*
    une moule: *a mussel*
    un crabe: *a crab*
    une crevette: *a shrimp*
    un homard: *a lobster*

- **Jouez avec les mots!**

A. De qui parle-t-on?

1. Il défend l'accusé: _____

2. Il a assisté au cambriolage: _____

3. Elle est morte assassinée: _____

4. Il travaille au tribunal: _____

5. La police pense qu'il a commis le crime: _____

6. Ils décident de la culpabilité, ou non, de l'accusé: _____

B. Trouvez l'intrus:

serre	meurtrier	accusé	coupable
thon	morue	crabe	poisson
s'évader	se venger	s'enfuir	s'échapper
avocat	victime	suspect	défendre
bourreau	fusiller	émeute	peine de mort
filet	homard	huître	moule
se soûler	ivre	ramer	taverne
cellule	incarcéré	avouer	réclusion à perpétuité

2.   Réflexion - Essais

1. Analysez l'amour qui unit le Capitaine et Madame La. Quelles preuves a-t-on de la solidité de ce couple?

2. Quels sentiments Madame La et Neel ont-il l'un pour l'autre? Est-ce clair?

3. Pourquoi Madame La entreprend-elle de réhabiliter Neel? Pour qui le fait-elle? Qu'a-t-elle à y gagner?

4. Pourquoi le Capitaine laisse-t-il à sa femme la plus grande liberté? Est-elle une femme comme les autres?

5. Quel personnage préférez-vous? Pourquoi?

6. Quel portrait le film dresse-t-il de l'Administration et des notables?

7. Pensez-vous, comme Madame La, que "les hommes peuvent être mauvais un jour et bons le lendemain"?

8. Quel rôle le temps a-t-il dans cette histoire? Les relations entre les personnages seraient-elles différentes s'ils ne se savaient pas pressés par le temps?

9. Cette histoire est-elle encore d'actualité? Qu'arriverait-il au condamné qui aurait commis un crime similaire à notre époque? Serait-il condamné de la même façon en France et aux Etats-Unis?

10. Quelles couleurs dominent le film? Pourquoi? Donnez des exemples.

11. Pourquoi le film s'appelle-t-il *La veuve de Saint-Pierre*? Qui est la veuve? La traduction anglaise du titre rend-elle bien ce double sens? Pourquoi?

12. Finalement, trouvez-vous que ce film est avant tout un plaidoyer contre la peine de mort, ou une grande histoire d'amour?

13. Comparez la première et la dernière scène. Sont-elles différentes? Pourquoi?

3. Analyse d'une photo

1. Où cette scène se passe-t-elle?
2. Que font Madame La et Neel?
3. Regardez leurs doigts. Est-ce éloquent?
4. Quelle impression avez-vous en regardant leurs visages?

4. Analyse de citations

Analysez les citations suivantes en les replaçant dans leur contexte :

1. Le Gouverneur: "De grâce, pour une fois, déplaisez à votre épouse et enfermez l'assassin!"

2. Madame La: "On condamne quelqu'un et c'est un autre qui est puni."

3. Le Capitaine: "Je suis venu vous avertir qu'en toute conscience je refuse de faire assurer l'exécution du condamné Neel Auguste par le détachement militaire. C'est ainsi. La chose n'est pas à négocier."

5. Sous-titres

La scène suivante a lieu dans le bureau du Gouverneur, qui veut parler de Madame La au Capitaine. Comparez l'original en français et les sous-titres en anglais, puis répondez aux questions:

1	Je vous reçois sans tralala mon cher.	*No ceremony today, my dear fellow.*
2	Ce bureau est la pièce la mieux chauffée, profitez-en. Mettez-vous à l'aise.	*This is the warmest room in the place. Make yourself comfortable.*

3	Je suis à l'aise, merci. […]	*I am, thank you. […]*
4	A propos de… votre épouse, vous êtes au courant?	*By the way, have you heard about your wife?*
5	Sûrement.	*Probably.*
6	Et alors? Trouvez-vous cela normal?	*Well? Do you find it normal?*
7	Quoi?	*What?*
8	Trouvez-vous normal qu'elle se fasse accompagner d'un assassin?	*That she should go around with a killer?*
9	Pour ma part, vous savez, qu'il s'enfuie ou pas… Mais imaginez que la métropole nous envoie la veuve et le bourreau qu'on lui réclame et qu'il n'y ait plus personne à raccourcir!	*He can escape for all I care… But imagine France sends us the guillotine and executioner, and there's no one left to top!*

a. 1ère réplique: que veut dire "sans tralala"? Est-ce bien traduit?

b. 2ème réplique: "profitez-en" n'est pas traduit. Trouvez-vous cette omission gênante? Change-t-elle le sens de la réplique?

c. 5ème réplique: l'adverbe "probably" est-il la traduction exacte de "sûrement"? Se justifie-t-il ici?

d. 8ème réplique: qu'est-ce que "should" traduit? Est-ce un usage courant de should? Est-ce une bonne traduction?

e. 9ème réplique: comment "la métropole" et "la veuve" sont-ils traduits? Pourquoi?

f. 9ème réplique: à quel registre de langue "raccourcir" (utilisé dans ce contexte) appartient-il? "To top" est-il donc bien choisi?

6. Les critiques

1. Jean Vallier, dans sa critique du film (*France-Amérique*, 3 mars 2001), écrit que "Patrice Leconte […] a choisi d'aborder un de ces sujets héroïques qui permettent à des êtres d'exception en butte à la mesquinerie de leur environnement ou à l'étroitesse d'esprit de leur temps, de se révéler pleinement à l'issue d'un combat moral qui les entraînera à leur perte mais leur conférera l'auréole du héros".

    Etes-vous d'accord avec lui? Y a-t-il des êtres d'exception et des héros dans ce film? A quel combat moral fait-il référence?

2. "*La veuve de Saint-Pierre* est une œuvre que certains trouveront peut-être trop classique. Oui, c'est du cinéma classique, et alors? Qu'attend-on d'un film sinon qu'il nous transporte, qu'il nous fasse vibrer, qu'il nous déchire le cœur?" C'est la question que pose Thierry Klifa dans le

Studio d'avril 2000. Avez-vous été transporté, avez-vous vibré, avez-vous eu le cœur déchiré en regardant ce film? Le trouvez-vous trop classique?

7. Parallèles avec d'autres films

1. Juliette Binoche: comparez ses rôles dans *Le hussard sur le toit* et *La veuve de Saint-Pierre*. Pauline de Théus et Madame La (qui s'appelle aussi Pauline) vivent à la même époque (1832 et 1849) dans deux mondes forts différents.
   a. Qu'est-ce que ces deux femmes ont en commun (pensez à leur caractère)?
   b. Qu'essaient-elles de faire?
   c. Comparez le triangle Pauline – M. de Théus – Angelo à celui que forment Madame La, le Capitaine et Neel. Les deux femmes sont-elles amoureuses de leur mari? Quelle place Angelo et Neel occupent-ils?

2. Daniel Auteuil: comparez ses rôles dans *Jean de Florette* et *Manon des sources* (Ugolin, un paysan provençal au début du siècle), *La veuve de Saint-Pierre* (Jean, un capitaine de l'Armée à Saint-Pierre et Miquelon en 1849) et *Un cœur en hiver* (Stéphane, un luthier parisien). Le trouvez-vous bien choisi pour ces rôles extrêmement différents? Ces trois rôles étaient-ils tous de difficulté égale? Justifiez votre point de vue.

3. L'alcoolisme: comparez l'alcoolisme de Jean dans *Jean de Florette*, celui de Pelo dans *Le grand chemin,* et celui de Neel dans *La veuve de Saint-Pierre*. Pourquoi ces personnages boivent-ils et quelles sont les conséquences de leurs excès?

4. La fuite vers les Anglais: dans *Ridicule* les aristocrates fuient vers l'Angleterre pour échapper à la Révolution française. Dans *La veuve de Saint-Pierre* Neel a la possibilité de s'enfuir en allant "chez les Anglais" (c'est-à-dire à Terre-Neuve, aujourd'hui province canadienne mais qui appartenait à l'Angleterre en 1849). Pourquoi, dans les deux films, les personnages pensent-ils aux Anglais quand ils doivent fuir? Que représentait l'Angleterre à l'époque?

8. Lectures

1. Affaire Néel Auguste & Ollivier Louis.

Au début du film, on entend Juliette Binoche dire "L'énoncé[1] des faits authentiques de cette histoire repose aux greffes[2] de la mairie de Saint-Pierre". Le film est basé sur cette histoire vraie, racontée en 1938 par un témoin[3], Emile Sasco. Lisez son témoignage et comparez-le au film en répondant aux questions.

Un meurtre à l'île-aux-Chiens.

La veille[4] du crime

Le crime commis fin décembre 1888 à l'île-aux-Chiens ne fut pas un assassinat comme la légende s'en est accréditée dans la Colonie, car il n'y eut ni préméditation, ni guet-apens[5], mais un meurtre accompagné de vol qualifié[6]. Voici d'ailleurs les faits tels qu'ils résultent de l'information judiciaire.

---

1 the terms
2 in the court records
3 a witness
4 the day before
5 ambush
6 aggravated theft

Dans la journée du lundi 31 décembre 1888, la paisible population de l'Ile aux Chiens était mise en émoi[7]. Le père Coupard, François, marin-pêcheur, âgé de 61 ans, célibataire, était trouvé mort dans sa cabane de pêche, le corps horriblement mutilé.

[… *les voisins de Coupard ont entendu beaucoup de bruit pendant la nuit, et vont faire une déclaration à la police…*]

Découverte du crime et arrêt des suspects

[… *visite de la maison de Coupard par les gendarmes, qui ne remarquent rien d'anormal. Découverte du corps par deux amis de Coupard…*]

Le Parquet[8] immédiatement prévenu[9] se transporta sur les lieux pour procéder aux premières constatations, en présence du Docteur Camail, médecin de la localité. Le cadavre[10] avait été déposé entre deux coffres[11] et tassé en boule[12], la tête repliée[13] sous la poitrine et les jambes infléchies[14] sous l'abdomen. Quand on retira[15] le cadavre de la position où il était, un horrible spectacle glaça d'horreur les assistants[16]. Le corps de Coupard était atrocement mutilé. [*…description des mutilations…*] Sans doute, le ou les meurtriers pressés par le temps ou de crainte d'être surpris, n'avaient pu achever[17] leur horrible boucherie[18]. Jetant le cadavre là où il était trouvé et l'ayant recouvert d'une voile de wary[19], ils avaient pris la fuite, s'emparant[20] de tout ce qui pouvait être emporté.

Les soupçons[21] se portèrent tout naturellement sur Ollivier qui avait disparu avec l'embarcation[22] de son patron et, suivant une supposition assez vraisemblable[23], avait gagné la côte voisine de Terre-Neuve. Il était donc intéressant de rechercher si ce marin avait commis le crime seul ou en compagnie de complices. Lundi soir seulement, on apprenait qu'Ollivier avait été vu, la veille, avec un individu nommé Néel et que tous deux avaient fait des stations[24] et de nombreuses libations[25] dans les deux cabarets de l'Ile-aux-Chiens, jusqu'à dix heures du soir. Néel, bien connu dans cette localité, demeurait[26] à Saint-Pierre. [… *description du travail de la police pour retrouver et arrêter les deux coupables, qui n'ont pas pu fuir à cause du vent et donc de l'état de la mer…*]

A peine arrêtés, Néel et Ollivier étaient conduits sous bonne escorte sur les lieux du crime pour y être confrontés avec le cadavre de Coupard. Ils firent des aveux complets[27]. Néel aurait frappé le premier, Ollivier n'aurait frappé qu'après, sur l'invitation de son complice. Interrogés pour savoir dans quel but ils avaient tenté de dépecer[28] le cadavre de leur victime, ils répondirent que c'était pour savoir "s'il était gras" et que d'ailleurs ils étaient saouls perdus[29]…

---

7 in a commotion
8 public prosecutor's office
9 informed
10 body
11 chests
12 packed into a ball
13 tucked under
14 bent
15 pulled out
16 those present
17 finish
18 slaughter

19 a type of sail
20 grabbing
21 suspicions
22 the boat
23 likely
24 had stopped
25 and drunk
26 lived
27 made a full confession
28 to cut up
29 drunk out of their minds

Sur leur parcours[30], les meurtriers purent se rendre compte combien leur abominable forfait[31] avait soulevé l'indignation publique. Les femmes notamment en voulaient[32] surtout à Néel, qu'une vie de désordre avait conduit jusqu'au crime.

Le procès[33] et la condamnation à mort

L'instruction[34] de cette affaire menée rapidement permettait au Tribunal criminel de se réunir en session le mardi 6 février 1889. Les débats durèrent deux jours. [...] La salle d'audience[35] était comble[36]. L'acte d'accusation lu par le greffier[37] Siegfriedt, il est procédé à l'interrogatoire[38] des accusés qui ont déclaré se nommer, Néel Joseph Auguste, né à Saint-Pierre, le 29 mai 1860, marin-pêcheur, Ollivier Louis, né à Coatraven (Côtes du Nord[39]) le 31 octobre 1863, également marin-pêcheur.

[...*description du crime et de la tentative de fuite des accusés*...]

Néel et Ollivier ne cessèrent d'arguer de leur état d'ivresse[40] sinon pour excuser, du moins pour atténuer[41] l'atrocité de leur crime. Ollivier, garçon aux manières lourdes, au cou de taureau[42] et dont l'intelligence paraît étouffée[43] sous la force physique, Ollivier qui joua dans ce drame un rôle plutôt passif, pressé d'expliquer pourquoi il avait obéi aveuglément[44] à Néel qu'il connaissait à peine[45], tandis qu'il avait toujours déclaré que Coupard avait toujours été bon pour lui, ne put donner aucune raison.

[... *témoignage des témoins et des habitants*...]

Le Procureur de la République[46] requit[47] la peine capitale contre Néel et ne s'opposa pas à l'admission de circonstances atténuantes[48] en faveur d'Ollivier. Néel, d'après le Ministère public, ayant exercé sur Ollivier une sorte de fascination incompréhensible, voisine de l'hypnotisme.[49]

[...*plaidoirie*[50] *des avocats*[51] *des deux accusés*...]

Après une délibération assez courte, le Tribunal criminel rapportait un verdict affirmatif sur toutes les questions posées, avec admission de circonstances atténuantes en faveur d'Ollivier seulement. Néel était condamné à la peine de mort et Ollivier à dix ans de travaux forcés[52]. Ollivier s'en retirait à bon compte[53].

L'opinion publique, tout en respectant l'arrêt de justice, pensa néanmoins qu'il y avait trop de disproportion entre les deux peines[54]. Si Néel méritait la peine

---

30 on the way
31 crime
32 had a grudge against
33 trial
34 the investigation
35 the courtroom
36 packed
37 the clerk
38 cross-examination
39 a "département" in northern Brittany in France
40 kept repeating that they were under the influence
41 to mitigate

42 bull
43 smothered
44 blindly
45 hardly
46 the public prosecutor
47 called for
48 mitigating circumstances
49 this sentence is incorrect (it is missing a conjugated verb)
50 defence speech
51 lawyers
52 hard labor
53 was getting off lightly
54 sentences

capitale, la peine appliquée à son co-auteur n'était pas assez élevée.

[... *arrivée de Néel à la prison...*]

Le pourvoi[55] de Néel

Le 9 février, Néel se pourvoit en cassation[56] contre l'arrêt du Tribunal criminel, mais pour parer à l'éventualité[57] du rejet de son pourvoi, il formait un recours en grâce[58] le 9 avril suivant. [... *description des formalités administratives...*]

A l'unanimité, le Conseil émettait l'avis que dans un but de préservation sociale, il n'y avait pas lieu[59] d'appuyer[60] le recours du condamné, l'horrible cruauté qui marquait le meurtre de Coupard excluait tout sentiment de commisération. D'autre part, il importait de ne pas laisser dans le public cette croyance que la meilleure excuse à présenter devant la justice était son état d'ivresse.

D'ailleurs, à ces raisons s'en ajoutait une autre qui n'était point en effet sans importance. Deux condamnations à mort pour assassinat prononcées en 1876 et 1886 avaient été commuées[61] en celles des travaux forcés à perpétuité[62]. Depuis lors, et il faut bien le dire, ces deux mesures de clémence avaient eu pour résultat d'accréditer[63] dans la population l'idée que la peine de mort était virtuellement abolie aux île Saint-Pierre et Miquelon, faute[64] de pouvoir l'y faire exécuter dans les formes prescrites par le code pénal français.

[...*description des difficultés rencontrées par l'administration: refus de Paris d'envoyer une guillotine et un exécuteur, envoi (le 26 juillet) d'une guillotine par la Martinique, projets pour trouver un exécuteur sur l'île...*]

Arrivée de la guillotine, recherche d'un bourreau

La guillotine arrivait à St-Pierre le 22 août. C'était une vieille machine datant presque du début de son invention. Ne disait-on pas qu'elle avait servi à l'exécution de la malheureuse reine Marie-Antoinette. [...*description de la guillotine...*]

[...*difficultés à trouver un bourreau: tout le monde refuse, malgré les avantages offerts. Finalement, Jean-Marie Legent, emprisonné pour vol, accepte. La guillotine est testée sur un veau[65], qu'elle décapite[66], mais pas complètement. Il faut finir le travail avec un couteau. L'avocat de Néel proteste: les conditions de l'exécution l'inquiètent...*]

L'exécution de Néel

Et nous voilà enfin au matin de l'exécution. Un soleil radieux, après trois semaines de brume[67] intense va éclairer[68] la scène tragique. La plus grande partie de la population est sur pied.

[...*description de la dernière nuit de Néel...*]

Très doucement, le Procureur de la République le touche à l'épaule. Néel ouvre les yeux et se dresse sur son séant[69]. A la nouvelle qu'il n'a plus de grâce[70] à attendre

---

55 appeal	63 to give credence
56 lodged an appeal	64 *here*: because it was not possible to
57 to guard against the possibility	65 calf
58 a plea for clemency	66 beheads
59 there was no reason	67 fog
60 to support	68 to shine on
61 commuted	69 sits up
62 for life	70 pardon

que dans la miséricorde[71] Divine, il répond "Oh! la mort ne me fait pas peur" et il ajoute "il y a longtemps que je serais mort sans M. et Mme Sigrist. Ils ont été bons pour moi. Je veux les remercier avant de mourir". Le gardien de la prison, fort émotionné[72] lui dit: "Mon pauvre Néel, du courage", et en discourant[73] gravement sur les motifs de sa condamnation, Néel s'habille seul, sans tâtonnement[74], refusant l'aide du gendarme Dangla qui se tient[75] à l'entrée de la cellule.

[... *préparatifs pour l'exécution, et trajet[76] de la prison à la guillotine...*]

Une foule assez compacte parmi laquelle on remarque quelques femmes se tient silencieuse, maintenue à distance par un cordon[77] de militaires de la compagnie de la discipline.

Le condamné descend de voiture et d'un pas ferme, s'achemine[78] vers la guillotine dont la vue ne parvient pas à amollir[79] le courage. Reconnaissant Legent, il lui reproche le redoutable service que l'on attend de lui, puis de la plate-forme, d'un pied de hauteur où il est monté, s'adressant à la foule d'une voix forte: "Que[80] mon exemple serve de leçon, dit-il; j'ai tué, on va me tuer, ne faites pas comme moi". Il embrasse le crucifix que lui présente l'aumônier[81] et lui demande d'accompagner son cadavre au cimetière, ne voulant pas, dit-il, "être enterré[82] comme un chien".

[... *travail des exécuteurs pour installer Néel sur l'échafaud...*]

Enfin! Enfin! L'exécuteur Legent a repris son sang-froid[83] et lâche la corde[84], le couperet[85] tout en brinquebalant[86] dans la rainure des montants[87], s'abat[88] lourdement. Justice est faite! Comme on l'avait prévu, la tête du décapité reste suspendue sur le bord du récipient[89], Legent d'un coup de couteau, tranche[90] l'adhérence.

Au lieu d'être placé dans un endroit discret, le cercueil[91] destiné à recevoir les restes[92] du supplicié[93] avait été au contraire disposé devant la guillotine de sorte que le malheureux Néel pût le contempler durant sa terrible agonie.

Après cette dramatique exécution, la foule s'écoula[94] silencieusement, fortement impressionnée par ces incidents macabres. Le Procureur de la République Caperon, sous le coup d'une véritable émotion, pleure à chaudes larmes[95] et confie à celui qui écrit ces lignes que jamais plus il ne requerra la peine de mort.

[...*épilogue: le bourreau a dû rentrer en France, personne ne voulant l'embaucher sur l'île...*]

Saint-Pierre, le 19 février 1938. Emile Sasco.

---

71 mercy
72 quite upset
73 speaking
74 without fumbling
75 standing
76 trip
77 a line
78 heads for
79 to weaken
80 let
81 chaplain
82 buried
83 his cool

84 lets go of the rope
85 blade
86 rattling
87 the tracks of the scaffolding
88 falls
89 basket
90 severs
91 casket
92 the remains
93 the torture victim
94 drifted away
95 sobs

1. En quelle année le crime a-t-il été commis? A votre avis, pourquoi l'année a-t-elle été changée dans le film?

2. Le texte donne beaucoup de détails sur le meurtre et les mutilations. Est-ce le cas aussi dans le film? La caméra s'attarde-t-elle sur Coupard? Pourquoi?

3. Les deux coupables essaient-ils de fuir dans le film? Pourquoi?

4. Quelle était leur motivation? Comment la population a-t-elle réagi? Est-ce conforme au film?

5. En quoi le procès diffère-t-il de celui auquel on assiste dans le film? (pensez à sa durée, aux avocats, au pourvoi de Neel).

6. Ollivier Louis meurt-il accidentellement dans le texte? Pourquoi cet ajout dans le film?

7. L'administration, telle qu'on la voit dans le film, ressemble-t-elle à la description qu'en fait le texte?

8. Comment le bourreau a-t-il été trouvé? Comparez le texte et le film: pourquoi le film a-t-il changé la situation personnelle du bourreau (M. Chevassus)?

9. Qui sont M. et Mme Sigrist? Qui sont-ils dans le film?

10. La guillotine a-t-elle fonctionné? Comment Neel a-t-il été achevé?

11. Quelle version de l'histoire est la plus dramatique? Justifiez votre réponse.

2. L'abolition de la peine de mort

La peine de mort a été abolie en France en 1981, après l'arrivée à la présidence de François Mitterrand. Celui-ci, pendant sa campagne, avait fait la déclaration suivante à une émission de télévision:

"Sur la question de la peine de mort, pas plus que sur les autres, je ne cacherai pas ma pensée. Et je n'ai pas du tout l'intention de mener ce combat à la face du pays en faisant semblant[96] d'être ce que je ne suis pas. Dans ma conscience profonde, qui rejoint celle des Églises, l'Église catholique, les Églises réformées, la religion juive, la totalité des grandes associations humanitaires, internationales et nationales, dans ma conscience, dans le for[97] de ma conscience, je suis contre la peine de mort. (...) Je suis candidat à la Présidence de la République et je demande une majorité de suffrages[98] aux Français, et je ne la demande pas dans le secret de ma pensée. Je dis ce que je pense, ce à quoi j'adhère, ce à quoi je crois, ce à quoi se rattachent mes adhésions spirituelles, mon souci[99] de la civilisation: je ne suis pas favorable à la peine de mort."

Il a été élu le 10 mai 1981, alors qu'une majorité de Français était favorable au maintien de la guillotine. Le 31 août, Robert Badinter, garde des sceaux[100], a déposé un projet de loi[101] abolissant la peine de mort, examiné par l'Assemblée nationale le 17 septembre. Pour l'occasion, Robert Badinter a prononcé le discours suivant:

---

96 pretending
97 in the depth
98 votes
99 my concern

100 French Minister of Justice (the equivalent of the Attorney General in the US)
101 filed a bill

"Monsieur le président, mesdames, messieurs les députés, j'ai l'honneur, au nom du Gouvernement de la République, de demander à l'Assemblée nationale l'abolition de la peine de mort en France. En cet instant, dont chacun d'entre vous mesure la portée[102] qu'il revêt pour notre justice et pour nous, je veux d'abord remercier [...] tous ceux, quelle que soit[103] leur appartenance politique[104] qui, au cours[105] des années passées, notamment au sein[106] des commissions des lois précédentes, ont oeuvré[107] pour que l'abolition soit décidée, avant le changement politique majeur que nous connaissons [...]" Cette communion d'esprit, cette communauté de pensée à travers les clivages[108] politiques montrent bien que le débat qui est ouvert aujourd'hui devant vous est d'abord un débat de conscience et le choix auquel chacun d'entre vous procédera l'engagera personnellement [...]. [...].Demain, grâce à vous, la justice française ne sera plus une justice qui tue. Demain, grâce à vous, il n'y aura plus pour notre honte[109] commune, d'exécutions furtives[110], à l'aube, sous le dais[111] noir, dans les prisons françaises. Demain les pages sanglantes[112] de notre justice seront tournées. À cet instant plus qu'à aucun autre, j'ai le sentiment d'assumer[113] mon ministère, au sens ancien, au sens noble, le plus noble qui soit, c'est-à-dire au sens de "service". Demain, vous voterez l'abolition de la peine de mort. Législateur français, de tout mon coeur, je vous remercie."

Il a fait forte impression et le projet a été voté le lendemain. Les députés l'ont adopté par 363 voix contre 117 et le Sénat l'a entériné[114] quelques jours plus tard. Le 9 octobre 1981, l'article premier de la loi stipulait: "La peine de mort est abolie".

1. Comment François Mitterrand essaie-t-il d'être convaincant?

2. Qui mentionne-t-il pour montrer que ses idées sont partagées? Est-ce adroit?

3. Comment Robert Badinter insiste-t-il sur le caractère exceptionnel de la décision que vont prendre les députés?

4. D'après ce discours, avez-vous l'impression que c'est un homme ouvert?

5. Quel vocabulaire utilise-t-il pour décrire la peine de mort?

6. Expliquez ce qu'il veut dire par "notre honte commune".

7. Quel est le dernier mot du texte? Qu'est-ce qu'il indique sur les espoirs de Badinter d'être entendu?

---

102 its impact
103 whatever
104 political affiliations
105 during
106 within
107 have strived for
108 divisions
109 disgrace
110 stealthy

111 canopy
112 bloody
113 to take on
114 ratified

CHAPITRE 10

Au revoir les enfants

Présentation du film

Janvier 1944. Julien, 11 ans, est pensionnaire dans une école catholique. Un jour, un nouvel élève, Jean Bonnet, arrive au collège. Il est brillant, réservé et semble cacher un lourd secret. Julien et Jean deviennent amis.

Carte d'identité du réalisateur

Louis Malle (1932-1995) a réalisé des films d'une remarquable diversité, cherchant sans cesse à se renouveler. Il a d'abord été co-réalisateur, avec Jacques-Yves Cousteau, du *Monde du silence* (1956), puis a été l'assistant de Robert Bresson. Il a ensuite alterné des documentaires (*Vive le Tour*, 1963, *Calcutta*, 1969) et des films de fiction. Il aimait briser les tabous et a donc souvent fait l'objet de controverses (*Les amants*, 1959, *Fatale*, 1992), notamment aux Etats-Unis. Ses autres films marquants sont *Ascenseur pour l'échafaud* (1957), *Zazie dans le métro* (1959), *Le souffle au cœur* (1971), *Lacombe Lucien* (1974), *Atlantic City* (1981), *Au revoir les enfants* (1987), et *Milou en mai* (1990).

Carte d'identité des acteurs

Les jeunes acteurs d'*Au revoir les enfants* ont conservé un lien avec le cinéma. Gaspard Manesse est devenu compositeur (il a composé la musique de *Comme il vient* en 2002) et Raphaël Fejtö est réalisateur (il a écrit et réalisé *Osmose* en 2001).

L'heure de gloire

Au revoir les enfants a eu un immense succès critique et public. Il a remporté 7 César (dont ceux du meilleur film, meilleur réalisateur, meilleur scénario), a gagné le Prix Méliès et le Prix Louis-Delluc du meilleur film. A l'étranger il a, entre autres, remporté le Lion d'or du meilleur film étranger au Festival de Venise et a été nominé pour le Golden Globe et l'Oscar du meilleur film étranger.

PREPARATION

1. Vocabulaire

Vocabulaire utile avant de voir le film:

Les noms

une guerre: *a war*
un pensionnat: *a boarding school*
un dortoir: *a dorm*
les échasses: *stilts*
une alerte: *a warning*
un raid aérien: *an air-raid*
un abri: *a shelter*
un prêtre: *a priest*

le marché noir: *the black-market*
l'amitié: *friendship*
une chasse au trésor: *a treasure hunt*
une hostie: *a host*
la milice: *the militia*
l'infirmerie: *the infirmary*
la culpabilité: *guilt*

Les verbes

pleurer: *to cry*
se moquer de qq'un: *to make fun of s.o.*
se cacher: *to hide*
protéger: *to protect*
fouiller (un endroit): *to search (a place)*
prier: *to pray*
se perdre: *to get lost*
avoir peur: *to be scared*
se battre: *to fight*

communier: *to receive Holy Communion*
boiter: *to limp*
renvoyer: *to dismiss*
échanger: *to exchange*
dénoncer: *to denounce*
trahir: *to betray*
se venger de qqch: *to take one's revenge for sth*
s'échapper: *to escape*

Les adjectifs

juif(-ve): *jewish*
privilégié(e): *privileged*
jaloux(-se): *jealous*
chaleureux: *warm (person)*

courageux(-euse): *courageous*
injuste: *unfair*
raciste: *racist*

Traduisez!

1. The priest and the Jewish children were scared of the militia searching the boarding school.
2. He prayed at the dorm while the other children slept.
3. The whole school hid in the shelter during the air-raids.
4. Joseph betrayed the children by denouncing them.

2. Repères culturels

Le film se passe pendant la Deuxième Guerre mondiale. Pour mieux comprendre le contexte, cherchez ce que veulent dire les mots suivants:

1. L'Occupation
2. La milice
3. Le S.T.O. (Service du Travail obligatoire)
4. La Gestapo
5. La Résistance

CONVERSATION EN CLASSE

1. Les personnages: Julien
   Jean
   François (le frère de Julien)
   Madame Quentin (la mère de Julien et François)
   le Père Jean
   Joseph (travaille à la cuisine)
   Négus (un autre enfant juif)

2. Pourquoi la mère de Julien ne peut-elle pas le garder avec elle? Où l'envoie-t-elle?

3. Trouvez-vous que Julien a des raisons de pleurer?

4. Quelle sorte de collège est-ce? Est-ce confortable? Le trouvez-vous très discipliné?

5. Comment les enfants sont-ils habillés?

6. Comment Jean est-il accueilli par les autres élèves?

7. Que font les élèves et les professeurs quand il y a une alerte?

8. Comment Julien commence-t-il à comprendre que Jean est différent?

9. Quelle est la réaction de Julien quand il voit Jean en train de prier la nuit?

10. Qu'est-ce qui est échangé au marché noir?

11. Qu'est-ce qui fait comprendre à Julien que Jean est juif?

12. Qu'est-ce que Julien sait sur les Juifs? Quelles explications François lui donne-t-il?

13. Qu'est-ce qui soude leur amitié?

14. Quels sont les rapports entre Julien et François?

15. Comment Jean réagit-il quand Julien lui dit qu'il sait qu'il s'appelle Kippelstein?

16. Le prêtre donne-t-il une hostie à Jean pendant la communion? Pourquoi? A-t-il raison à votre avis? Pourquoi Jean a-t-il voulu communier?

17. Décrivez la scène au restaurant. Pourquoi la Milice est-elle là? Quelle est la réaction de l'Allemand? Est-ce surprenant?

18. Comment décririez-vous la mère de Julien?

19. Pourquoi Joseph est-il renvoyé?

20. Qu'ont Julien et Jean en commun?

21. Comment les Allemands trouvent-ils Jean dans la classe?

22. Qu'est-ce que Jean et Julien échangent à la fin?

23. Comment les Allemands trouvent-ils Négus?

24. La Gestapo a des raisons différentes de rechercher les trois enfants, le Père Jean et Moreau (le surveillant). Quelles sont-elles?

25. Comment Joseph se venge-t-il d'avoir été renvoyé?

26. Pourquoi le Père Jean dit "A bientôt" aux enfants?

27. Qu'est-ce que Julien apprend sur le monde des adultes quand Jean est arrêté?

APPROFONDISSEMENT

1. Vocabulaire

- **Enrichissez votre vocabulaire !**

L'école

un(e) élève: *a student (up to high school)*
un(e) étudiant(e): *a student (in college)*
l'année scolaire: *the school year*
un programme: *a syllabus*
un emploi du temps: *a schedule*
les devoirs à la maison: *homework*
une rédaction: *an essay*

une dissertation: *a paper*
le/la directeur(-trice): *the headmaster*
le proviseur: *the principal*
une note: *a grade*
un bulletin: *a school report*
mixte: *co-ed*

les matières: *the subjects*
    le français: *French*
    l'orthographe: *spelling*
    les maths: *maths*
    les langues vivantes / mortes: *modern / classical languages*
    l'histoire: *history*
    la géographie: *geography*
    la physique: *physics*
    la biologie: *biology*
    la chimie: *chemistry*
    la musique: *music*
    l'éducation physique: *physical education*

la salle de classe: *the classroom*
    le tableau: *the board*
    la craie: *chalk*
    un bureau: *a desk*
    une carte: *a map*

les fournitures scolaires: *school supplies*
    un cartable: *a school bag*
    du papier: *paper*
    une feuille: *a sheet*
    un manuel: *a textbook*
    un cahier d'exercices: *a workbook*
    un classeur: *a binder*
    un stylo: *a pen*
    un crayon: *a pencil*
    une gomme: *an eraser*
    une règle: *a ruler*
    la colle: *glue*
    un trombone: *a paperclip*

la maternelle: *nursery school*
l'école primaire: *elementary school*
le collège: *junior high school*

le lycée: *high school*
    un(e) élève de seconde: *a sophomore*
    un(e) élève de première: *a junior*
    un(e) élève de terminale: *a senior*

l'université: *university*
    s'inscrire: *to register*
    les frais de scolarité: *tuition fees*
    une bourse: *a scholarship*
    le corps enseignant: *the faculty*
    la licence: *B.A.*
    la maîtrise: *M.A.*
    un ancien élève: *an alumnus*

Le racisme

un préjugé: *a prejudice*
un stéréotype: *a stereotype*
la tolérance: *tolerance*
l'intolérance: *intolerance*
la couleur de la peau: *skin color*
les Blancs: *the Whites*
les Noirs: *the Blacks*

la discrimination: *discrimination*
xénophobe: *xenophobe*
l'apartheid: *apartheid*
opprimé: *oppressed*
un camp de concentration: *a concentration camp*
la haine: *hatred*

• **Jouez avec les mots!**

A. Complétez les phrases suivantes avec les mots de la liste:

(Attention! Les verbes doivent être conjugués)

bureau	courageux	guerre	se moquer de
prier	juifs	dortoir	frais de scolarité
avoir peur	classe	craie	pensionnat
bourse	abris	protéger	chasse au trésor
prêtre	se perdre		

1. Les _____ sont très élevés dans cette université. Heureusement que Cécile a obtenu une _____.

2. Ce _____ est un homme _____. Il _____ les _____ pendant la _____.

3. Les enfants, la _____ va commencer! Attention de ne pas _____!

4. Quand le professeur est entré dans la _____, il a remarqué qu'il n'y avait pas de _____ et que son _____ était très vieux.

5. Pendant les alertes, les gens se réfugiaient dans les _____ et _____.

6. Cet enfant est malheureux au _____. Il _____ des autres élèves , car ceux-ci _____ lui au _____.

B. Trouvez les mots qui se cachent derrière les définitions:

Indice: le mot en gras est un film de Louis Malle: _____

1. Sirène pour prévenir d'un raid aérien
2. Les étudiants y font leur maîtrise
3. Essai
4. Organisation de la semaine
5. Dernier film de Louis Malle
6. Nom de la période entre 1940 et 1944
7. Fanatisme
8. Mouvement organisé par De Gaulle
9. Diplôme universitaire
10. Sport à l'école
11. Première classe du lycée
12. Etudiant au collège
13. Contraire de blanc
14. Prénom du frère de Julien
15. Relation amicale
16. Appréciation du professeur
17. Dénoncer
18. Type de crayon

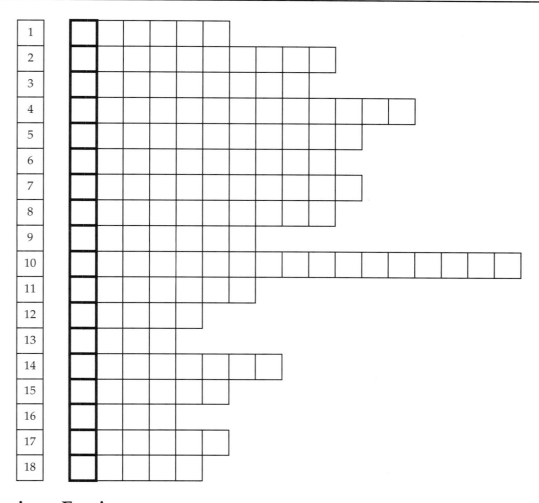

2. Réflexion - Essais

1. Comparez la vie d'un pensionnaire dans cette école et la vie d'un pensionnaire dans une école privée aujourd'hui. Qu'est-ce qui a changé? Qu'est-ce qui est resté le même?

2. Etudiez la personnalité du Père Jean.

3. Qui est Joseph? Quelles sont ses activités à l'école? Comment est-il traité par les élèves? Pourquoi est-il sûr de ne pas être envoyé en Allemagne pour le STO?

4. Que pensez-vous du marché noir organisé à l'école? Trouvez-vous l'idée acceptable ou répugnante?

5. Etudiez la progression dans la relation entre Julien et Jean. Comment commence-t-elle? Comment finit-elle? Que s'est-il passé entre les deux? Donnez des exemples précis.

6. Quelles couleurs dominent dans le film? Sont-elles vives ou tristes? Donnez des exemples précis.

7. La peur est un thème constant dans le film. Qui a peur, de qui et de quoi?

8. Dans *Au revoir les enfants*, les Français sont-ils tous bons et les Allemands tous méchants? Qui trouvez-vous le plus antipathique?

9. Que pensez-vous du fait que Joseph ait dénoncé les enfants et le Père Jean. Comprenez-vous son acte?

10. La trahison est un thème récurrent dans le film. Qui trahit qui?

11. Analysez la façon dont la culpabilité est traitée dans le film. A-t-on le sentiment que Julien est responsable de l'arrestation de Jean? Qui est vraiment coupable?

12. Comparez la première et la dernière scène. Qui est le personnage principal? Pourquoi? Comment est l'ambiance dans les deux scènes? En quoi le personnage a-t-il changé à la fin du film? Ces scènes sont-elles filmées en plan large ou en gros plan?

3.   Analyse d'une photo

1. Où et à quel moment de la journée cette scène se passe-t-elle?

2. Que tient Julien?

3. Quelles expressions lisez-vous sur leur visage? Pourquoi? Que regardent-ils? Qu'entendent-ils?

4.   Analyse de citations

Analysez les citations suivantes en les replaçant dans leur contexte:

1. Père Jean: "Comme je comprends la colère de ceux qui n'ont rien quand les riches banquettent avec arrogance".

2. Jean: "T'en fais pas. Ils m'auraient eu de toute façon".

3. Joseph: "C'est la guerre mon vieux".

5.   Sous-titres

Comparez ce dialogue entre Julien et Jean et les sous-titres en anglais, puis répondez aux questions:

1	Pourquoi tu fais pas de grec?	*Why don't you take Greek?*
2	Je faisais latin moderne.	*I took Latin and Math.*

3	Où ça?	*Where?*
4	Au lycée. A Marseille.	*At school… in Marseille.*
5	T'es marseillais? T'as pas l'accent.	*Marseille? You have no Southern accent.*
6	Je ne suis pas né à Marseille.	*I wasn't born there.*
7	Où t'es né?	*Where, then?*
8	Si je te le disais, tu saurais pas où c'est. […]	*The place wouldn't mean anything to you. […]*
9	Tes parents sont à Marseille?	*Are your folks in Marseille?*
10	Non. Mon père est prisonnier.	*Dad's a POW.*

a. 2ème réplique: pourquoi avoir traduit "latin moderne" par "Latin and Math"? Pouvez-vous deviner?

b. 4ème réplique: auriez-vous traduit "lycée" par "school" ou "high school"? A l'époque du film, que voulait dire "lycée" à votre avis?

c. 5ème réplique: pourquoi le sous-titre ajoute-t-il "Southern"?

d. 10ème réplique: que pensez-vous de la traduction de "prisonnier" par "POW"?

e. Ce court passage comporte plusieurs références culturelles difficiles à traduire. Pensez-vous que les sous-titres sont réussis?

6. Les critiques

1. Dans une interview accordée à Olivier Péretié pour *Le Nouvel Observateur* du 2 octobre 1987, Louis Malle parle des Allemands ainsi: "Ça fait beaucoup plus peur que les Allemands soient si "corrects", comme on disait à l'époque. Ce côté presque ordinaire du fascisme le rend justement insoutenable." Trouvez-vous les Allemands "corrects" dans le film? Le fascisme est-il décrit comme étant un fait ordinaire?

2. A propos des acteurs de son film, Louis Malle a déclaré: "Il est très difficile de savoir si les enfants ont vraiment conscience de la gravité des situations qu'ils jouent" (*Les Cahiers du Cinéma*, juillet-août 1987). Qu'en pensez-vous? Croyez-vous que c'est possible pour un enfant d'aujourd'hui de vraiment comprendre l'époque du film, et de se mettre complètement dans la peau de leur personnage?

7. Parallèles avec d'autres films

1. L'amitié: comparez l'amitié entre Julien et Jean dans *Au revoir les enfants* et celle entre Louis et Martine dans *Le grand chemin*. Qu'est-ce qui est commun? Qu'est-ce qui est différent?

2. Les relations entre frères et sœurs: comparez les relations entre frères (François et Julien) dans *Au revoir les enfants*, et les relations entre sœurs (Nadia et Rosa) dans *Rouge baiser* (pensez à la différence d'âge et à la façon dont ils/elles se comportent l'un(e) envers l'autre).

3. Le père absent: analysez le motif du père absent à travers *Le grand chemin*, *Au revoir les enfants* et *L'accompagnatrice*. A travers les yeux de quels personnages le thème est-il traité? Comment les enfants dont le père est absent ressentent-ils ce manque? Pourquoi les pères sont-ils absents?

4. La Deuxième Guerre mondiale: *Au revoir les enfants*, *L'accompagnatrice* et *Le dernier métro* se passent pendant la Deuxième Guerre mondiale. Quel éclairage chaque film apporte-t-il sur la guerre? En quelle année les films se passent-ils? Où l'intrigue a-t-elle lieu? Qui se cache et pourquoi? La guerre est-elle au centre de l'histoire ou est-ce un accessoire?

8.   Lecture

Récemment, des élèves du lycée Raymond Loewy (anciennement "La Souterraine") dans le village de La Souterraine dans la Creuse (département du centre de la France) ont retrouvé d'anciens élèves de leur école, cachés là pendant la guerre. Ils ont recueilli leur témoignage, dont celui de Bella Goldstein. Lisez-le puis répondez aux questions.

Bella Goldstein, élève au Collège de La Souterraine

Bella Goldstein a quatorze ans quand, en septembre 1942, elle entre à l'internat[1] de l'Ecole Primaire Supérieure qui deviendra le Collège de Jeunes Filles de La Souterraine.

Bella Goldstein est née en France de parents d'origine polonaise naturalisés en 1930. Son père, ouvrier tailleur[2] à Paris, est arrêté le 20 août 1941, lors d'une rafle[3] consécutive au bouclage[4] du XIème arrondissement. Quoique français, il est enfermé à Drancy où les privations que subissent les prisonniers dégradent rapidement son état de santé. Il ne pèse plus que 36 kg quand, cachectique[5], il est libéré deux mois et demi plus tard pour raison médicale. Il rejoint ensuite, clandestinement, la zone sud.

Sa mère, qui échappe de peu[6] à la rafle du Vel d'Hiv' parvient elle aussi à franchir[7] la ligne de démarcation avec son plus jeune fils.

La famille se retrouve donc, au cours de l'été 1942, dans un hameau[8] de l'Indre, près de Saint-Benoit-du-Sault.

Voici son témoignage :

L'entrée à l'internat

[…]. Je pris le train pour La Souterraine.

La bâtisse[9] de l'E.P.S., à côté de l'église massive, n'avait rien d'engageant : malgré le petit jardin sur le devant, elle paraissait bien sévère et la perspective d'y être interne n'avait rien d'enthousiasmant.

Mon père, tailleur au Joux où nous étions réfugiés, un petit hameau à quatre kilomètres de Saint-Benoit, m'avait confectionné[10] pour la circonstance une jolie

---

1 boarding school	6 barely
2 tailor	7 to cross
3 roundup	8 hamlet
4 sealing off	9 building
5 extremely weak and skinny	10 had made

petite veste bicolore, bleu marine dans le dos, bleu ciel sur le devant, avec des boutons métalliques bien brillants. Manifestement[11], cela ne suffit[12] pas à rendre souriante Madame Noël, la directrice, qui me parut très circonspecte[13]. Je ne compris que plus tard que c'était sans doute la première fois qu'elle admettait une interne de quatorze ans non accompagnée de quelque parent adulte (et boursière[14] de surcroît[15]). J'entrai en troisième[16].

[…]

La première année fut terrible de solitude…

L'examen soupçonneux[17] de Madame Noël ne fut finalement qu'une bagatelle[18]. Etre dans une école, c'était pour moi une mise entre parenthèses, dans un coin protégé et paisible[19]. Mais être interne, comment ce serait ? La première année fut terrible de solitude.

L'internat en 1942…

Je fus surprise par le dortoir, grand rectangle où il y avait bien une trentaine de lits côte à côte le long de trois murs, avec en plus une rangée[20] centrale. Le mur vide était occupé par une kyrielle[21] de robinets d'eau froide. C'est là qu'on se lavait.

Avec le recul[22], ça paraît sommaire[23]. Je ne me souviens pas avoir vu quiconque[24] faire sa toilette intime. Il est vrai que la plupart des internes partait en « décale »[25] toutes les quinzaines[26]. Les autres - dont j'étais - on pouvait toujours aller chercher un broc[27] d'eau chaude le week-end à la cuisine. Il n'y avait pas d'endroit isolé, à part le lit de la pionne[28], entouré de draps suspendus et formant alcôve. […]

Les internes[29] étaient chargées du ménage[30] qu'il fallait effectuer sitôt[31] le petit déjeuner avalé, juste avant la classe. Moi qui m'étais toujours arrangée pour y couper à la maison[32] parce que j'avais toujours un livre à lire, j'ai eu du mal à m'y faire[33]. Le « bon ménage », c'était de récupérer[34] le salon, où il y avait le piano. Le pire était d'être chargée du grenier[35], où s'empilaient malles[36] et paniers, et où il fallait chasser[37] la moindre toile d'araignée[38]. […]

Il fallait aussi faire le feu dans les classes. Je crois que cette fois c'était le lot[39] des externes[40]. J'étais fascinée par celles qui réussissaient à faire flamber la tourbe[41] sans trop de fumée, dans ces gros poêles[42] cylindriques qui se mettaient à ronfler[43].

11 obviously	28 supervisor
12 it was not enough	29 boarders
13 cautious	30 cleaning
14 on a scholarship	31 right after
15 on top of it	32 considering I had always managed not to do it at home
16 in 9th grade	
17 suspicious	33 I had a hard time getting used to it
18 ended up being of no importance	34 to get
19 peaceful	35 attic
20 a row	36 trunks
21 a long line of cold water faucets	37 hunt down
22 looking back	38 cobweb
23 spartan	39 the responsibility
24 anyone	40 day students
25 went home	41 to light the peat
26 every other weekend	42 stoves
27 a pitcher	43 to roar

Je ne me souviens pas avoir eu froid en classe : par contre[44], certaines nuits d'hiver m'ont paru interminables quand l'endormissement ne m'avalait pas d'un coup[45]. [...]

Je détestais les promenades du dimanche...

Je détestais les promenades du dimanche où il fallait déambuler[46] en rangs dans les rues de la ville. On se dispersait[47] en troupeau[48] passé la dernière maison - « direction l'étang[49] du Cheix » ou bien « la tour de Bridiers », au gré[50] des surveillantes[51].

Je n'ai rien vu de la campagne environnante. Ce n'est que tout récemment que j'ai découvert comme elle était grandiose avec ses collines[52] et ses prairies, ses chênes[53] et ses châtaigneraies[54], sauvage et par là même accueillante, pleine de douceur par l'intimité de ses haies[55].

N'ayant pas « grandi » dans l'internat, j'en ignorais les ficelles[56]. Avec un correspondant[57] en ville, j'aurais pu sortir du bahut[58] les jeudis et dimanches. Peut-être me sentais-je protégée de ne pas savoir ce qui se passait au-dehors, dans la ville qui pour moi ne pouvait être que cruelle? [...]

La nourriture...

Et la nourriture demanderez-vous ? Le problème majeur de la quasi-totalité des Français durant ces années-là. Bien sûr, il y eut au menu beaucoup de topinambours[59] dont je raffolais[60] car ils ont vraiment le goût d'artichaut, et des rutabagas et des haricots aux charançons[61]. Le réfectoire[62] était spacieux avec des tables de dix à douze élèves. Le repas fini, une grande soupière[63] d'eau chaude était ramenée de la cuisine et posée au milieu de la table. On y trempait[64] en choeur[65] nos couverts[66] personnels pour les laver : j'ai viré ma cuti[67] cette année-là.

Mon meilleur repas de la journée, c'était le « café » au lait du matin. Je n'ai jamais su de quelle orge[68] il était préparé, mais sa bonne odeur me nourrissait déjà. Le pire moment était le goûter[69] où Mademoiselle D. distribuait équitablement les tranches[70] de pain. Tout le monde se précipitait[71] ensuite dans une grande pièce au sous-sol[72] où se trouvaient, bien cadenassées[73], les boîtes à provision personnelles des internes. Mon problème était de disposer d'une boîte à provision quasiment[74] vide. Valait-il mieux manger tout de suite le beurre que je recevais de mes parents

---

44 on the other hand	60 that I was crazy about
45 when I didn't fall asleep right away	61 weevils (a type of insect)
46 to stroll	62 dining hall
47 we would break up	63 tureen
48 herd	64 we would dip
49 pond	65 together
50 depending on	66 silverware
51 supervisors	67 I completely changed
52 hills	68 barley
53 oak trees	69 afternoon snack
54 chestnut groves	70 slices
55 hedges	71 rushed
56 I didn't know how things worked	72 in the basement
57 guardian	73 padlocked
58 school	74 practically
59 Jerusalem artichokes	

- obtenu par troc[75], du beurre contre une vareuse[76] confectionnée à partir d'une couverture - ou bien le tronçonner[77] en tout petits bouts, quitte à[78] ce qu'il soit rance à la fin ? A côté de moi, mes camarades extirpaient[79] de leurs boîtes pain blanc, pâtés en croûte[80], brioches dorées à point. Il était bon alors d'être fille de paysan, mais quel supplice[81] pour moi.

Cependant, rassurez-vous, globalement deux années de ce régime m'ont parfaitement réussi : chétive[82] gamine à l'arrivée, je suis retournée à Paris avec dix kilos de plus et la puberté finie.

Les études surveillées[83]

Après le goûter, c'était l'étude surveillée jusqu'au souper. Si j'en crois les propos désabusés[84] des professeurs d'aujourd'hui, les salles d'étude leur apparaîtraient comme d'impensables[85] lieux de sérieux. Bien sûr, il y avait parfois quelque chahut[86], ou des demandes de renseignements de l'une à l'autre un peu bruyantes.

- X. taisez-vous.
- X. encore une fois, taisez-vous ou je vous envoie chez la directrice.
- Oh non mademoiselle !... étaient les répliques habituelles. Quelle mouche m'a piquée[87] un jour quand j'ai changé le scénario qui au fond n'était pas une menace réelle. Au lieu du « oh non, mademoiselle, je me suis levée et j'ai dit : - Eh bien j'y vais ! Et, dans le silence général, je suis sortie. La porte refermée, j'étais plutôt paniquée à l'idée de cette seconde entrevue avec la directrice. Elle était majestueuse, Madame Noël, mais avait une réputation de sévérité épouvantable[88]. C'est vrai que ses colères[89] étaient terribles. Je revois la scène : - Vous faites preuve[90] d'une indiscipline inadmissible !

Je crois pourtant que cet éclat[91] fut à l'origine de la sympathie qu'elle me témoigna[92] par la suite.

Des cours qui m'ont aidée à vivre

Heureusement, il y avait les cours qui m'ont aidée à vivre. La réputation de La Souterraine n'était pas surfaite[93].

Seule la prof d'anglais, vieille fille[94] que les élèves qualifiaient d'obsédée sexuelle, déparait[95] le niveau général. Elle avait un accent détestable et « the ballad of the ancient mariner » se déroulait[96] dans un climat bizarre. [...] Je ne fis aucun progrès en anglais, mais grâce à l'anglais, j'eus un peu d'argent de poche, car la directrice me chargea[97] de servir de répétitrice[98] à des élèves de quatrième[99]. [...]

---

75 bartered for	88 dreadful
76 jacket	89 fits of anger
77 to cut up	90 you are showing
78 even if it meant	91 outburst
79 took out	92 she showed me
80 pork pies	93 overrated
81 torture	94 old maid
82 puny	95 spoiled
83 supervised study periods	96 took place
84 disillusioned remarks	97 asked me
85 hard to imagine	98 tutor
86 uproar	99 8th grade
87 what got into me	

J'adorais les mathématiques depuis toujours et je ne fus pas déçue, la surprise, inattendue[100] dans cette petite ville de province, vint de l'ouverture à la culture qui pour moi fut extraordinaire. C'est ainsi que le français devint aussi pour moi source de joie. Je revois Madame D. nous faisant lire et, dénichant[101] au fond de la classe une élève habituellement assez terne[102], mais aux talents certains de tragédienne.

Il y eut cette année-là un spectacle[103] d'élèves, inoubliable[104] Paulette en reine Barberine, avec qui je me suis liée[105] l'année suivante. Comme je souhaite ardemment que la vie ait été douce[106] pour elle, ainsi que pour Sarah, le mouton bêlant[107] irrésistible de drôlerie dans la « Farce de maître Patelin ». […]

Le brevet et le baccalauréat

L'année suivante, les maquis s'organisaient et j'attendais le débarquement[108]. Le brevet était passé, et la solitude avait fait place[109] à l'amitié.

Nous n'étions que neuf élèves dans la classe de préparation à l'Ecole normale[110] d'institutrices. Par suite des lois raciales de Vichy, je n'avais pas le droit de me présenter au concours[111]. Grâce à la directrice et à mes professeurs de français et de mathématiques, je me préparais au baccalauréat première partie, qui à l'époque comportait[112] toutes les matières. […]

Dans les derniers jours de la débâcle allemande tout le monde m'aida. Notre jeune professeur de mathématiques, que j'aimais beaucoup, me procura[113] une fausse carte d'identité. La directrice, madame Noël, fournit[114] les tickets d'alimentation et j'allai me cacher en ville chez mon amie dont les parents m'accueillirent chaleureusement.

Je savais que mes parents se cachaient aussi dans l'Indre, car j'avais reçu un mot laconique de mon frère "tu n'es plus ma soeur" ce qui avait une signification très claire pour moi.

La sympathie agissante[115], et comme allant de soi[116], dont on m'a entourée m'a beaucoup touchée. Pendant ces deux années passées à la BDB je n'avais jamais eu à subir[117] la moindre manifestation d'hostilité, la moindre parole blessante. Je connaissais les risques que prenaient ces personnes pour me protéger. Je me souvenais de la rafle du 20 août 1941 quand mon père a été arrêté et envoyé à Drancy dans l'indifférence, voire[118] l'hostilité de nos voisins (c'est la concierge qui l'a dénoncé).

Fin mai 1944, je partis à Guéret passer le bac, la vraie carte dans la poche gauche pour les salles d'examen et la fausse dans la poche droite pour la ville. Ce n'était pas malin[119] et cela m'a occasionné[120] quelques angoisses. Heureusement la milice n'est pas venue.

---

100 unexpected	111 competitive exam
101 discovering	112 covered
102 dull	113 provided me with
103 a show	114 supplied
104 unforgettable	115 active
105 I became friends with	116 as if completely normal
106 sweet	117 I never suffered from
107 bleating	118 even
108 landing	119 smart
109 had given way to	120 it gave me a few scares
110 teacher training classes	

Puis je revins à La Souterraine. Chez mon amie régnait une atmosphère d'harmonie comme j'en ai rarement connu depuis.

Et le 6 juin 1944 arriva...

Bella Goldstein-Belbeoch.

N.B. - Il est fort possible qu'il y ait eu des élèves juives externes sous de fausses identités. Si c'est le cas je n'en ai rien su, car, bien sûr, elles ne se sont pas manifestées ouvertement. Il y avait deux autres élèves juives internes à la BDB dans les classes de 5ème et de 4ème, Noémie et Sarah. A la fin de l'année scolaire 1944 Sarah a été cachée chez notre professeur de physique.

1. Qu'est-il arrivé aux parents de Bella?

2. Pourquoi Bella est-elle contente d'être à l'école?

3. Comparez la vie quotidienne de Bella à celle de Julien et Jean (pensez au dortoir, à la toilette, au ménage, au froid, aux promenades, aux sorties, aux repas). Qu'est-ce qui est similaire? Qu'est-ce qui est différent? N'oubliez pas que Bella a 14 ans et est dans une école de filles, alors que les garçons n'ont que 11 ans et sont dans une école de garçons.

4. Bella aime-t-elle les cours et les études? A votre avis, pourquoi est-ce particulièrement important pour elle?

5. Comparez les professeurs de Bella à ceux de Julien et Jean. Sont-ils gentils avec les élèves?

6. Qu'est-ce qui a changé pour Bella entre sa première année à La Souterraine (1942-43) et sa deuxième année (1943-1944)?

7. Quelles études Bella fait-elle? Quel métier aura-t-elle?

8. En quoi la situation familiale de Bella est-elle différente de celle de Jean?

9. Qu'est-ce que ce témoignage indique sur son caractère? Quelle impression générale avez-vous de cette jeune fille?

CHAPITRE 11

L'accompagnatrice

Présentation du film

Pendant l'hiver 1942-1943, Sophie, une jeune fille pauvre mais talentueuse, est embauchée par la célèbre cantatrice Irène Brice pour devenir son accompagnatrice. Sophie se passionne pour la cantatrice, son mari, leurs affaires, l'amant d'Irène, et le luxe dans lequel ils vivent.

Carte d'identité du réalisateur

Claude Miller (né en 1942) a appris son métier en travaillant avec Godard et Truffaut. Très sensible, il affectionne les études psychologiques et fait des films personnels et touchants. Son style s'est affiné dans les années 80 avec *Mortelle randonnée* (1983), *L'effrontée* (1985) et *La petite voleuse* (1988). Il a ensuite été apprécié pour *L'accompagnatrice* (1992), *La classe de neige* (1998) et récemment *La petite Lili* (2003).

Carte d'identité des acteurs

Romane Bohringer (née en 1973) a connu son premier grand succès à 18 ans dans *Les nuits fauves*, et confirmé son talent l'année suivante avec *L'accompagnatrice*. Cette actrice sensible, avec du caractère, s'est ensuite imposée dans *Mina Tannenbaum* (1993), *La femme de chambre du Titanic* (1997), *Rembrandt* (1999) et *Le Petit Poucet* (2001).

Richard Bohringer (né en 1941) écrivait des pièces et chantait avant que sa carrière au cinéma ne soit lancée par *Diva* en 1981. Il a endossé les rôles les plus divers, notamment dans *Le grand chemin* (1987), *L'accompagnatrice* (1992), *La lumière des étoiles mortes* (1994), *Les caprices d'un fleuve* (1996) et *Mauvais genres* (2001). Il continue à écrire et son second roman a été publié en 1994

Elena Safonova est une actrice russe qui a joué dans de nombreux films dans son pays. Elle a été choisie par Claude Miller car elle parle français, mais elle n'est pas connue en France.

L'heure de gloire

Romane Bohringer a reçu le César du meilleur espoir féminin pour sa prestation dans *L'accompagnatrice*.

PREPARATION

1. Vocabulaire

Vocabulaire utile avant de voir le film:

Les noms

une accompagnatrice: *an accompanist*	une ombre: *a shadow*
une cantatrice: *a singer*	un laissez-passer: *a pass*
un macaron: *a macaroon*	un coup de fil: *a phone call*
une répétition: *a rehearsal*	une course: *an errand*
un gant: *a glove*	une tournée: *a tour*
un amant: *a lover*	la vérité: *the truth*

Les verbes

avoir un malaise: *to feel faint*	se venger de qqch: *to take one's revenge for sth*
se fatiguer de qqch: *to get tired of sth*	suivre: *to follow*
poster (une lettre): *to mail (a letter)*	sauver qq'un: *to save s.o.*
se disputer: *to quarrel*	nier: *to deny*
profiter de qqch: *to take advantage of sth*	mentir: *to lie*
dégoûter: *to disgust*	se méfier de qq'un: *to be on one's guard against sth*
se rendre compte de qqch: *to realize sth*	assister à: *to attend*
se cacher: *to hide*	faire peur à qq'un: *to scare s.o.*
faire une confidence à qq'un: *to tell s.o. a secret*	présenter qq'un à qq'un: *to introduce s.o. to s.o.*
se confier à qq'un: *to confide in s.o.*	

Les adjectifs

effacé(e): *unassuming*
luxueux (-se): *luxurious*
émue(e): *moved*
submergé(e): *overwhelmed*
déçu(e): *disappointed*

saccagé(e): *ransacked*
évident(e): *obvious*
coupable: *guilty*
humilié(e): *humiliated*

Traduisez!

1. The accompanist felt faint when she met the singer for the first time. She was moved and completely overwhelmed.

2. She takes advantage of Sophie to mail letters to her lover.

3. Sophie wanted Irène to tell her secrets and to confide in her.

4. It is obvious she is guilty but she will lie and deny everything.

2. Repères culturels

1. Qu'est-ce qu'un(e) accompagnateur (trice)? A quoi sert-il (elle)? Quel est son rôle?

2. Le film se passe pendant la Deuxième Guerre mondiale. Pour mieux comprendre le contexte, cherchez ce que veulent dire les mots suivants:
   a. L'Occupation
   b. Le Gouvernement de Vichy
   c. Pétain
   d. un collaborateur
   e. La Résistance

CONVERSATION EN CLASSE

1. Les personnages: Sophie Vasseur (Romane Bohringer)
   Irène Brice (Elena Safonova)
   Charles Brice (Richard Bohringer)
   Jacques Fabert
   Benoît
   Jacques Céniat

2. A quelle époque se passe le film?

3. Irène souffre-t-elle des rigueurs et des privations de la guerre? Pourquoi?

4. Pourquoi Sophie a-t-elle un malaise pendant sa première rencontre avec Irène?

5. Que pensez-vous de la femme qui donne du saumon à son chien au restaurant?

6. Pourquoi Sophie ne prend-elle pas de taxi avec l'argent qu'Irène lui a donné?

7. Pourquoi est-elle malade quand elle rentre chez elle?

8. Pourquoi le fait que Sophie n'ait que 20 ans fait peur à Irène?

9. Pourquoi Sophie a-t-elle peur en voyant que Céniat a oublié ses gants et que Charles est rentré? Qu'essaie-t-elle de faire? Est-ce que cette attitude préfigure le reste du film?

10. Pourquoi Irène confie-t-elle la lettre à Sophie? Pourquoi Sophie est-elle contente après avoir donné la lettre à Jacques?

11. Que se passe-t-il entre Jacques et Charles? Est-ce important pour la suite?

12. Comment se passe le premier concert? Quelles sont les pensées de Sophie?

13. Quel est l'incident avec l'officier allemand après le concert?

14. Qui Irène cherche-t-elle quand ils partent à Vichy? Pourquoi ne se montre-t-il qu'à la fin?

15. Quelle grande confidence Charles fait-il au vieux ministre pendant le concert? Pourquoi s'adresse-t-il à lui?

16. Que s'est-il passé pendant leur absence? Qui a fait cela? Pourquoi?

17. Comment est Benoît? En quoi croit-il? Que veut-il de la vie, de l'amour?

18. Quelle est la confrontation entre Sophie et Irène sur le bateau?

19. Pourquoi Sophie dit-elle non à Benoît?

20. Pourquoi la police anglaise a beaucoup de suspicions sur les Brice? Par qui sont-ils sauvés? Charles le sait-il?

21. Pourquoi Irène nie-t-elle sa relation avec Jacques à Sophie? Pourquoi lui ment-elle à propos de la course qu'elle doit faire?

22. Qui assiste au concert? Que comprend Charles?

23. Que pensez-vous du choix de la chanson? ("Dis-moi que je suis belle, et que je serai belle éternellement"). A quel moment l'entendra-t-on à nouveau?

24. Pourquoi Irène refuse-t-elle la proposition d'une tournée aux Etats-Unis?

25. Pourquoi Sophie a-t-elle envie de dire toute la vérité à Charles? Le fait-elle? Pourquoi?

26. Quels sentiments Irène a-t-elle pour Charles? Comment se sent-elle? Qu'est-ce qui fait peur et mal à Sophie?

27. Charles est-il parti en province? A quoi a-t-il assisté? Que fait-il ensuite?

28. Qui Sophie rencontre-t-elle à la gare? A-t-il oublié Sophie? Qui lui présente-t-il?

29. Pourquoi Irène encourage-t-elle Sophie à aller chez sa mère malade? Quels sont les projets d'Irène?

APPROFONDISSEMENT

1. Vocabulaire

- **Enrichissez votre vocabulaire !**

Le chant

un chant / une chanson: *a song*

un cantique: *a hymn*

une sérénade: *a serenade*

une comptine: *a nursery rhyme*

une berceuse: *a lullaby*

une mélodie: *a tune*

le refrain: *the chorus*

un couplet: *a verse*

la voix: *voice*

un(e) interprète: *an interpreter*

chantonner: *to croon*
fredonner: *to hum*

chanter faux: *to sing out of tune*

Les concerts

une salle de concert: *a concert hall*
le guichet: *the box-office*
un billet: *a ticket*
à guichet fermé: *sold out*
le programme: *the programme*
un compositeur: *a composer*
un récital: *a recital*
le chef d'orchestre: *the conductor*

un(e) soliste: *a soloist*
la scène: *the stage*
l'entracte: *intermission*
les applaudissements: *the applause*
faire un triomphe à qq'un: *to give s.o. a standing ovation*
un mélomane: *a music lover*
un critique: *a critic*

- **Jouez avec les mots!**

A. Trouvez l'intrus:

triomphe	ovation	scène	applaudissements
nier	vérité	mentir	submergé
gant	cantatrice	voix	chant
Pétain	Résistance	Vichy	Collaboration
répétition	billet	guichet	programme
comptine	chanson	ombre	berceuse

B. Retrouvez les mots du Vocabulaire en utilisant une syllabe de chaque colonne:

RE	TI	BLE	1. Récital
MA	CEU	EUX	2.
CRI	RI	QUE	3.
COMP	XU	TE	4.
COU	**CI**	NE	5.
ME	VI	QUE	6.
CAN	LIS	DIE	7.
E	LO	SE	8.
SO	TI	**TAL**	9.
BER	PA	DENT	10.
VE	CA	TE	11.
LU	TI	RON	12.

2. Réflexion - Essais

1. Notez les différences entre l'appartement des Vasseur et celui des Brice:

	Appartement Vasseur	Appartement Brice
Taille		
Meubles		
Décoration		
Confort		
Type de piano		
Ambiance		

2. Analysez le personnage de Sophie:
    a. Quels adjectifs utiliseriez-vous pour décrire sa personnalité?
    b. Quel rapport Sophie semble-t-elle entretenir avec l'argent?
    c. Quels sont les rapports entre Sophie et sa mère? Comment décririez-vous Mme Vasseur?
    d. Analysez sa relation avec Irène. Dans quel contexte Sophie la voit-elle pour la première fois? Comment se passe leur première rencontre? Décrivez les sentiments de Sophie envers Irène.

3. Analysez le personnage d'Irène:
    a. Comment la décririez-vous?
    b. Irène cerne-t-elle bien Sophie?
    c. Qu'est-ce que Sophie représente pour elle à votre avis?
    d. Irène est-elle gentille avec Sophie?
    e. Qui est Jacques Fabert? Que sait-on sur lui?

4. Analysez le personnage de Charles:
    a. Que fait-il comme travail? A-t-il réussi sa carrière?
    b. Est-il collaborateur, résistant, ou ni l'un ni l'autre?
    c. Comment traite-t-il Sophie? Quels sont leurs rapports?
    d. Quels sont ses sentiments pour sa femme?
    e. Que pensez-vous du fait qu'il se suicide sans avoir confronté Irène?

5. Il y a quatre concerts dans le film. A chaque fois, il s'y passe quelque chose de très important. Quoi?
    a. Premier concert (Irène seule avec l'orchestre):
    b. Premier concert de Sophie:
    c. Concert à Vichy:
    d. Concert à Londres:

6. Quel rôle la différence de classes sociales joue-t-elle?

7. Le motif de l'ange revient à plusieurs reprises dans le film. Pourquoi? Qu'est-ce qu'il représente?

8. Quel rôle joue la guerre? En quoi le film aurait-il été différent s'il s'était passé à une autre époque?

9. Au début et à la fin, on entend Sophie dire "La vie bouge à côté, comme en dehors de toi, elle frotte, elle remue les autres sans te prendre". Qu'est-ce que cela veut dire? Quelle est l'impression finale?

10. Sophie a-t-elle joué un rôle dans son malheur?

11. Quel personnage préférez-vous?

12. Comparez la première et la dernière scène. Que représentent les rails au début? Pourquoi est-ce symbolique que la dernière scène se passe dans une gare? Que lit-on sur le visage de Sophie quand elle entend Irène chanter pour la première fois? Peut-on dire que leurs relations futures sont déjà peintes sur le visage de Sophie? Pourquoi la rencontre avec Benoît est-elle importante? Que font les autres personnes sur le quai de la gare? En quoi Sophie est-elle différente des autres personnes?

3. Analyse d'une photo

1. Où et à quel moment cette scène se passe-t-elle?

2. Comparez l'habillement et la coiffure d'Irène et de Sophie.

3. Quel geste Sophie fait-elle? Pourquoi? De quoi est-ce révélateur? Comment Irène réagit-elle?

4.   Analyse de citations

Analysez les citations suivantes en les replaçant dans leur contexte:

1. Sophie: "Elle ne te regarde même plus, elle chante".

2. Charles: "Vichy m'étouffe, Paris me fait honte: je plaque tout".

3. Irène: "Je le vois humilié. Je le vois malheureux".

5. Sous-titres

Dans le dialogue suivant Irène explique pourquoi elle est effrayée par le jeune âge de Sophie. Comparez l'original en français et les sous-titres en anglais, puis répondez aux questions:

1	Vous allez peut-être vous lasser? Vous ne serez peut-être pas toujours aussi disponible?	*You might get fed up… or not always be so willing.*
2	Mais si!	*But I will!*
3	J'ai besoin de votre disponibilité totale!…Et puis je suis jalouse. Très jalouse. Exclusive… J'aime que l'on s'occupe de moi, de moi seule!… Est-ce qu'il y a des amis dans votre vie?	*I need your complete devotion. And I'm jealous. Very jealous. I'm exclusive. I want people to take care only of me. Are there friends in you life?*
4	Des personnes, que sais-je?… Un jeune homme?…	*People… I don't know… A young man?*
5	Je vous choque?	*I've shocked you?*
6	Non non.	*No, no.*
7	Pas de liaison?	*No love affair?*
8	Je ne suis pas très liante, vous savez.	*I'm not very sociable.*

a. 1ère réplique: "se lasser" et "to get fed up" appartiennent-ils au même registre de langue?

b. 1ère réplique: "disponible" et "willing" ont-ils le même sens? "willing" est-il bien choisi dans ce contexte?

c. 3ème réplique: que pensez-vous du mot "devotion"? Qu'est-ce que ce mot veut dire en anglais? Est-ce que c'est ce qu'Irène a dit?

d. 3ème réplique: pourquoi "J'aime" est-il traduit par "I want" et pas "I like"?

e. 7ème et 8ème répliques: les mots "liaison" et "liante" sont de la même famille. La réponse de Sophie fait donc écho à la question d'Irène. Est-ce le cas en anglais? Pourquoi?

f. Les dialogues français sont-ils traduits de façon exacte, sous-traduits ou sur-traduits? Donnez des exemples pour illustrer votre réponse.

6. Les critiques

1. Romane Bohringer explique son rôle en disant que "c'est une jeune fille qui (…) a des envies d'aventures qui lui arrivent à elle" (*L'Evénement du jeudi*, 5 novembre 1992). Quelles aventures Sophie a-t-elle?

2. Dans un entretien avec Claude Miller (Editions Actes Sud Scénario, 1992), Olivier Curchod lui a posé la question suivante: "En faisant de Jacques Fabert, l'amant de la cantatrice, un gaulliste intègre (…), vous prenez le risque de "justifier" l'adultère d'Irène". Qu'en pensez-vous ? Trouvez-vous que parce que Charles est un collaborateur, la liaison d'Irène est morale?

7. Parallèles avec d'autres films

1. Le père absent: analysez le motif du père absent à travers *Le grand chemin*, *Au revoir les enfants* et *L'accompagnatrice*. A travers les yeux de quels personnages le thème est-il traité? Comment les enfants dont le père est absent ressentent-ils ce manque? Pourquoi les pères sont-ils absents?

2. Le suicide: comparez le suicide d'Ugolin dans *Manon des sources* avec celui d'Emma dans *Madame Bovary* et celui de Charles Brice dans *L'accompagnatrice*. Pourquoi et comment ces personnages se sont-ils suicidés? Qui en a été le plus affligé? Quelles conséquences ces suicides ont-elles sur les autres personnages?

3. La Deuxième Guerre mondiale: *Au revoir les enfants*, *L'accompagnatrice* et *Le dernier métro* se passent pendant la Deuxième Guerre mondiale. Quel éclairage chaque film apporte-t-il sur la guerre? En quelle année les films se passent-ils? Où l'intrigue a-t-elle lieu? Qui se cache et pourquoi? La guerre est-elle au centre de l'histoire ou est-ce un accessoire?

4. L'émigration aux Etats-Unis: comparez les raisons qui poussent les personnages suivants à partir aux Etats-Unis ou à envisager de le faire : Moishe (*Rouge baiser*), Irène Brice et Jacques Fabert (*L'accompagnatrice*) et Irène de Courtil (*La vie et rien d'autre*).

5. La musique: quel rôle la musique joue-t-elle dans *L'accompagnatrice* et *Un cœur en hiver*? Quelle relation Sophie et Stéphane entretiennent-ils avec elle? Quelle place a-t-elle dans leur vie?

8. Lectures

1. Allocution du Maréchal Pétain le 17 juin 1940

Rappel historique: La France a déclaré la guerre à l'Allemagne le 3 septembre 1939, et a été envahie par Hitler en mai 1940. Cela a provoqué un exode massif de Français fuyant vers le sud. Le 18 mai le président du Conseil (Paul Reynaud) a appelé le maréchal Pétain (84 ans) à la vice-présidence. Pétain était convaincu que la France ne pouvait gagner contre l'Allemagne et la défaite de la Grande-Bretagne semblait probable. Il pensait que l'armistice signerait la fin de la guerre et donc le retour de la paix. Il était soutenu par une majorité des membres du gouvernement et par des millions de Français.

«Français, à l'appel de Monsieur le Président de la République, j'assume à partir d'aujourd'hui la direction du gouvernement de la France. Sûr de l'affection de notre admirable armée qui lutte avec un héroïsme digne[1] de ses longues traditions militaires contre un ennemi supérieur en nombre et en armes, sûr que par sa magnifique résistance elle a rempli ses devoirs[2] vis-à-vis de nos alliés, sûr de l'appui[3] des anciens combattants[4] que j'ai eu la fierté de commander, je fais à la France le don de ma personne pour atténuer[5] son malheur.

---

1 worthy of
2 duties
3 support

4 veterans
5 to ease

«En ces heures douloureuses, je pense aux malheureux réfugiés qui, dans un dénuement[6] extrême, sillonnent[7] nos routes. Je leur exprime ma compassion et ma sollicitude[8]. C'est le coeur serré[9] que je vous dis aujourd'hui qu'il faut cesser le combat.

«Je me suis adressé cette nuit à l'adversaire pour lui demander s'il est prêt à rechercher avec nous, entre soldats, après la lutte et dans l'honneur, les moyens[10] de mettre un terme aux hostilités. Que[11] tous les Français se groupent autour du gouvernement que je préside pendant ces dures épreuves[12] et fassent taire[13] leur angoisse pour n'écouter que leur foi[14] dans le destin de la patrie.»

1. Quelles sont les trois choses dont le maréchal Pétain est sûr? Formulez-les avec vos propres mots.

2. Le maréchal Pétain donne-t-il l'impression qu'il a envie de diriger la France, ou le fait-il par devoir moral? Justifiez votre réponse en vous appuyant sur le vocabulaire du premier paragraphe.

3. Pourquoi pense-t-il que l'armistice est la meilleure solution?

4. Avec le recul de l'Histoire, que pensez-vous des termes suivants: "dans l'honneur", "que tous les Français se groupent autour du gouvernement" et "le destin de la patrie".

5. A la lumière de ce discours, les activités de Charles Brice sont-elles déshonorantes? (N'oubliez pas que le film se passe en 1942-43, pas en 1940).

2. Discours du Général de Gaulle prononcé à la radio de Londres le 18 juin 1940

Rappel historique: Quelques voix s'élèvent contre la décision du maréchal Pétain, notamment celle de Charles de Gaulle (49 ans), sous-secrétaire d'Etat à la Défense. Il est conscient que cette nouvelle guerre n'est pas comparable aux précédentes. Ce n'est plus une guerre entre deux pays, mais entre deux systèmes politiques: les démocraties (France et Grande-Bretagne notamment) contre les régimes totalitaires (Allemagne nazie, Italie fasciste et URSS communiste). Il est inconnu à l'époque mais a été dépêché par Paul Reynaud à Londres pour rencontrer Churchill. Convaincu que la France doit poursuivre le combat, il lance l'appel suivant à la BBC:

"Les chefs qui, depuis de nombreuses années, sont à la tête des armées françaises, ont formé un gouvernement.

Ce gouvernement, alléguant[15] la défaite de nos armées, s'est mis en rapport[16] avec l'ennemi pour cesser le combat.

Certes, nous avons été, nous sommes, submergés par la force mécanique, terrestre et aérienne, de l'ennemi.

Infiniment plus que leur nombre, ce sont les chars[17], les avions, la tactique des Allemands qui nous font reculer[18]. Ce sont les chars, les avions, la tactique des Allemands qui ont surpris nos chefs au point de les amener là où ils en sont aujourd'hui.

6 destitution
7 travel the country
8 concern
9 it is with a broken heart
10 the means
11 let
12 great ordeals
13 suppress their fear
14 faith
15 putting forward
16 has contacted
17 tanks
18 retreat

Mais le dernier mot est-il dit ? L'espérance[19] doit-elle disparaître ? La défaite est-elle définitive ? Non!

Croyez-moi, moi qui vous parle en connaissance[20] de cause et vous dis que rien n'est perdu pour la France. Les mêmes moyens qui nous ont vaincus peuvent faire venir un jour la victoire.

Car la France n'est pas seule ! Elle n'est pas seule ! Elle n'est pas seule ! Elle a un vaste Empire derrière elle. Elle peut faire bloc[21] avec l'Empire britannique qui tient la mer et continue la lutte[22]. Elle peut, comme l'Angleterre, utiliser sans limites l'immense industrie des Etats-Unis.

Cette guerre n'est pas limitée au territoire malheureux de notre pays. Cette guerre n'est pas tranchée[23] par la bataille de France. Cette guerre est une guerre mondiale. Toutes les fautes[24], tous les retards[25], toutes les souffrances, n'empêchent pas qu'il y a, dans l'univers, tous les moyens nécessaires pour écraser[26] un jour nos ennemis. Foudroyés[27] aujourd'hui par la force mécanique, nous pourrons vaincre dans l'avenir par une force mécanique supérieure. Le destin du monde est là.

Moi, Général de Gaulle, actuellement[28] à Londres, j'invite les officiers et les soldats français qui se trouvent[29] en territoire britannique ou qui viendraient à s'y trouver, avec leurs armes ou sans leurs armes, j'invite les ingénieurs et les ouvriers[30] spécialistes des industries d'armement qui se trouvent en territoire britannique ou qui viendraient à s'y trouver, à se mettre en rapport avec moi.

Quoi qu'il arrive[31], la flamme de la résistance française ne doit pas s'éteindre[32] et ne s'éteindra pas.

Demain, comme aujourd'hui, je parlerai à la Radio de Londres."

1.   Quelle technique de Gaulle utilise-t-il pour convaincre les auditeurs?

2.   Comment explique-t-il la défaite de la France?

3.   Pourquoi et comment la France peut-elle gagner la guerre?

4.   A qui ce discours s'adresse-t-il? Que demande-t-il?

5.   Est-il optimiste?

6.   Quelle impression générale avez-vous de de Gaulle à la lecture de ce discours? (Souvenez-vous qu'il n'était pas connu à l'époque.) Etait-il facile de se joindre à lui en 1940? Pourquoi, dans le film, la situation de Jacques Fabert est-elle différente?

---

19 hope
20 with full knowledge of the facts
21 unite
22 the fight
23 decided
24 mistakes
25 delays

26 to crush
27 struck down
28 currently
29 who are
30 factory workers
31 whatever may happen
32 must not be extinguished

3. Extrait du scénario

Lisez l'extrait suivant (première rencontre entre Sophie et Irène), et répondez aux questions.

LOGE[33] IRÈNE BRICE

Un chat se prélasse[34], près d'un sous-verre[35]: un ange de Léonard de Vinci.

Sophie *(off)*. Vasseur…Sophie Vasseur.
Irène Brice *(off)*. Vasseur…Vasseur?!?…Je devrais connaître?
Sophie. Je ne sais pas. Ma mère donne des cours de piano. Le cours Hélène Vasseur, rue Damrémont.

Le confort capitonné[36] de la loge, la chaleur qui y règne[37], le trac?[38], Sophie, livide[39], assise du bout des fesses[40] sur le canapé entre le chat et les brassées[41] de fleurs, transpire[42] comme au hammam. Irène émerge[43] du paravent.

Irène *(ignorance souriante)*. Excusez-moi. Jamais entendu parler.
Sophie. Ça fait rien[44].

Irène a troqué[45] sa robe de récital contre une robe du soir décolletée[46]. Visage plein de charme. Regard expressif, intense. Une chaussure à la main, elle dévisage[47] Sophie avec chaleur, bienveillance[48]. Sophie répond de son sourire à elle, maigre, en détournant[49] les yeux.

Irène. Bon. Où j'ai mis mon autre chaussure, moi?…Je vais lancer la mode d'une seule chaussure. *(Dénichant[50] ce qu'elle cherchait.)* Ah!…

Insert: les fins escarpins[51] d'Irène pendant qu'elle les passe[52]. Tout près des gros godillots[53] de Sophie dégouttant[54] de neige sur le fin tapis[55] de laine.

Je ne connais pas le cours de votre maman mais ce n'est pas grave. Ce qui m'intéresse, c'est vous. J'espère que vous êtes consciencieuse?
Sophie. *(murmure)*. J'ai pas peur du travail…
Irène. Tant mieux! Quatre heures de répétition par jour. Minimum, hein?

Irène va pêcher[56] une étole[57] de fourrure. (Elle se déplace[58] et parle comme elle chante, avec une assurance totale.)

Et vous seriez disponible[59], s'il le fallait, pour voyager?
Sophie. Voyager?
Irène. Oui.

---

33 dressing room	47 looks at
34 is lounging	48 kindly
35 a clip-framed picture	49 looking away
36 padded	50 finding
37 the ambient warmth	51 pumps
38 her nerves	52 she puts them on
39 white	53 clodhoppers
40 sitting on the edge of her seat	54 dripping
41 bunches	55 rug
42 is sweating	56 is fishing for
43 comes out from behind the screen	57 a fur stole
44 it doesn't matter	58 she moves around
45 has swapped	59 available
46 low-cut	

Sophie. Bien sûr!

Irène. Parce qu'il y aurait aussi des projets[60] de tournée[61]! Peut-être même à l'étranger. Et je veux qu'elles soient réussies! Je commence à avoir un petit nom à Paris, mais je vise[62] davantage…Je suis une ambitieuse, je vous préviens, mademoiselle *(Sourire.)*…une "sale" ambitieuse!…Mademoiselle comment déjà? Excusez-moi je n'ai pas retenu votre…

Sophie. Sophie.

Irène. *(rieuse).* Comme *les Malheurs de Sophie*[63]?

La main d'Irène présente une coupe de macarons.

Eh bien, Sophie, puisque vous êtes une jeune fille consciencieuse, vous avez droit à un macaron. Plusieurs même si vous voulez.

Sophie. Non non merci.

Sophie est de plus en plus pâle.

Irène *(sourire coupable).* Je sais, j'ai beaucoup de chance. Je suis entourée de gens qui s'ingénient[64] à me faire oublier, comment dit-on déjà? les rigueurs et les privations, c'est ça?…Avec qui avez-vous étudié?

Sophie. Avec ma mère au début. Et puis le Conservatoire…La classe de Dréville…

Irène Parfait, Dréville!

Moite[65], Sophie porte la main à son front.

Sophie. Excusez-moi, je…

Irène Qu'est-ce qu'il y a?

Sophie. Je ne me sens pas très bien…

Sophie tangue[66] tant et plus[67]…
S'effondre[68] tout à coup.
Effrayé[69], le chat s'enfuit brutalement…L'ange de Léonard tombe à terre.

1. Quels détails montrent que Sophie et Irène n'appartiennent pas au même monde?

2. Comment Irène se présente-t-elle à Sophie? Qu'est-ce que Sophie apprend sur elle?

3. Qu'est-ce qu'Irène apprend sur Sophie?

4. Décrivez l'attitude d'Irène pendant cette entrevue: que fait-elle? de quoi parle-t-elle? à qui s'intéresse-t-elle le plus?

60	plans	65	feeling hot
61	tour	66	is reeling
62	I'm aiming at	67	a lot
63	famous novel for children	68	collapses
64	who go out of their way	69	frightened

4. Entretien avec Claude Miller.

Lisez les extraits suivants de l'entretien réalisé par Olivier Curchod pour Actes Sud (éditeur du scénario):

—*Lorsque vous avez lu le roman de Nina Berberova, en 1986, vous en avez aussitôt acquis les droits d'adaptation pour le cinéma. Pourquoi cet engouement[70]?*

—A l'époque, peu de gens connaissaient cet auteur, j'ai acheté moi-même ce livre en me fiant[71] à son titre et à sa couverture. Dès les premières pages, les premiers mots, j'ai été pris sous le charme de ce style qui a le pouvoir de capter[72] la sensibilité du lecteur en mêlant[73], de façon étonnante, des phrases courtes, pudiques[74], presque sèches, et de longues phrases dans lesquelles l'émotion contenue s'épanche[75] tout à coup. C'est un livre qu'on peut très bien lire, écouter à haute voix tant l'écriture est harmonieuse et musicale (il a d'ailleurs[76] été enregistré[77], je crois, dans une collection de livres de femmes lus par des femmes). J'ai donc tout de suite su que j'avais entre les mains un livre que j'allais dévorer sans pour autant songer[78] à en faire un film. Mais à mesure[79] que les personnages se sont précisés, j'ai commencé à ressentir ce phénomène d'identification dont j'ai besoin pour que me vienne l'envie d'adapter au cinéma un livre que je suis en train de lire; et comme j'ai toujours eu une grande indulgence pour les personnages fragiles et sensibles qui souffrent des aspects négatifs de leur personnalité (ou qu'ils croient tels[80], au point de s'en sentir coupables), je me suis tout naturellement identifié au personnage de Sonia, l'accompagnatrice. J'ai aussi retrouvé des thèmes dont je me sens proche[81]: le rapport de classes qui se crée quand un personnage d'origine modeste "se frotte"[82] à une forme d'expression artistique "élevée", ou encore le thème très général du désir, désir d'être un autre, de posséder ce qu'un autre possède, avec toutes les ramifications plus ou moins triviales que peut recouvrir[83] un tel désir: l'envie, la jalousie, le mélange[84] ambigu de la malveillance[85] et de la bienveillance[86], de l'amour et de la haine[87]. A la moitié du livre environ, je sentais que je pouvais tirer[88] un film du roman de Nina Berberova car il avait déclenché[89] en moi des sensations qui me le rendaient très proche, comme cela peut être le cas avec les pièces de Tchekhov ou les livres de Jean Rhys, une romancière[90] anglaise qui a cette même âpreté[91] touchante que Berberova.

[…]

—*La brièveté du roman vous a obligé à développer certains points.*

—Bien sûr, et j'y ai pris beaucoup de plaisir. Par exemple, j'ai très vite décidé de transposer les thèmes et les personnages du roman dans une autre époque, plus proche de la nôtre. Je ne pouvais raisonnablement pas faire un film "russe", tourner à Saint-Pétersbourg avec des costumes des années vingt et des acteurs

---

70 enthusiasm	81 close to
71 relying on	82 rubs shoulders with
72 to catch	83 entail
73 mixing	84 mix
74 discreet	85 malevolence
75 pours out	86 benevolence
76 by the way	87 hatred
77 recorded	88 adapt the novel to make a film
78 without actually thinking	89 triggered
79 as	90 novelist
80 or so they think	91 harshness

russes. Encore moins tourner avec des acteurs français qui se seraient donné[92] du Sonia Vassilievna ou du Pavel Fedorovitch; tout cela aurait fait vieux cinéma ou téléfilm poussiéreux[93]. D'un autre côté, comme le contexte historique, quoique traité en arrière-plan[94] du roman, détermine profondément les frustrations et la souffrance du personnage principal, il me fallait trouver un équivalent de la révolution de 1917 qui provoque les mêmes privations, les mêmes incertitudes sur l'avenir, les mêmes rapports de classes, et j'ai pensé aussitôt à la France de l'Occupation. C'est une période qui m'a toujours passionné et à laquelle je suis particulièrement sensible[95] sans doute[96] à cause de mes origines juives. Je disposais ainsi d'une matière riche qui me permettait de montrer les compromissions politiques de la cantatrice et de son mari. De même que celui-ci, dans le roman, fait des affaires à la fois avec les bolcheviks et les Russes blancs, Charles est vaguement collabo, il se fait de l'argent sur le dos des Allemands, mais avec un peu de mauvaise conscience[97]; ça lui attire des ennuis[98] et ils doivent quitter précipitamment la France pour gagner[99] l'Angleterre où, ironie du sort[100], ils représentent un peu la France libre: Irène chante du chant allemand pour les Allemands et du chant français pour les Français.

Cela donne une vision un peu désenchantée de l'histoire qui correspond bien, je crois, à l'univers de Nina Berberova. Je ne voudrais pas que le spectateur s'attende à voir une fresque historique qui montre comment on vivait pendant la guerre. Bien sûr je me suis beaucoup documenté, en particulier pour dépeindre[101] la vie artistique de l'époque. Le *Journal* de Cocteau, par exemple, que j'ai découvert peu avant le tournage[102], m'a été d'un grand secours[103]. Mon coscénariste Luc Béraud m'avait également fait lire le journal de tournage écrit par Paul Guth, *Autour des "Dames du bois de Boulogne"*, qui regorge[104] de détails frappants[105] ou touchants sur la vie parisienne sous l'Occupation. Ce n'est pas le pittoresque historique qui m'intéressait, mais l'influence d'un certain climat sur les conflits psychologiques des personnages. J'ai développé le roman en ce sens, quitte[106] à donner au film une dimension foisonnante[107] et romanesque[108].

—*Est-ce pourquoi vous racontez longuement la fuite de Paris à Londres via le Portugal alors que le roman ne consacrait[109] que quatre pages à l'épisode équivalent?*

—Exactement. Ce voyage à travers la France puis la traversée[110] du Portugal vers l'Angleterre sont l'occasion[111] d'éclairer[112] davantage[113] les relations entre les personnages. L'accompagnatrice, par la condition qu'elle s'est créée, est conduite[114] à refuser l'amour d'un garçon de son âge, et la cantatrice, qui dénigre[115] cet amour, accroît[116] son emprise sur elle. Quant[117] au mari, en acceptant de se rendre à Londres et non à Alger comme le lui proposait Vichy, il semble aller au-devant du désir de

---

92 who would have called each other	105 striking
93 dusty	106 even if it meant
94 in the background	107 rich and lively
95 touched	108 romantic
96 probably	109 devoted
97 feeling vaguely guilty	110 going through
98 it gets him into trouble	111 the opportunity
99 reach	112 to shed light
100 irony of fate	113 more
101 depict	114 is led to
102 shooting	115 runs down
103 was a big help	116 increases her influence over
104 is crammed with	117 as for

sa femme pour que la crise dont il est conscient depuis longtemps déjà trouve sa résolution; pour en finir[118], en quelque sorte. Tous ces éléments se trouvent dans le roman, le plus souvent de façon implicite; les développer me paraissait s'inscrire[119] dans sa continuité.

[...]

—*Vous parlez de connivence[120] entre l'accompagnatrice et le mari de la cantatrice. Dans la version précédente du scénario, vous aviez prévu[121] que la jeune fille assiste[122] au suicide de Charles.*

—C'est cela. Contre l'avis de Luc Béraud qui trouvait l'idée obscène et presque immorale, et contre la lettre même du roman, j'avais écrit une scène terrible, peut-être insupportable[123], où Sophie entrait dans le bureau de Charles et où, devant elle, il se tirait une balle dans la bouche. [...]

Mais une fois sur le plateau[124], je ne suis pas parvenu à mettre en scène[125] un tel suicide, Richard Bohringer ne parvenait pas non plus à le jouer, à se tuer devant Romane Bohringer, sa fille. Il m'a dit que Charles Brice pouvait aller jusqu'à se compromettre avec les nazis, par légèreté[126] ou par appât[127] du gain, mais pas se tuer devant cette jeune fille. Je ne pouvais démêler[128], dans ce qu'il me disait, la part de l'image qu'un acteur veut toujours plus ou moins donner de lui-même, mais j'ai été convaincu qu'une telle scène détruisait le crédit que j'avais patiemment accumulé sur le personnage de Charles, qui est l'un des plus ambigus du film. Je suis donc revenu à la solution qui se trouve dans le roman: Charles décide de se tuer et, quand il entend Sophie rentrer plus tôt que prévu[129], il se dépêche de le faire. Et cela, j'ai réussi à le mettre en scène.

[...]

—*"L'Accompagnatrice" est le récit d'un apprentissage[130].*

—Oui, plus encore que ne l'était le roman. Prise dans la tourmente[131] de la guerre, Sophie est comme dans un mauvais rêve dont elle s'éveillerait quand le film s'achève[132]. J'ai voulu souligner cela en modifiant au montage[133] les propos[134] qu'elle tient en voix *off* à la toute fin du film. Dans la précédente version, on l'entendait dire: "Faut filer[135] doux, ma vieille. Plus muette[136] que l'eau. Plus basse que l'herbe. Dans cette vie, on ne règle[137] pas des comptes, Sophie. Quant à la vie future, tu veux rire[138]...!" ce qui était repris du roman, quand l'accompagnatrice rencontre la cantatrice pour la première fois. Mais lorsque nous avons monté[139] la scène, je me suis aperçu que Romane Bohringer avait communiqué à son personnage, insensiblement[140], la vitalité de sa jeunesse et de sa propre personnalité. Ce n'était

118 to be done with it	130 coming of age
119 to stay true to the novel	131 upheaval
120 complicity	132 ends
121 you had planned	133 editing
122 witness	134 the words she says
123 unbearable	135 keep a low profile
124 set	136 mute
125 I didn't succeed in directing	137 you don't settle a score
126 thoughtlessness	138 you must be kidding
127 for love of money	139 edited
128 sort out	140 imperceptibly
129 expected	

plus la vieille fille plutôt revêche[141] qui, à la fin du roman, sombre[142] dans une déchéance trop amère, mais une jeune personne d'une vingtaine d'années qui, dans son histoire d'amour avec le garçon, par exemple, était vraiment conduite à un choix déchirant[143] quand elle se refuse. L'incarnation du personnage a produit un glissement[144] dans le film, et j'en suis très heureux, c'est une des choses les plus passionnantes[145] de mon métier. Voici sans doute ce qui me différencie de l'univers de Nina Berberova: je crois volontiers[146] à la cruauté des gens, des événements, de l'Histoire, mais je crois aussi en l'énergie vitale des personnages—surtout s'ils sont jeunes.

C'est pourquoi, tout en conservant[147] l'épilogue forcément[148] amer où l'accompagnatrice rencontre le garçon qui l'a aimée, j'ai remplacé le texte que je vous ai cité par une autre phrase du livre qui encadre[149] désormais le film au début et à la fin: "La vie bouge à côté, elle frotte, elle remue les autres sans te prendre." Il y a juste une petite phrase de plus: "La guerre est finie." C'est la fin du mauvais rêve, pour Sophie la vie continue.
(Paris, septembre 1992)

1. Claude Miller a trouvé le livre captivant dès les premières pages. Avez-vous été captivé par le film dès les premières minutes?

2. Comment a-t-il su que le livre ferait un bon film?

3. Pourquoi a-t-il choisi de situer l'histoire pendant l'Occupation? Est-ce un bon choix à votre avis?

4. A l'origine Claude Miller avait prévu que Sophie assiste au suicide de Charles, puis il a changé d'avis. A-t-il bien fait? Pourquoi?

5. Comment Romane Bohringer a-t-elle changé le personnage de Sophie?

6. Claude Miller est-il optimiste?

---

141 the sour-tempered spinster
142 wastes away bitterly
143 heart-breaking
144 shift
145 exciting
146 I am quite ready to believe
147 keeping
148 inevitably
149 frames

CHAPITRE 12

Cyrano de Bergerac

Présentation du film

Cyrano est passionné, généreux, héroïque et il a de l'esprit. Il a aussi un nez proéminent qui le force à cacher ses sentiments pour sa cousine Roxane. Il prête alors son éloquence et sa plume à son rival Christian pour séduire la belle jeune fille. Le film a lieu en 1640, la fin en 1655.

Carte d'identité du réalisateur

Jean-Paul Rappeneau (né en 1932) a travaillé plusieurs années comme scénariste avant de tourner son premier film, *La vie de château*, en 1966. Il a ensuite réalisé des comédies (*Les mariés de l'an II*, 1971, *Le sauvage*, 1975, *Tout feu tout flamme*, 1981), avant de s'intéresser aux grandes productions en costumes (*Cyrano de Bergerac*, 1990, et *Le hussard sur le toit*, 1995). Méticuleux, perfectionniste, Rappeneau prend son temps entre chaque film et aime tourner avec des stars.

Carte d'identité des acteurs

Gérard Depardieu (né en 1948) est l'un des plus grands acteurs français. Energique, travailleur, généreux, excessif, il est capable de tout jouer. Il s'est imposé en 1974 dans *Les valseuses*, puis nombre de ses films ont été de très grands succès: *Le dernier métro* (1980), *Le retour de Martin Guerre* (1982), *Danton* (1983), *Camille Claudel* (1988), *Cyrano de Bergerac* (1990), *Tous les matins du monde* (1991), *Le Colonel Chabert* (1994), *Astérix et Obélix contre César* (1999), *Astérix et Obélix: mission Cléopâtre* (2002). Il a été nominé 14 fois aux César et a reçu la Palme d'Or à Cannes pour *Cyrano de Bergerac*.

Anne Brochet (née en 1965) a commencé sa carrière en triomphant dans deux grands films: *Cyrano de Bergerac* (qui l'a révélée au grand public) et *Tous les matins du monde* (1991). Depuis elle a joué au théâtre et au cinéma (*Consentement mutuel*, 1994, *La chambre des magiciennes*, 2000, *Marie et Julien*, 2003) mais elle n'a pas renoué avec le succès de ses débuts.

Vincent Perez (né en 1964) a un physique de charmeur romantique et semble prédisposé pour les rôles de séducteur dans de grandes productions en costumes d'époque: *Cyrano de Bergerac* (1990), *Indochine* (1992), *La Reine Margot* (1994), *Le bossu* (1997). Il a aussi joué pour de nombreux réalisateurs étrangers et a réalisé son premier film, *Peau d'ange*, en 2002.

L'heure de gloire

Cyrano de Bergerac a eu un immense succès public et critique: prix d'interprétation masculine pour Gérard Depardieu et nomination pour la Palme d'Or pour Jean-Paul Rappeneau au Festival de Cannes, prix du meilleur film décerné par l'Académie Nationale du Cinéma, et de très belles récompenses aux César: meilleur film, meilleur réalisateur et meilleur acteur (Gérard Depardieu). Aux Etats-Unis, il a reçu le Golden Globe du meilleur film étranger et l'Oscar des meilleurs costumes.

PREPARATION

1. Vocabulaire

Vocabulaire utile avant de voir le film:

Les noms

une pièce: *a play*
une tirade: *a monologue*
un héros: *a hero*
le nez: *the nose*
un régiment: *a regiment*
une bataille: *a battle*
un siège: *a siege*
un duel: *a duel*

une épée: *a sword*
un(e) ennemi(e): *an enemy*
un couvent: *a convent*
une duègne: *a duenna*
une ruse: *a trick*
une écharpe: *a scarf*
l'honnêteté: *honesty*
le courage: *courage*

la bravoure: *bravery*

les préjugés: *prejudice*

la vengeance: *revenge*

l'égoïsme: *selfishness*

la lâcheté: *cowardice*

Les verbes

se comporter: *to behave*

donner un conseil à qq'un: *to give s.o. advice*

espérer: *to hope*

se bagarrer: *to fight*

se venger: *to have one's revenge*

être amoureux de: *to be in love with*

faire la cour: *to court*

faire de l'esprit: *to be witty*

mentir: *to lie*

se soumettre à qqch: *to submit o.s. to sth*

être en première ligne: *to be on the front line*

humilier: *to humiliate*

provoquer qq'un en duel: *to challenge s.o. to a duel*

avouer: *to confess*

assassiner qq'un: *to murder s.o.*

Les adjectifs

courageux (-euse): *courageous*

honnête: *honest*

sensible: *sensitive*

fidèle: *faithful*

franc (-che): *frank*

héroïque: *heroic*

spirituel(le): *witty*

éloquent(e): *eloquent*

laid(e): *ugly*

redouté(e): *feared*

timide: *shy*

naïf (-ve): *naïve*

égoïste: *selfish*

orgueilleux (-euse): *proud / arrogant*

fier (-ère): *proud / haughty*

arrogant(e): *arrogant*

lâche: *cowardly*

bagarreur (-euse): *quarrelsome*

Traduisez!

1. I like men who are courageous, faithful and witty.
2. Cyrano is in love with Roxane, but he prefers to be witty rather than to court her.
3. He challenged Mr D'Auberville to a duel to have his revenge.
4. Our regiment was on the front line at the battle of Arras.

2.   Repères culturels

1. Qu'est-ce qu'un duel? Dans quelles circonstances un duel avait-il lieu? Etait-ce légal au moment du film?

2. Cyrano est un mousquetaire. Qu'est-ce que cela voulait dire au XVIIe siècle? Pour qui les mousquetaires travaillaient-ils?

3. Cyrano fait partie des cadets de Gascogne. Qu'est-ce que cela veut dire? Qu'est-ce qu'un cadet? Où la Gascogne se situe-t-elle? Quelle réputation les Gascons avaient-ils?

4. Cherchez dans un dictionnaire français unilingue la définition du mot "honneur".

5. Que veut dire le mot "panache"? Connaissez-vous un héros qui a du panache? Qui? Dans quelles circonstances a-t-il du panache?

6. Qui était roi de France en 1640, à l'époque du film? et en 1655, à la fin du film? Que savez-vous sur eux? Faites quelques recherches sur ces deux rois (leurs dates, leur personnalité, leur famille, leurs grandes actions, par exemple)

7. Qui était Richelieu? Pour qui travaillait-il? Pour quoi est-il connu?

8. Dans le film, Roxane est une "Précieuse". Qu'est-ce que cela veut dire? Qu'est-ce que la Préciosité?

9. Cherchez la ville d'Arras sur une carte de France. A-t-elle toujours été française? Que s'est-il passé en 1640?

10. Cyrano de Bergerac a véritablement existé. A quelle période a-t-il vécu? Que sait-on sur lui? Pour quoi est-il connu?

11. Qui sont les grands écrivains du XVIIe siècle? Trouvez 3 écrivains et notez au moins une œuvre pour chacun d'eux.

3. Bande-annonce

Allez sur www.hachettepremiere.com/cyrano. Cliquez sur "le film-annonce" (en bas à gauche). Regardez la bande-annonce plusieurs fois et répondez aux questions suivantes:

1. Où et comment les personnages principaux sont-ils présentés?

2. Quels aspects de Cyrano sont dévoilés?

3. Quelle impression avez-vous de Roxane?

4. Quel objet traverse le titre à la fin de la bande-annonce? Pourquoi?

CONVERSATION EN CLASSE

1. Les personnages:
   Cyrano de Bergerac (Gérard Depardieu)
   Roxane (Anne Brochet)
   Christian de Neuvillette (Vincent Perez)
   le Comte de Guiche (Jacques Weber)
   Le Brêt (l'ami)
   Ragueneau (l'ami pâtissier)

2. Quelle est la population qui va au théâtre? Les gens se comportent-ils de la même façon qu'aujourd'hui?

3. Décrivez l'ambiance générale.

4. Pourquoi Cyrano déteste-t-il Montfleury (l'acteur)?

5. Quel conseil Le Brêt donne-t-il à Cyrano? Celui-ci l'écoute-t-il? Pourquoi? Comment décrit-il Roxane?

6. Quels sont les espoirs de Cyrano quand la duègne de Roxane vient lui dire que la jeune femme veut le voir le lendemain?

7. Pourquoi Christian provoque-t-il Cyrano en interrompant le récit de la bataille avec des expressions utilisant le mot "nez"? Est-ce dans la nature de Cyrano de ne pas réagir? Pourquoi reste-t-il calme?

8. Christian se soumet-il facilement à la proposition de Cyrano? Pourquoi? Que pensez-vous de cette proposition?

9. Que veut faire de Guiche pour se débarrasser de Cyrano? Quelle est la ruse de Roxane pour garder Christian?

10. Comment Christian se débrouille-t-il en tête-à-tête avec Roxane? Que fait-il ensuite pour donner l'illusion qu'il sait parler?

11. Pourquoi le mariage de Roxane et Christian est-il célébré en toute hâte? Que fait Cyrano pour que la cérémonie ne soit pas interrompue par de Guiche?

12. Quelles sont les conditions de vie des soldats pendant le siège d'Arras?

13. Qu'est-ce que de Guiche essaie de prouver en racontant l'épisode où il a perdu son écharpe blanche? A l'avantage de qui cette scène se termine-t-elle?

14. Quelle est la vengeance de de Guiche pendant le siège?

15. Etiez-vous surpris que Roxane fasse le voyage à Arras pour rejoindre Christian? Cela va-t-il avec le comportement qu'elle a eu auparavant? De quelle façon l'ambiance change-t-elle quand elle arrive?

16. Pourquoi de Guiche se bat-il avec les cadets de Gascogne, alors qu'il avait prévu de les abandonner à leur triste sort? Qu'est-ce que cette décision indique sur de Guiche?

17. Que comprend Christian quand Roxane dit qu'elle est venue le rejoindre à cause des lettres qu'elle recevait, et qu'elle l'aimerait même s'il était laid?

18. Pourquoi veut-il que Cyrano avoue son amour à Roxane?

19. Comment Christian meurt-il? Est-ce un accident?

20. Que dit Cyrano à Christian quand il meurt? Pourquoi fait-il ce sacrifice?

21. Où Roxane vit-elle à la fin du film? Où vivait-elle 15 ans plus tôt?

22. Qu'est-ce que les religieuses et Le Brêt nous apprennent sur Cyrano?

23. Qu'est devenu de Guiche? Quels sont les regrets dont il parle à la fin?

24. Roxane est-elle consciente que Cyrano a eu un accident? Pourquoi?

25. Quel effet la lecture de la lettre a-t-elle sur Roxane? Pourquoi est-ce si important pour Cyrano de la lire ce jour-là, et tout haut?

26. A la fin, Cyrano dit: "J'aurai tout manqué, même ma mort". Etes-vous d'accord qu'il a tout manqué dans sa vie?

27. Roxane dit à Cyrano: "J'ai fait votre malheur!" Cyrano est-il d'accord? Pourquoi?

28. En quoi Roxane est-elle changée à la fin?

29. Quel est le dernier mot que Cyrano prononce avant de mourir?

30. Observez la dernière scène: qu'est-ce qui brille dans le ciel? Pourquoi? Que fait la caméra? Où va-t-elle?

APPROFONDISSEMENT

1.　Vocabulaire

- **Enrichissez votre vocabulaire !**

L'amour

tomber amoureux(-euse) de: *to fall in love with*
un coup de foudre: *love at first sight*
séduire: *to seduce*
avoir du charme: *to be charming*
effeuiller la marguerite: *to play 'she loves me, she loves me not'*
un amour platonique: *platonic love*
une histoire d'amour: *a love story*

une lettre d'amour: *a love letter*
un chagrin d'amour: *an unhappy love affair*
une chanson d'amour: *a love song*
un petit ami: *a boyfriend*
une petite amie: *a girlfriend*
le/la fiancé(e): *the fiancé(e)*
le mari: *the husband*
la femme: *the wife*

Les qualités et les défauts

la générosité: *generosity*
　　être généreux (-euse): *to be generous*
　　la sincérité: *sincerity*
　　être sincère: *to be sincere*
la droiture: *honesty*
　　être droit(e): *to be honest*
la gentillesse: *kindness*
　　être gentil (-ille): *to be kind*
la franchise: *frankness*
　　être franc (-che): *to be frank*
la tolérance: *tolerance*
　　être tolérant(e): *to be tolerant*
l'intelligence: *intelligence*
　　être intelligent(e): *to be intelligent*
l'avarice: *miserliness*
　　être avare: *to be miserly*

la malhonnêteté: *dishonesty*
　　être malhonnête: *to be dishonest*
la méchanceté: *maliciousness*
　　être méchant(e): *to be malicious*
l'infidélité: *unfaithfulness*
　　être infidèle: *to be unfaithful*
l'hypocrisie: *hypocrisy*
　　être hypocrite: *to be hypocritical*
l'intolérance: *intolerance*
　　être intolérant(e): *to be intolerant*
la bêtise: *stupidity*
　　être bête: *to be stupid*
la paresse: *laziness*
　　être paresseux (-euse): *to be lazy*

Duels et combats

un coup d'épée: *a swordthrust*
être blessé(e): *to be wounded*
une blessure: *a wound*
être atteint(e): *to be hit*
une feinte: *a feint*

parer: *to parry a blow*
toucher: *to hit*
en garde!: *en garde!*

- **Jouez avec les mots!**

A. Mots-croisés:

Horizontalement:

1. Faire mal
3. Pas gentil; Rival de Cyrano
6. Ecrivain du XVIIe siècle
7. Unité militaire
8. Déteste le travail
10. Dernier mot du film; Contraire de méchanceté
12. Réalisateur de *Cyrano de Bergerac*
14. Qui a de l'esprit
15. Actrice qui joue le personnage de Roxane
17. Accepte les idées des autres; Arme de duel
19. Handicap physique de Cyrano
20. Va bientôt se marier

Verticalement:

B. Ne pas dire la vérité
D. Pièce de Molière; Candide
F. Insolent
H. Pas courageux; Femme élégante et distinguée au XVIIe siècle
J. Aime la bataille; Film de 1994 avec Vincent Perez
M. Ami pâtissier de Cyrano
N. Lieu du premier baiser
P. Adjectif dérivé de "franchise"; Roi de 1610 à 1643
R. Siège du gouvernement de Louis XIV
S. Contraire de l'intelligence
T. Faire la cour
U. Blocus d'Arras
V. Maison religieuse
W. Contraire d'homme
X. Combat à deux

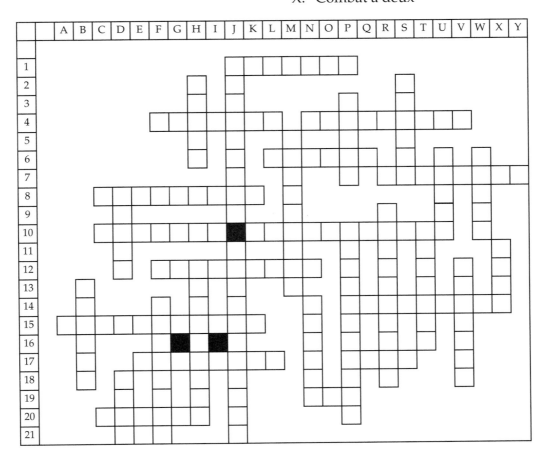

B. Reliez les défauts correspondants aux qualités suivantes:

   __| 1. la gentillesse   a. le mensonge

   __| 2. la sincérité   b. la bêtise

   __| 3. le courage   c. l'hypocrisie

   __| 4. l'intelligence   d. la méchanceté

   __| 5. la générosité   e. l'avarice

   __| 6. la franchise   f. la lâcheté

2. Réflexion - Essais

1. Analysez l'entrée en scène de Cyrano. Tous les personnages principaux apparaissent avant lui. Pourquoi se fait-il attendre? Quelle impression a-t-on de lui avant de le voir et de l'entendre?

2. Comment décririez-vous Cyrano? Roxane? Christian? Quelle est leur personnalité? Quelles sont leurs qualités, leurs défauts? Ecrivez un paragraphe sur chacun.

3. Quel personnage préférez-vous? Duquel vous sentez-vous le plus proche? Pourquoi?

4. Donnez des exemples qui montrent que Cyrano est différent des autres et tient à le rester. Parle-t-il, s'habille-t-il, se comporte-t-il comme tout le monde?

5. Que pensez-vous du stratagème mis en place par Cyrano pour aider Christian à séduire Roxane? Approuvez-vous ou le trouvez-vous condamnable?

6. Ragueneau et Le Brêt sont tous les deux amis de Cyrano. Qu'ont-ils en commun? En quoi sont-ils différents?

7. Analysez le personnage de de Guiche. Quelle opinion aviez-vous de lui pendant le film? Est-ce un personnage fondamentalement mauvais? Votre opinion a-t-elle évolué au fil de l'histoire?

8. La scène du balcon vous rappelle-t-elle une autre scène de balcon célèbre?

9. Pourquoi la guerre est-elle importante dans cette histoire? Qu'est-ce qu'elle force les personnages à faire?

10. A votre avis, quel est l'acte le plus grandiose que Cyrano accomplit?

11. Cyrano avait beaucoup d'ennemis, qui finissent par l'assassiner. Pouvait-on s'attendre à cette fin? Est-ce facile d'être, comme Cyrano, complètement indépendant et de dire tout ce que l'on pense, quitte à déplaire au pouvoir? La situation a-t-elle évolué entre le XVIIe siècle et aujourd'hui?

12. Pensez aux espoirs que formulaient Roxane, Christian, Cyrano et de Guiche au début de l'histoire. Ont-ils obtenu ce qu'ils espéraient?

13. A votre avis, Cyrano de Bergerac est-il un conte *(a fairytale)*? Quels sont les éléments d'un conte traditionnel?

14. Edmond Rostand a fait bon usage d'ironie. Pouvez-vous en trouver des exemples dans la personnalité et l'attitude des personnages?

15. A quel genre ce film appartient-il? Est-ce une comédie, une tragédie, une comédie dramatique, un mélodrame, un film d'aventures, un film de cape et d'épée? Est-ce un mélange des genres?

16. Les spectateurs s'identifient facilement aux personnages, mais cette histoire est-elle possible? Les personnages (leur caractère et leurs actes) sont-ils crédibles?

17. Cette histoire aurait-elle été possible si Cyrano avait été une femme? Peut-on transposer les personnages, leur caractère et leurs actes, ou est-ce impossible?

18. Que pensez-vous de Gérard Depardieu dans le rôle de Cyrano? Le trouvez-vous bien choisi? Pourquoi? Trouvez-vous ce Cyrano laid ou beau? Que pensez-vous de son nez?

19. Ce film a rencontré un immense succès, aussi bien en France qu'à l'étranger. Comment peut-on expliquer que l'histoire plaise tant aux spectateurs?

20. Comparez la première et la dernière scène. Qui apparaît avant Cyrano dans la première scène? Quels personnages retrouve-t-on à la fin? Qu'est-ce qui a changé? Comparez l'attitude de Cyrano dans les deux scènes. Comparez le rythme des deux scènes.

3.   Analyse d'une photo

1. Où et à quel moment cette scène se passe-t-elle?

2. Que fait Cyrano? Pourquoi?

3. Que fait-il en même temps?

4. A-t-il l'air d'avoir peur de mourir?

5. Comment le duel se termine-t-il?

4.   Analyse de citations

Analysez les citations suivantes en les replaçant dans leur contexte:

1. Cyrano (au théâtre): "Que tous ceux qui veulent mourir lèvent le doigt."

2. Cyrano à Le Brêt: "Regarde-moi, mon cher et dis quelle espérance Pourrait bien me laisser cette protubérance!"

3. Le Brêt à Cyrano: "Fais tout haut l'orgueilleux et l'amer, mais, tout bas, Dis-moi simplement qu'elle ne t'aime pas."

4. Cyrano: "Ne pas monter bien haut, peut-être, mais tout seul!"

5. Roxane à Christian: "Et la beauté par quoi tout d'abord tu me plus Maintenant j'y vois mieux… et je ne la vois plus!"

6. Christian à Cyrano: "Je suis las de porter en moi-même un rival!"

7. Cyrano à Roxane: "Non, non, mon cher amour, je ne vous aimais pas!"

8. Cyrano à Roxane: "Pendant que je restais en bas dans l'ombre noire
   D'autres montaient cueillir le baiser de la gloire."

9. Cyrano: "Ci-gît Hercule-Savinien
   De Cyrano de Bergerac
   Qui fut tout, et qui ne fut rien."

5. Sous-titres

Comparez cet extrait de *Cyrano de Bergerac* (scène du balcon, acte III, scène X) et les sous-titres correspondants, puis répondez aux questions:

1	Un baiser, mais à tout prendre, qu'est-ce?	*How shall we define a kiss?*
2	Un serment fait d'un peu plus près, une promesse	*The seal set on a promise*
3	Plus précise, un aveu qui veut se confirmer,	*A promissory note on the bank of love*
4	Un point rose qu'on met sur l'i du verbe aimer;	*The "O" of love on waiting lips*
5	C'est un secret qui prend la bouche pour oreille,	*A secret with the mouth as its ear*
6	Un instant d'infini qui fait un bruit d'abeille,	*Eternity in the instant the bee sips*
7	Une communion ayant un goût de fleur,	*A flower-scented host*
8	Une façon d'un peu se respirer le cœur,	*A way to know the other's heart*
9	Et d'un peu se goûter, au bord des lèvres, l'âme!	*And touch the portals of his soul*

a. Est-il facile de sous-titrer un film comme *Cyrano de Bergerac*? Pourquoi?

b. Peut-on dire que les idées sont bien rendues?

c. Etait-il possible de faire rimer le texte anglais? Etait-ce important?

d. Qu'est-ce qui rend le texte anglais poétique?

e. Trouvez-vous les sous-titres de bonne qualité? Pourquoi?

6. Les critiques

1. Frédéric Strauss, dans sa critique de *Cyrano de Bergerac* (*Les Cahiers du Cinéma*, avril 1990) écrit que Rappeneau ne voulait "surtout pas de théâtre filmé: il faut que le spectateur reconnaisse le cinéma". Si vous n'aviez pas su que le film est basé sur une pièce de théâtre, auriez-vous pu le

deviner? Grâce à quoi? Aimeriez-vous voir cette pièce au théâtre? Qu'est-ce qui serait mieux? moins bien?

2. Jean-Paul Rappeneau explique pourquoi *Cyrano de Bergerac* touche tant le cœur du spectateur en disant: "C'est le mythe de la Belle et la Bête" (*Télérama* du 24 décembre 1997). Pourquoi fait-il cette comparaison? La trouvez-vous justifiée?

7. Lectures

1. Analyse de deux extraits de la pièce

a. Premier extrait: Cyrano vient de répondre au vicomte de Valvert avec sa grande tirade[1] du nez. Le vicomte essaie péniblement de se défendre (acte I, scène 4)

LE VICOMTE,
suffoqué[2].

Ces grands airs arrogants!
Un hobereau[3] qui… qui… n'a même pas de gants[4]!
Et qui sort sans rubans, sans bouffettes, sans ganses[5]!

CYRANO

Moi, c'est moralement que j'ai mes élégances.
Je ne m'attife[6] pas ainsi qu'un freluquet[7],
Mais je suis plus soigné[8] si je suis moins coquet[9];
Je ne sortirais pas avec, par négligence,
Un affront[10] pas très bien lavé, la conscience
jaune encor[11] de sommeil dans le coin de son œil,
Un honneur chiffonné[12], des scrupules en deuil[13].
Mais je marche sans rien sur moi qui ne reluise[14],
Empanaché[15] d'indépendance et de franchise;
[…]

LE VICOMTE

Mais, monsieur…

CYRANO

Je n'ai pas de gants?… la belle affaire[16]!
Il m'en restait[17] un seul… d'une très vieille paire!
– Lequel m'était d'ailleurs encor fort importun[18]:
Je l'ai laissé dans la figure[19] de quelqu'un.

---

1 monologue	11 old spelling of "encore"
2 astounded	12 crumpled
3 (pejorative) a countryman	13 in mourning
4 gloves	14 shine
5 fine 17th century attire	15 plumed
6 I don't dress	16 what a fuss!
7 a whippersnapper	17 I only had one left
8 better-groomed	18 very troublesome
9 stylish	19 in somebody's face
10 *here*: my presentation	

LE VICOMTE

Maraud, faquin, butor de pied plat ridicule[20]!

CYRANO,

ôtant[21] son chapeau et saluant[22] comme si le vicomte venait de se présenter.
Ah?… Et moi, Cyrano Savinien-Hercule
De Bergerac.

Rires

1. Valvert est-il capable de répondre à Cyrano? A-t-il la même aisance verbale?

2. Sur quoi juge-t-il Cyrano?

3. Commentez la réponse de Cyrano ("Moi, c'est moralement que j'ai mes élégances.") Qu'est-ce que cela veut dire?

4. Quelle opposition Cyrano développe-t-il dans sa tirade?

5. Le dernier vers de la tirade ("Empanaché d'indépendance et de franchise") décrit-il bien le caractère de Cyrano?

6. Comment Cyrano a-t-il utilisé son dernier gant? Valvert peut-il comprendre ce genre de geste?

7. Pourquoi la réponse de Cyrano aux insultes de Valvert est-elle très drôle?

b. Deuxième extrait: La scène se passe à l'aube[23], dans la boutique de Ragueneau. Cyrano attend anxieusement son rendez-vous avec Roxane, et hésite entre lui parler et lui écrire (acte II, scène 3)

CYRANO

Ecrire, - plier[24], —
     à lui-même.
Lui donner, — me sauver...
     Jetant la plume[25].
Lâche!... Mais que je meure,
Si j'ose lui parler, lui dire un seul mot...
     A Ragueneau.
L'heure?

---

20 string of insults
21 removing
22 bowing
23 dawn

24 to fold
25 the quill (pen)

RAGUENEAU

Six et quart!...

CYRANO,

frappant sa poitrine[26].

...un seul mot de tous ceux que j'ai là!
Tandis qu'en écrivant...

Il reprend la plume.

Eh bien! écrivons-la,
Cette lettre d'amour qu'en moi-même j'ai faite
Et refaite cent fois, de sorte qu'elle est prête,
Et que mettant mon âme à côté du papier,
Je n'ai tout simplement qu'à[27] la recopier.

Il écrit.

1. Quel côté de Cyrano apparaît dans ce passage?

2. Pourquoi demande-t-il l'heure à Ragueneau?

3. Qu'envisage-t-il même de faire? Cette attitude est-elle conforme au Cyrano héroïque que l'on connaît?

4. Quels vers indiquent l'ancienneté de l'amour de Cyrano?

5. Que veut dire la métaphore suivante:
   " Et que mettant mon âme à côté du papier,
   Je n'ai tout simplement qu'à la recopier."

6. Que peut-on imaginer pour la suite de l'histoire si Cyrano avait laissé une lettre à Roxane lui déclarant sa flamme?

2. Critique

La critique suivante a été écrite par René Bernard et est parue dans *L'Express* du 23 mars 1990. Lisez-la et répondez aux questions.

Cyrano, c'est lui!

Gérard Depardieu est le Gascon tonitruant[28] *du film de Jean-Paul Rappeneau. Un rôle qu'il déclame comme on chante un lyrique, à l'énergie.*

Cyrano. Derechef[29]. Jean-Paul Belmondo vient à peine de caser[30] son interminable nez sur les planches[31] du théâtre Marigny que, déjà, à l'écran, Gérard Depardieu, comme un chien truffier[32], bouleverse avec l'aide du sien le drame d'Edmond Rostand et en tire des trésors enfouis[33]. D'emblée[34], crions-le: «Cyrano de Bergerac», adapté par Jean-Claude Carrière et Jean-Paul Rappeneau, mis en

---

26 chest
27 I just need to
28 thundering
29 once again
30 has just placed

31 the stage
32 a truffle hound
33 buried
34 right away

scène par Jean-Paul Rappeneau, est la pièce, toute la pièce, de Rostand, telle qu'on ne l'a jamais vue, et un film, totalement un film, tel qu'il s'en tourne en France quand les meilleurs vents sont assurés. C'est-à-dire une fois sur cent, et encore, à condition qu'ils soufflent du même côté.

«Cyrano de Bergerac», on le connaît par cœur, sans l'avoir appris. Il a, pour sa popularité, la chance unique d'être un vainqueur[35] que le malheur d'être laid range[36] dans le parti des vaincus[37]. Au temps de Louis XIII, il rimaille[38] comme il se bat, avec délice. Et aime par procuration[39], avec un goût de l'échec[40] qui le sauve du trivial. La caméra le rend d'autant plus dru[41] que le metteur en scène et son scénariste ont élagué[42] par-ci[43], coupé par-là[44], débarrassant Rostand de ses obscurités, répétitions, allusions pédantes ou mythologiques. […] «Nous avons simplement toiletté[45] la pièce, explique Jean-Claude Carrière. Je pense que le cœur de l'œuvre[46] y gagne, et ce cœur est magnifique.»

Certes. Et Rostand se révèle, là, scénariste avant la lettre, d'une générosité dans l'invention qui découragerait les plus doués[47]. L'admirable est que le vers, ce sacré vers qui dicte les attitudes, paraît, en fin de compte[48], indispensable. Il sonne, tonne[49], s'alanguit[50], se désarticule[51], rebondit, si propre[52] aux personnages que les mêmes, parlant en prose, sembleraient faux. Très vite, on oublie que le texte est en alexandrins, sans cesser d'en entendre la musique. Ce «Cyrano», dont Velazquez inspire les images, prend des allures d'opéra parlé. Avec prélude, grands airs, duos, trios et chœurs, jusqu'à l'adagio final Cyrano-Roxane.

Au pupitre[53], Jean-Paul Rappeneau dirige ses divas et ses foules avec une ampleur et un dynamisme qui ne fléchissent[54] pas. Les moyens[55]? Enormes. Un budget de 100 millions de francs, 2000 comédiens et figurants[56], 3000 costumes et accessoires, un millier d'armes, 40 décors[57], une rivière élargie[58], une forêt entière réaménagée[59] et des tournages[60] jusqu'en Hongrie. La corne d'abondance[61]. Folle. Nécessaire: en quelques coups de rapière[62], Cyrano fait se lever un monde.

Ce sont les foules bigarrées[63] de l'hôtel de Bourgogne, les réunions littéraires et fardées[64] des précieuses, les ventrées de mangeaille[65] dans les auberges, l'entraînement[66] des cadets dans leur caserne[67], les redoutes enlevées au canon, les chevauchées[68], les duels, les batailles et, derrière une fenêtre, un enfant émerveillé[69] qui regarde passer les mousquetaires sous leurs étendards[70]. Du roman

35	a winner	53	at the rostrum
36	places	54	falter
37	defeated	55	the means
38	he versifies	56	extras
39	by proxy	57	sets
40	failure	58	widened
41	dense	59	relandscaped
42	have pruned (the text)	60	shootings
43	here	61	cornucopia
44	there	62	rapier (type of sword)
45	tidied up	63	colorful
46	the work	64	made up
47	gifted	65	the mounds of food
48	all things considered	66	training
49	thunders	67	barracks
50	languishes	68	cavalcades
51	contorts itself	69	filled with wonder
52	appropriate	70	standards

de cape et d'épée[71], du western—Christian défend le carrosse[72] de Roxane comme une diligence, Cyrano dégaine[73] plus vite que son ombre[74].

Le héros de Rostand a eu déjà tous les visages. Au cinéma, il commença sa carrière—paradoxe—dans deux films muets italiens. Il eut pour interprète Claude Dauphin, après la guerre, et José Ferrer, et on l'a revu récemment à la télévision sous les traits de Daniel Sorano. Gérard Depardieu les effacera[75] tous. Monstre fragile, ogre délicat, il fait éclater[76] le personnage dans ses moindres[77] nuances, de l'impétuosité au doute, de l'insolence à la douleur. Légendaire, étonnamment proche, ne redoutons[78] pas l'épithète: prodigieux.

En contrepoint, Jacques Weber, qui reste le plus accompli des Cyrano du théâtre, donne une force irrésistible à son de Guiche, grand fauve qui s'attendrit[79]. Et il faudrait citer encore Anne Brochet en Roxane, Roland Bertin—le Galilée de la Comédie-Française—en Ragueneau, Vincent Perez, Christian enfin moins délavé[80].

«Cyrano? Un homme libre, même s'il en crève[81]», dit Rappeneau. C'est expliquer l'impact du personnage. Son nez, dans le film, ne paraît plus ridicule. Quant à son panache, on pourrait bien finir par y voir un drapeau.

1. Quel est le ton général de cette critique?

2. Pourquoi dit-il que l'on "connaît [*Cyrano de Bergerac*] par cœur, sans l'avoir appris? Est-ce vrai?

3. Qu'est-ce que le metteur en scène et le scénariste ont fait? Pourquoi?

4. Que pense l'auteur du fait que les acteurs parlent en vers?

5. Pourquoi était-il nécessaire d'avoir des moyens énormes?

6. Que pense-t-il de la performance de Gérard Depardieu?

---

71 cloak and dagger novel
72 coach
73 draws his sword faster than his shadow
74 this sentence is in reference to Lucky Luke, a French comicbook cowboy who shoots faster than his shadow
75 outshine
76 burst
77 slightest
78 let's not fear to use the right description
79 a big cat who mellows with age
80 washed out
81 even if it kills him

CHAPITRE 13

Le hussard sur le toit

Présentation du film

En 1832, Angelo, un italien en exil, se cache en Provence. Lorsqu'il décide de rentrer en Italie, il doit faire face à une épidémie de choléra, des foules hystériques, et des soldats qui veulent l'envoyer en quarantaine. Il rencontre aussi Pauline de Théus, une jeune marquise belle et mystérieuse…

Carte d'identité du réalisateur

Jean-Paul Rappeneau (né en 1932) a travaillé plusieurs années comme scénariste avant de tourner son premier film, *La vie de château*, en 1966. Il a ensuite réalisé des comédies (*Les mariés de l'an II*, 1971, *Le sauvage*, 1975, *Tout feu tout flamme*, 1981), avant de s'intéresser aux grandes productions en costumes (*Cyrano de Bergerac*, 1990, et *Le hussard sur le toit*, 1995). Méticuleux, perfectionniste, Rappeneau prend son temps entre chaque film et aime tourner avec des stars.

Carte d'identité des acteurs

Juliette Binoche (née en 1964) a débuté très jeune au théâtre, avant de se consacrer au cinéma. *Rendez-vous* l'a fait connaître en 1985. Ouverte, agréable, simple, Juliette a de la personnalité et son franc-parler. Parmi ses films les plus marquants on peut citer *Mauvais sang* (1986), *Les amants du Pont-Neuf* (1991), *Le hussard sur le toit* (1995), *Alice et Martin* (1998), *La veuve de Saint-Pierre* (2000), ainsi que des films pour des réalisateurs étrangers (*L'insoutenable légèreté de l'être*, 1988, *Bleu*, 1993, *Le patient anglais*, 1997, *Chocolat*, 2000). C'est une actrice très appréciée des spectateurs et constamment demandée par les réalisateurs.

Olivier Martinez (né en 1964), profitant d'un physique séduisant et romantique, a été révélé au public par *Le hussard sur le toit* (1995), son premier grand rôle. On l'a ensuite vu dans *Mon homme* (1995), *La femme de chambre du Titanic* (1997), *La taule* (2000) et *La ville des prodiges* (2001)

L'heure de gloire

Le Hussard sur le toit a été nominé dans de nombreuses catégories aux César: meilleur film, meilleur réalisateur, meilleure actrice (Juliette Binoche), meilleure musique, meilleurs costumes. Il a remporté le César de la meilleure photographie et celui du meilleur son.

PREPARATION

1. Vocabulaire

Vocabulaire utile avant de voir le film:

Les noms

un hussard: *a hussar*

une marquise: *a marchioness*

une maladie: *a disease*

le choléra: *cholera*

une épidémie: *an epidemic*

un cadavre: *a (dead) body*

un grade: *a rank (in the military)*

un bûcher: *a pyre*

un empoisonneur: *a poisoner*

un toit: *a roof*

une lucarne: *a dormer-window*

un grenier: *an attic*

un traître: *a traitor*

un cauchemar: *a nightmare*

un corbeau: *a crow*

un colporteur: *a huckster*

une quarantaine: *a quarantine*

Les verbes

arrêter qq'un: *to arrest s.o.*

fuir: *to flee*

se cacher: *to hide*

allumer (un feu): *to light (a fire)*

mettre le feu à qqch: *to set fire to sth*

soupçonner qq'un de qqch: *to suspect s.o. of sth*

se moquer de qq'un: *to make fun of s.o.*

s'échapper: *to escape*

échapper à qq'un: *to escape from s.o.*

éblouir: *to dazzle*

tirer sur qq'un: *to shoot at s.o.*
réussir à (faire qqch): *to succeed in (doing sth)*

frictionner: *to rub*

Les adjectifs

italien(ne): *Italian*
autrichien(ne): *Austrian*
mort(e): *dead*
terrorisé(e): *terrorized*

susceptible: *touchy*
mal-à-l'aise: *ill at ease*
dévoué(e): *devoted*

Traduisez !

1. People fled because of the epidemic of cholera.
2. After hiding on the roofs the hussar entered the marchioness' house through a dormer window.
3. The Italian traitor died of the disease.
4. To escape they set fire to the quarantine.

2.   Repères culturels

1. Qu'est-ce qu'un hussard?
2. Le film se passe en Provence. Où se trouve-t-elle? Sur une carte, situez les villes d'Aix-en-Provence, Manosque, Théus, et Gap, et les Alpes. Quelle distance y a-t-il entre Aix et Gap?
3. *Le hussard sur le toit* est basé sur un roman du même nom de Jean Giono. Que savez-vous sur lui? Où vivait-il? D'où venait son père? Qu'a-t-il écrit?
4. Le film se passe en 1832. Quelle était la situation politique en France? Qui était roi? Depuis quand? Comment était-il arrivé sur le trône? Qui étaient les légitimistes?
5. Quelle était la situation politique en Italie en 1832? Le pays était-il unifié? Qui était considéré comme étant l'oppresseur de l'Italie? Que faisaient les Carbonari?

3.   Bande-annonce

Allez sur www.hachettepremiere.com/hussard. Cliquez sur "le film-annonce" (en bas à gauche). Regardez la bande-annonce plusieurs fois et répondez aux questions suivantes:

1. Qui sont les personnages principaux?
2. De quoi parlent les extraits de dialogues?
3. Quel genre de musique accompagne les images?
4. Quelle est l'ambiance générale?
5. De quoi le film semble-t-il parler? Que va-t-il se passer à votre avis?

CONVERSATION EN CLASSE

1. Les personnages: Pauline, marquise de Théus (Juliette Binoche)
                          Angelo Pardi (Olivier Martinez)
                          le docteur (François Cluzet)
                          M. Peyrolle (Pierre Arditi)
                          le colporteur (Jean Yanne)

2. Pourquoi et par qui l'homme est-il arrêté et exécuté au début du film?

3. Quelle est la première rencontre d'Angelo avec la maladie?

4. Comment est-il devenu colonel?

5. A quoi servent les bûchers que les gens allument dans les villages?

6. Pourquoi Angelo est-il maltraité par les villageois quand il arrive à Manosque?

7. Comment rencontre-t-il la marquise de Théus?

8. Pourquoi Angelo veut-il quitter la maison de Pauline?

9. Qui est Maggionari? Qui tue-t-il? Pourquoi? Quel sera son sort?

10. Quel rôle le soleil joue-t-il dans l'échappée d'Angelo et de Pauline?

11. Quel cauchemar fait Pauline à propos du corbeau? Qu'est-ce que cela représente? A-t-elle été piquée?

12. Comment est-elle accueillie à Montjay? Pourquoi?

13. Pourquoi les gens changent-ils d'attitude à son égard? Qui est la seule personne loyale? Pourquoi?

14. Pourquoi Pauline veut-elle retourner à Manosque? Réussit-elle?

15. Comment est la vie en quarantaine?

16. Que fait Angelo pour ne pas perdre Pauline?

17. Comment s'échappent-ils?

18. Où vont-ils après la quarantaine?

19. Où trouvent-ils refuge quand il se met à pleuvoir? Que font-ils pour se reposer?

20. Pourquoi Angelo veut-il partir après l'orage?

21. Qu'est-ce qui arrive à Pauline ensuite? Comment l'a-t-elle attrapé?

22. Que fait alors Angelo? Avait-il déjà fait ça? Pourquoi n'avait-il pas sauvé le docteur alors qu'il sauve Pauline?

23. Qui Pauline retrouve-t-elle ensuite? Que fait alors Angelo?

24. Pauline a-t-elle oublié Angelo? Que fait-elle? Sa lettre reste-t-elle sans réponse?

25. Qu'est-ce que Monsieur de Théus est prêt à faire? Pourquoi?

APPROFONDISSEMENT

1. Vocabulaire

- **Enrichissez votre vocabulaire !**

Maladies et épidémies

un symptôme: *a symptom*

attraper une maladie: *to catch a disease*

tomber malade: *to fall ill*

diagnostiquer: *to diagnose*

se déclarer: *to break out*

souffrir de: *to suffer from*

faible: *weak*

épuisé(e): *exhausted*

contagieux (-euse): *contagious*

la coqueluche: *whooping cough*

la varicelle: *chicken pox*

la rougeole: *the measles*

la lèpre: *leprosy*

la peste: *the plague*

être cloué(e) au lit: *to be bedridden*

la fièvre: *fever*

grave: *serious*

s'aggraver: *to worsen*

saigner: *to bleed*

traiter: *to treat*

un traitement: *a treatment*

s'améliorer: *to improve*

reprendre des forces: *to regain strength*

sauver: *to save*

guérir: *to cure*

La peur

avoir peur de qqch: *to be afraid of sth*

faire peur à qq'un: *to frighten s.o.*

craindre: *to fear*

redouter: *to dread*

se faire du souci: *to worry*

anxieux (-euse): *anxious*

effrayé(e): *frightened*

effrayant(e): *frightening*

angoissé(e): *distressed*

angoissant(e): *distressing*

terrifié(e): *terrified*

terrifiant(e): *terrifying*

épouvanté(e): *terror-stricken*

peureux (-euse): *fearful*

craintif (-ve): *timid*

- **Jouez avec les mots!**

A. Complétez les phrases suivantes avec les mots de la liste:

(Attention! Les verbes doivent être conjugués)

grave	toits	traitement	empoisonneur
soupçonner	réussir	effrayée	tomber malade
traître	corbeau	se cacher	se faire du souci
arrêter	cauchemar	guérir	reprendre des forces
Autrichiens			

1. Le _____ _____ : le malade _____ et sera bientôt _____ .

2. Pauline était_____ à cause du _____ qu'elle avait vu dans son _____ .

3. Les villageois voulaient _____ Angelo car ils le _____ d'être un _____ .

4. Je _____ depuis que Jacques _____ . Pourvu que cela ne soit pas _____ !

5. Angelo était sur les _____ pour _____ des villageois, des _____ et du _____ italien.

B. Reliez les mots qui vont ensemble:

__| 1.	peureux	a. une épidémie
__| 2.	s'échapper	b. faible
__| 3.	une maladie	c. la rougeole
__| 4.	épuisé	d. la quarantaine
__| 5.	guérir	e. craintif
__| 6.	la varicelle	f. épouvanté
__| 7.	terrifié	g. fuir
__| 8.	contagieux	h. s'améliorer

2. Réflexion - Essais

1. Le film est une suite d'aventures. Pouvez-vous remettre dans l'ordre les événements ci-dessous en vous aidant du tableau?

a. Nuit passée chez les tantes de Pauline
b. Pauline est arrêtée
c. Maggionari tue l'Autrichien
d. Pauline est frappée par un corbeau
e. Angelo ramène Pauline à Théus
f. Pauline et Angelo passent la journée en quarantaine
g. Mort du docteur
h. Angelo est à Aix. Il a failli être assassiné par les Autrichiens
i. Mort de Maggionari
j. Rencontre Angelo-Pauline
k. Ils s'échappent ensemble
l. Angelo passe la journée sur les toits

m. Angelo frictionne et sauve Pauline
n. Angelo retrouve Giuseppe
o. Ils se reposent dans une maison inhabitée
p. Angelo et Pauline se retrouvent
q. Soir : ils s'échappent de la quarantaine
r. Pauline est à Manosque
s. Rencontre avec M. Peyrolle
t. Il est à nouveau surpris par les Autrichiens
u. Pauline est terrassée par le choléra
v. Ils rencontrent le colporteur dans les collines

	Où sont Angelo et Pauline? Que se passe-t-il?
Nuit 1	• Angelo : • Pauline:
Jour 1	• Angelo est à cheval dans la campagne • Il s'arrête dans une auberge et:
Nuit 2	• Angelo passe la nuit sur son cheval dans la campagne
Jour 2	• Angelo rencontre le docteur dans le village dévasté par le choléra • • Arrivée à Manosque. Angelo échappe aux villageois. • •
Nuit 3	•
Jour 3	• Pauline et Angelo quittent Manosque séparément • •
Nuit 4	• Angelo fait des projets avec Giuseppe
Jour 4	• Départ d'Angelo (matin) • • •
Nuit 5	• Nuit passée dehors. Ils ne dorment pas
Jour 5	• • • Arrivée à Montjay • • Fuite de Montjay
Nuit 6	• Nuit passée dans une chapelle abandonnée
Jour 6	• Pauline décide de retourner à Manosque • • • Soir:
Nuit 7	• Nuit passée à marcher
Jour 7	• Pauline et Angelo sont conduits en charrette • Ils marchent dans une forêt en direction de Théus • •
Nuit 8	•
Jour 8	•

2. Analysez l'amour entre Pauline et Angelo.
   a. Comment le décririez-vous? Quelles en sont les caractéristiques?
   b. Comparez l'attitude d'Angelo à celle de Pauline.
   c. Comment savons-nous qu'Angelo et Pauline s'aiment? Donnez quelques exemples.

3. Que sait-on sur Pauline? Décrivez-la.

4. Analysez le personnage d'Angelo.
   a. Décrivez les qualités morales d'Angelo.
   b. Que savons-nous sur les parents d'Angelo? Quel rôle sa mère joue-t-elle tout au long du film?
   c. Angelo et l'Italie: qu'est-ce que l'Italie représente pour Angelo? Quelle est sa mission?
   d. Angelo et l'aventure: pour qui part-il à l'aventure? quelles sont les difficultés qu'il rencontre?
   e. Angelo fait trois rencontres (le médecin, Giuseppe, Pauline) qui sont déterminantes pour des raisons différentes. Pouvez-vous déterminer ces raisons?

5. La maladie et la mort:
   a. Que voit Angelo du choléra?
   b. Comment la maladie est-elle traitée? Que font les gens pour tenter de se préserver?
   c. Quel rôle le choléra joue-t-il dans l'histoire?

6. Décrivez l'attitude des villageois face au choléra.

7. Imaginez qu'une épidémie similaire ait lieu aujourd'hui. Comment les gens réagiraient-ils? Seraient-ils différents de ceux du film?

8. Les animaux sont souvent présents dans le film. Quels rôles jouent le bétail (les moutons et les cochons), le chat, les chevaux et les corbeaux?

9. Les personnages sont en grande partie mystérieux et énigmatiques. Le film pose beaucoup de questions auxquelles il ne répond pas, où seulement à la fin. Pouvez-vous en citer quelques unes?

   Ex: D'où vient Angelo?
   Qui Pauline va-t-elle retrouver à Théus?

10. Que pensez-vous du titre? Le trouvez-vous bien choisi?

11. Comparez la première et la dernière scène. Où et quand se passent-elles? Comment est l'ambiance? Qu'est-ce qui a changé pour Pauline et Angelo entre les deux scènes? Sont-elles filmées en mouvement ou en plan fixe? Pourquoi?

3.   Analyse d'une photo

1. A quel moment cette scène se passe-t-elle? Où sont Pauline et Angelo?

2. Comment Pauline est-elle habillée?

3. Que veut faire Angelo? Pauline est-elle d'accord?

4. Pourquoi Pauline ferme-t-elle les yeux?

5. Qui, sur la photo, attire l'attention? Pourquoi?

4.   Analyse de citations

Analysez les citations suivantes en les replaçant dans leur contexte:

1. Angelo: "Ils ne craignent plus l'homme depuis qu'ils en mangent tant qu'ils veulent".

2. Angelo: "Le choléra me craint comme la peste".

5.   Sous-titres

Pauline est chez M. Peyrolle. Elle parle avec lui de ses hésitations et de ses angoisses. Elle vient de lui dire qu'elle veut partir. Comparez le dialogue original et les sous-titres en anglais, puis répondez aux questions.

1	Mais où allez-vous? En pleine nuit, qu'allez-vous faire? Vous rentrez à Théus?	*Where to? At night? Are you going back to Théus?*
2	Je ne sais pas. Oui, peut-être.	*I don't know.*
3	Alors écoutez-moi. Je vais vous emmener si vous voulez bien. Là-haut dans les montagnes, vous serez à l'abri. La maladie n'ira jamais jusque là.	*So, listen. I'll take you! You'll be safe in the mountains.*
4	Et si Laurent ne revient pas?	*If he doesn't return?*
5	Il reviendra! Les hommes comme lui ne meurent pas du choléra, vous le savez. Au moins lui il sait pourquoi il vit. On meurt quand on le veut bien.	*He'll be back! Men like him don't die of cholera. At least he knows for whom he lives.*

a. Comparez les deux colonnes. Laquelle a le plus de texte? Pourquoi?

b. 1ère réplique: quelle question n'est pas traduite? Est-ce gênant pour la compréhension générale?

c. 2ème réplique: la réponse de Pauline est-elle identique dans les deux langues? Quelle indication n'a-t-on pas en anglais?

d. 3ème réplique: qu'est-ce qui manque en anglais? Pourquoi l'auteur des sous-titres a-t-il décidé d'omettre ces passages?

e. 4ème réplique: pourquoi ne pas avoir gardé "Laurent"? Le pronom personnel est-il clair?

f. 5ème réplique: là encore, la dernière phrase n'est pas traduite. Pourquoi?

g. Les échanges de ce dialogue sont-ils lents ou rapides? Quel problème cela pose-t-il pour les sous-titres? Qu'a dû faire le sous-titreur?

6. Les critiques

1. Pierre Murat décrit Angelo en disant que "les épreuves qu'il traverse ne le défont pas; au contraire, elle le font" (*Télérama*, 18 mars 1998). Qu'est-ce qu'il veut dire?

2. Sophie Chérer, dans le *Première* d'octobre 1995, décrit Pauline ainsi: "vigilante, inquiète, douce et téméraire". Pouvez-vous donner des exemples pour illustrer son propos?

7. Parallèles avec d'autres films

1. La Provence: quatre films se passent en Provence (*Jean de Florette, Manon des sources, Le hussard sur le toit* et *Marius et Jeannette*). Est-elle filmée de la même façon? Quels aspects de la Provence voit-on?

2. La condition des femmes: comparez la condition des femmes dans *Ridicule, Le hussard sur le toit* et *Madame Bovary*. Pourquoi se marient-elles? Comment sont leurs maris? Quelle importance l'argent a-t-il? Sont-elles libres?

3. L'amour platonique: une relation amoureuse se développe dans *Le hussard sur le toit* et dans *La vie et rien d'autre*, mais dans les deux cas cet amour reste platonique. Qu'est-ce que Pauline de Théus et Irène de Courtil ont en commun? Pourquoi Angelo et Dellaplane ne répondent-ils pas aux avances des deux femmes?

4. Juliette Binoche: comparez ses rôles dans *Le hussard sur le toit* et *La veuve de Saint-Pierre*. Pauline de Théus et Madame La vivent à la même époque (1832 et 1850) dans deux mondes forts différents.
    a. Qu'est-ce que ces deux femmes ont en commun? (pensez à leur caractère)
    b. Qu'essaient-elles de faire?
    c. Comparez le triangle Pauline – M. de Théus – Angelo à celui que forment Madame La, le Capitaine et Neel. Les deux femmes sont-elles amoureuses de leur mari? Quelle place Angelo et Neel occupent-ils?

8. Lecture

1. Extrait du roman

L'extrait qui suit relate la rencontre d'Angelo et de Pauline. Etudiez-le et comparez-le au film en répondant aux questions.

> A partir d'ici il y avait un tapis dans l'escalier. Quelque chose passa entre les jambes d'Angelo. Ce devait être le chat. Il y avait vingt-trois marches[1] entre les grenier et le troisième; vingt-trois entre le troisième et le second. Angelo était sur la vingt et unième marche, entre le second et le premier quand, en face de lui, une brusque raie d'or encadra[2] une porte qui s'ouvrit. C'était une très jeune femme. Elle tenait un chandelier à trois branches à la hauteur d'un petit visage en fer de lance[3] encadré de lourds cheveux bruns.
>
> "Je suis un gentilhomme", dit bêtement[4] Angelo.
>
> Il y eut un tout petit instant de silence et elle dit:

---

1 steps   3 spearhead-shaped
2 framed   4 *here*: simply

"Je crois que c'est exactement ce qu'il fallait dire."

Elle tremblait si peu que les trois flammes de son chandelier étaient raides comme des pointes de fourche[5].

"C'est vrai, dit Angelo.

- Le plus curieux c'est qu'en effet cela semble vrai, dit-elle.

- Les brigands n'ont pas de chat, dit Angelo qui avait vu le chat glisser[6] devant lui.

- Mais qui a des chats? dit-elle.

- Celui-ci n'est pas à moi, dit Angelo, mais il me suit parce qu'il a reconnu un homme paisible[7].

- Et que fait un homme paisible à cette heure et là où vous êtes?

- Je suis arrivé dans cette ville il y a trois ou quatre jours, dit Angelo, j'ai failli être écharpé[8] comme empoisonneur de fontaine. Des gens qui avaient de la suite dans les idées[9] m'ont poursuivi[10] dans les rues. En me dissimulant dans une encoignure[11] une porte s'est ouverte et je me suis caché dans la maison. Mais il y avait des cadavres, ou plus exactement un cadavre. Alors j'ai gagné[12] les toits. C'est là-haut dessus que j'ai vécu depuis."

Elle l'avait écouté sans bouger d'une ligne. Cette fois le silence fut un tout petit peu plus long. Puis elle dit:

"Vous devez avoir faim alors?

- C'est pourquoi j'étais descendu chercher, dit Angelo, je croyais la maison déserte.

- Félicitez[13]-vous qu'elle ne le soit pas, dit la jeune femme avec un sourire. Les brisées[14] de mes tantes sont des déserts."

Elle s'effaça[15], tout en continuant à éclairer le palier[16].

"Entrez, dit-elle.

- J'ai scrupule à m'imposer, dit Angelo, je vais troubler votre réunion.

- Vous ne vous imposez pas, dit-elle, je vous invite. Et vous ne troublez aucune réunion: je suis seule. Ces dames sont parties depuis cinq jours. J'ai eu moi-même beaucoup de mal à me nourrir après leur départ. Je suis néanmoins plus riche que vous.

- Vous n'avez pas peur? dit Angelo en s'approchant.

- Pas le moins du monde.

- Sinon de moi, et je vous rends mille grâces[17], dit Angelo, mais de la contagion?

- Ne me rendez aucune grâce, monsieur, dit-elle. Entrez. Nos bagatelles[18] de la porte sont ridicules."

- Angelo pénétra[19] dans un beau salon. Il vit tout de suite son propre reflet dans une grande glace[20]. Il avait une barbe[21] de huit jours et de longues rayures de sueur

---

5	straight like the tines of a fork	14	*here*: my aunts' cupboards
6	glide	15	she stepped aside
7	peaceful	16	to light the landing
8	torn to pieces	17	I am deeply grateful
9	people that I could not shake off	18	*here*: our pleasantries
10	chased after me	19	entered
11	in a corner	20	a mirror
12	I reached	21	a beard
13	You should be thankful		

noirâtre[22] sur tout le visage. Sa chemise en lambeaux[23] sur ses bras nus et sa poitrine couverte de poils[24] noirs, ses culottes poussiéreuses[25] et où restaient les traces de plâtre de son passage à travers la lucarne[26], ses bas déchirés[27] d'où dépassaient des arpions[28] assez sauvages composaient un personnage fort regrettable. Il n'avait plus pour lui que ses yeux qui donnaient toujours cependant des feux aimables[29].

- "Je suis navré[30], dit-il.

- De quoi êtes-vous navré? dit la jeune femme qui était en train d'allumer la mèche[31] d'un petit réchaud à esprit-de-vin[32].

- Je reconnais, dit Angelo, que vous avez toutes les raisons du monde de vous méfier[33] de moi.

- Où voyez-vous que je me méfie? Je vous fais du thé."

Elle se déplaçait[34] sans bruit sur les tapis.

"Je suppose que vous n'avez plus eu d'aliments chauds depuis longtemps?

- Je ne sais plus depuis quand!

- Je n'ai malheureusement pas de café. Je ne saurais d'ailleurs trouver de cafetière[35]. Hors de chez soi[36] on ne sait où mettre la main[37]. Je suis arrivée ici il y a huit jours. Mes tantes ont fait le vide[38] derrière elles; le contraire m'aurait surprise. Ceci est du thé que j'avais heureusement pris la précaution d'emporter.

- Je m'excuse, dit Angelo d'une voix étranglée[39].

- Les temps ne sont plus aux excuses, dit-elle. Que faites-vous debout? Si vous voulez vraiment me rassurer, comportez[40]-vous de façon rassurante. Assoyez-vous."

Docilement[41], Angelo posa la pointe de ses fesses[42] au bord d'un fauteuil mirobolant[43].

"Du fromage qui sent le bouc[44] (c'est d'ailleurs pourquoi elles l'ont laissé), un fond[45] de pot de miel, et naturellement du pain. Est-ce que ça vous va?

- Je ne me souviens plus du goût du pain.

- Celui-ci est dur. Il faut de bonnes dents. Quel âge avez-vous?

- Vingt-cinq ans, dit Angelo.

- Tant que ça?[46]" dit-elle.

Elle avait débarrassé[47] un coin de guéridon[48] et installé un gros bol à soupe sur une assiette.

"Vous êtes trop bonne, dit Angelo. Je vous remercie de tout mon cœur de ce que vous voudrez bien me donner car je meurs de faim. Mais je vais l'emporter, je ne saurais[49] me mettre à manger devant vous.

---

22 long streaks of blackish sweat marks	36 at somebody else's house
23 his tattered shirt	37 you can't put your hands on anything
24 hairs	38 left nothing behind them
25 his dusty pants	39 choking up
26 the skylight	40 behave
27 his torn stockings	41 obediently
28 from which his toes were sticking out	42 sat on the edge
29 pleasant	43 fabulous
30 I'm terribly sorry	44 that stinks of goat
31 the wick	45 the bottom
32 a small alcohol/spirits stove	46 that much?
33 to be suspicious	47 cleared
34 she was moving around	48 a pedestal table
35 a coffeepot	49 I could not

- Pourquoi? dit-elle. Suis-je écœurante[50]? Et dans quoi emporteriez-vous votre thé? Il n'est pas question de vous prêter bol ou casserole[51]; n'y comptez pas. Sucrez[52]-vous abondamment et émiettez[53] votre pain comme pour tremper[54] la soupe. J'ai fait le thé très fort et il est bouillant. Rien ne peut vous être plus salutaire[55]. Si je vous gêne[56], je peux sortir.

- C'est ma saleté[57] qui me gêne", dit Angelo. Il avait parlé brusquement mais il ajouta: "Je suis timide." Et il sourit.

Elle avait les yeux verts et elle pouvait les ouvrir si grands qu'ils tenaient tout son visage.

"Je n'ose[58] pas vous donner de quoi vous laver, dit-elle doucement. Toutes les eaux de cette ville sont malsaines[59]. Il est actuellement[60] beaucoup plus sage[61] d'être sale mais sain[62]. Mangez paisiblement. La seule chose que je pourrai vous conseiller, ajouta-t-elle avec également un sourire, c'est de mettre si possible des souliers[63], dorénavant[64].

- Oh! dit Angelo, j'ai des bottes là-haut, même fort belles. Mais j'ai dû les tirer[65] pour pouvoir marcher sur les tuiles[66] qui sont glissantes[67] et aussi pour descendre dans les maisons sans faire de bruit."

Il se disait: "Je suis bête comme chou[68]", mais une sorte d'esprit critique ajoutait: "Au moins l'es-tu d'une façon naturelle?"

Le thé était excellent. A la troisième cuillerée[69] de pain trempé, il ne pensa plus qu'à manger avec voracité et à boire ce liquide bouillant. Pour la première fois depuis longtemps il se désaltérait[70]. Il ne pensait vraiment plus à la jeune femme. Elle marchait sur les tapis. En réalité, elle était en train de préparer une deuxième casserole de thé. Comme il finissait, elle lui remplit de nouveau son bol à ras bord[71].

Il aurait voulu parler mais sa déglutition[72] s'était mise à fonctionner d'une façon folle. Il ne pouvait plus s'arrêter d'avaler[73] sa salive. Il avait l'impression de faire un bruit terrible. La jeune femme le regardait avec des yeux immenses mais elle n'avait pas l'air d'être étonnée.

"Ici, je ne vous céderai[74] plus", dit-il d'un ton ferme quand il eut fini son deuxième bol de thé.

"J'ai réussi à parler ferme mais gentiment", se dit-il.

"Vous ne m'avez pas cédé, dit-elle. Vous avez cédé à une fringale[75] encore plus grande que ce que je croyais et surtout à la soif. Ce thé est vraiment une bénédiction.

---

50 disgusting	63 shoes
51 a saucepan	64 from now on
52 sweeten	65 to pull them off
53 crumble	66 tiles
54 to soak	67 slippery
55 healthier	68 *here*: I must sound so dumb
56 if I make you uncomfortable	69 spoonful
57 filth	70 he was quenching his thirst
58 I don't dare	71 to the brim
59 unhealthy	72 swallowing
60 at the moment	73 to swallow
61 much wiser	74 I will no longer give in
62 healthy	75 ravenous hunger

- Je vous en ai privée[76]?

- Personne ne me prive, dit-elle, soyez rassuré.

- J'accepterai un de vos fromages et un morceau de pain que j'emporterai, si vous voulez bien et je vous demanderai la permission de me retirer.

- Où? dit-elle.

- J'étais tout à l'heure[77] dans votre grenier, dit Angelo, il va sans dire que je vais en sortir tout de suite.

- Pourquoi, il va sans dire?

- Je ne sais pas, il me semble.

- Si vous ne savez pas, vous feriez aussi bien d'y rester cette nuit. Vous aviserez[78] demain, au jour."

Angelo s'inclina[79].

"Puis-je vous faire une proposition? dit-il.

- Je vous en prie.

- J'ai deux pistolets dont[80] un vide. Voulez-vous accepter celui qui est chargé[81]? Ces temps exceptionnels ont libéré beaucoup de passions exceptionnelles.

- Je suis assez bien pourvue[82], dit-elle, voyez vous-même."

Elle souleva[83] un châle[84] qui était resté de tout ce temps à côté du réchaud à esprit-de-vin. Il recouvrait[85] deux forts pistolets d'arçon[86].

"Vous êtes mieux fournie[87] que moi, dit froidement Angelo, mais ce sont des armes lourdes.

- J'en ai l'habitude, dit-elle.

- J'aurais voulu vous remercier.

- Vous l'avez fait.

- Bonsoir, madame. Demain à la première heure j'aurai quitté le grenier.

1. Comment le roman décrit-il les moments qui précèdent la rencontre avec Pauline? Est-ce la même chose dans le film? Angelo descend-il l'escalier pour la même raison dans les deux cas?

2. A votre avis, pourquoi la conversation initiale a-t-elle été abrégée (et changée) par Rappeneau?

3. Etudiez les dialogues: sont-ils représentatifs du caractère des deux personnages?

4. Comment Pauline retient-elle Angelo? Le fait-elle de la même façon dans le film?

5. Comment découvre-t-on dans le roman et dans le film qu'elle est armée?

6. Qu'est-ce que le film a ajouté à cette scène?

---

76 did I deprive you?
77 just now
78 you will see
79 bowed
80 one of which is
81 loaded

82 I am well-equipped
83 lifted
84 a shawl
85 it was covering
86 horse pistols
87 better-supplied

7. Remarquez le point de vue du narrateur: sait-on ce que pensent et ressentent Angelo et Pauline? Pourquoi les deux personnages ne sont-ils pas traités de la même façon? Rappeneau a-t-il gardé ce procédé dans le film?

8. L'impression générale qui se dégage de cette scène est-elle bien restituée dans le film?

2. Entretien avec Juliette Binoche

Lisez l'entretien suivant, réalisé par Gilles Médioni pour *L'Express* du 14 septembre 1995 (six jours avant la sortie du film), et répondez aux questions.

Juliette au pays de Giono

Dans «Le Hussard sur le toit», Juliette Binoche est Pauline, chère au cœur d'Angelo. Pour elle, ce tournage[88] fut un nouveau «parcours initiatique[89]».

Longtemps, Luis Buñuel l'a rêvé. Angelo a effleuré[90] un instant les traits de Gérard Philipe, d'Alain Delon, de Marlon Brando. Et, quarante ans plus tard, le monument stendhalien[91] de Giono a enfin rencontré son maître d'œuvre[92], Jean-Paul Rappeneau, l'homme de «Cyrano», le gage[93] de qualité et de fidélité aux classiques, de l'entrelacs[94] des images et des mots. Ce «Hussard», le sien, porté par une maîtrise formelle époustouflante[95] (les scènes sont des tableaux vivants) et une dramaturgie renforcée par des séquences d' «Angelo» et du «Bonheur fou»[96], installe d'abord un héros de cape et d'épée[97] (Olivier Martinez, tout en panache). Mais, dès la scène mythique des toits de Manosque, Angelo, sensible à sa voix intérieure, ouvre son cœur et escorte Pauline de Théus, son Iseult, sa sœur (Juliette Binoche). L'amour et la mort, la beauté et la mort, la vertu et la mort suintent[98] de cette promenade hantée par un chant sombre, heurtée[99] d'images obsédantes, habitée d'émotion rentrée[100] et par Juliette Binoche, frémissante[101], passionnante, qui oppose sa force et sa douceur à un monde de désolation. A Rome, où elle tourne «The English Patient», d'Anthony Minghella, *L'Express* a rencontré cette comédienne des silences et des non-dits.

L'EXPRESS: *Qu'est-ce qui vous a frappée dans le livre de Jean Giono?*

JULIETTE BINOCHE: La grandeur d'âme[102] de Pauline et d'Angelo. La nature. La lumière. Giono décrit des correspondances que je ressens et que je ne pourrais exprimer.

—*Pourquoi choisit-on d'incarner Pauline de Théus?*

—Il y a des rôles qui vous choisissent. Et, lorsqu'on a souhaité ce métier, s'y refuser serait se suicider. Pourtant, quand j'ai approché Pauline, je me suis demandé ce

---

88 this shooting
89 journey of initiation
90 grazed
91 reminiscent of Stendhal, great 19th century novelist
92 *here*: the man of the hour
93 the guarantee
94 weaving together
95 amazing formal mastery

96 "Angelo" precedes "Le Hussard sur le toit". "Le Bonheur fou" is the sequel.
97 a cloak and dagger hero
98 ooze
99 jolting with
100 suppressed
101 quivering
102 the nobility of soul

que j'allais jouer: Pauline est «la» femme. Une énigme. On la sent, on la vit. Peut-on l'interpréter?

—Elle a «ce petit visage en fer de lance[103] encadré de lourds cheveux noirs»?

—Ah! ce visage m'a intriguée avant le tournage *[silence]*. Enormément intriguée. Et puis, j'ai lu «Mort d'un personnage». Giono y décrit Pauline âgée. Soudain, son caractère, son sale[104] caractère, et ce visage en fer de lance m'ont sauté au cœur. «Mort d'un personnage» m'a bouleversée.

—Pour quelles raisons?

—En général, j'approche un rôle en imaginant son enfance, sa jeunesse. Mais là, tout d'un coup, défilaient[105] les dix dernières années de l'existence de Pauline. C'est une perception très troublante, car la fin d'une vie renvoie[106] à sa fin à soi. On dirait[107] que les personnages existent pour de vrai et qu'il faut retracer leur réalité. […]

—De quelle façon traverse-t-on un si long tournage?

—Un tournage ressemble à un parcours initiatique, mais j'ai résolu les éternelles interrogations: dois-je ou non dormir avec les bottes de Pauline? Le soir, je redeviens Juliette. Plus question de verser[108] dans l'ambiguïté malsaine. A force de m'immerger[109], j'ai parfois failli me noyer[110].

—De quoi vous aidez-vous pour apprivoiser[111] un rôle?

—De tout. Avant, j'évoluais[112] dans des loges[113] encombrées[114] de poèmes, de photos, d'objets. Longtemps, je n'ai même utilisé que ces marques. Maintenant, plus du tout. Il faut savoir se libérer. J'ai d'autres repères[115]: des bougies dans ma chambre. De la musique: Bach, Barbara, Camaron, Vissotsky.

—Rêviez-vous de cette vie?

—Non. J'avais soif de brûler les planches[116] ou d'évoluer dans un décor de théâtre. Franchement, je ne me projetais[117] pas dans le temps. Jamais je n'aurais imaginé voyager, recevoir des propositions de tous les horizons.

—Vous avez donné corps[118] à des femmes mythiques?

—Elles sont toutes sœurs, cousines, belles-sœurs[119]. Leur point commun reste d'abord moi, bien sûr. Ensuite, et ça me surprend vraiment, c'est la présence de la mort. Voilà des filles pleines de vie, poursuivies par la mort, même si celle-ci se traduit différemment dans «Rendez-vous», «Mauvais Sang», «Les Amants», «Fatale» ou «Bleu».

---

103 spearhead-shaped	112 I used to dwell
104 her foul temper	113 dressing rooms
105 were passing through my mind	114 cluttered with
106 makes you think about	115 guides
107 it is as if	116 *here*: to be successful in theater
108 to lapse into	117 I was not thinking ahead
109 by immersing myself so much	118 *here*: you have embodied
110 I almost drowned	119 sisters-in-law
111 *here*: to get into	

—*Est-ce un hasard[120]?*

—Je connais peu l'expérience de la mort, mais j'ai enduré celle de la séparation, une autre perte: mes parents ont divorcé lorsque j'avais 2 ans et demi. L'apprentissage[121] de la séparation m'a appris à vivre, à survivre et à trouver la joie de vivre. Je suis une optimiste. [...]

—*Comment apprend-on à jouer les silences?*

—Je crois que les regards[122] expriment surtout les pensées, les «ressentirs»[123]. Les yeux figurent[124] les portes de l'âme. Ce sont des fils[125] par lesquels passe, ou non, l'électricité. Les miens ne sont pas extraordinaires. Faut pas commencer à virer[126] au mythe, sinon on finit vite miteux[127] [*rire*].

—*Sait-on un jour pourquoi l'on devient comédienne?*

—Sait-on un jour pourquoi l'on vit? [*Silence.*]

1. Aviez-vous l'impression, en regardant le film, que les scènes étaient des "tableaux vivants"?

2. Pourquoi Pauline est-elle l'"Iseult" d'Angelo? Qui est Iseult?

3. L'introduction décrit Juliette Binoche ainsi: elle "oppose sa force et sa douceur à un monde de désolation". Citez des passages où Pauline fait preuve de force et de douceur.

4. Peut-on deviner, en voyant *Le hussard sur le toit*, que Pauline aura un caractère difficile en vieillissant?

5. Les yeux de Juliette Binoche étaient-ils expressifs dans le film? Son regard était-il éloquent?

6. Quelle impression générale Juliette Binoche vous donne-t-elle? Parle-t-elle comme une star?

3. Entretien avec Jean-Paul Rappeneau

L'entretien suivant a été réalisé par Anne Rapin pour *Label-France* (novembre 1995). Lisez-le et répondez aux questions.

Label-France : *Qu'est-ce qui vous a amené à penser que vous parviendriez[128] à mettre en images ce roman réputé inadaptable[129]?*

Jean-Paul Rappeneau : La forte émotion de lecteur que j'ai eue, il y a trente ans, quand j'ai lu, pour la première fois, *le Hussard sur le toit* de Giono. J'avais vingt ans et n'avais jamais rien lu d'aussi beau. Je continue à penser que ce livre est un

---

120 a coincidence	126 to fall into
121 dealing with	127 the word is not so much used for its meaning ("shabby") as for the pun with "mythe"
122 looks	
123 *here*: feelings	128 you would succeed in
124 represent	129 impossible to adapt
125 wires	

des plus grands romans français du siècle, avec ceux de Proust et de Céline. Je ne pouvais pas imaginer que je n'arriverais pas à restituer[130] dans un film un peu de cette émotion ancienne.

Après la sortie de *Cyrano* en 1990, je me suis demandé s'il n'y avait pas d'autres grandes oeuvres réputées jusqu'alors inadaptables. *Le Hussard* s'est très vite retrouvé sur ma table. Je l'ai relu avec un oeil de cinéaste et les problèmes d'adaptation sont alors apparus. En effet, le livre est un peu un voyage intérieur, souvent méditatif, avec des images somptueuses, mais peu d'action. J'ai donc dû introduire, à ma façon, un rythme et une dramaturgie[131] dans cette histoire.

En fait, pour moi, écrire un scénario consiste, avant tout, à établir une stratégie de la tension. Dans le livre de Giono, rien n'a l'air de se passer vraiment entre Angelo et Pauline. C'est d'ailleurs une des beautés du livre. Avec Nina Companeez et Jean-Claude Carrière, nous avons construit entre eux une relation allant de l'intérêt à l'agacement[132], de l'attirance[133] à la rupture[134], et cherché à faire sentir que quelque chose montait[135] petit à petit entre eux. Mais, d'après les admirateurs de Giono et sa propre famille, son esprit est respecté.

A part ce "réservoir d'images" que constitue, à vos yeux, le livre de Giono, avez-vous eu d'autres sources d'inspiration?

Lorsque nous étions devant ces paysages, ces champs de blé[136] au milieu desquels arrivaient les personnages en costumes, et que je mettais mon oeil dans l'appareil[137], je me disais : on dirait un tableau mais je ne sais pas de qui. C'était devenu un sujet de boutade[138] avec le cadreur[139].

Quelle est la modernité de cette histoire d'amour chevaleresque[140] et romantique, qui parle du choléra il y a cent cinquante ans?

Etre intemporel[141] est le privilège des grands artistes, mais je crois que le livre est encore plus moderne aujourd'hui qu'en 1951. Giono voyait le choléra comme une métaphore sur la guerre et toute la "vacherie"[142] du monde. Aujourd'hui, on ne peut pas s'empêcher de penser aux épidémies qui nous menacent, au sida[143] notamment[144] qui angoisse tant les jeunes gens.

Ces scènes d'exode, ces gens qu'on rassemble[145] dans des quarantaines, ces cordons sanitaires[146] qui protègent le pays occupé par le choléra de la zone libre... Tout cela nous parle de choses à la fois actuelles[147] et éternelles. Le thème de la recherche du bouc émissaire[148] est, lui aussi, d'actualité. D'un mal[149] mystérieux, on dit toujours qu'il est apporté par l'étranger...

---

130 to convey	140 chivalrous
131 dramatic tension	141 timeless
132 irritation	142 *slang*: meanness
133 attraction	143 AIDS
134 break-up	144 in particular
135 *here*: was building	145 that are being rounded up
136 wheat fields	146 quarantine lines
137 *here*: the camera	147 current
138 joke	148 a scapegoat
139 the cameraman	149 ill

Cyrano et Angelo appartiennent à la même famille de héros, généreux et idéalistes. Comment les percevez-vous?

Leur courage, leur intrépidité les rapproche[150] en même temps que leur timidité paralysante devant toutes les choses de l'amour. Ils ont une même peur de leurs émotions, peur que le barrage ne lâche[151]...

Pensez-vous que l'avenir du cinéma français, chez lui comme à l'étranger, passe par de grosses productions, à forte identité culturelle comme **le Hussard?**

Oui, entre autres. En fait, je fais les films que j'aimerais voir comme spectateur. Ce qui est merveilleux dans le cinéma français, c'est sa diversité. Mais, je regrette souvent que l'aspect visuel de la plupart des films ne soit pas à la hauteur[152] de leurs ambitions. Au cinéma, il doit y avoir des émotions, une pensée, mais aussi des images. Et je pense que cette dimension de spectacle[153] fait aussi partie de la tradition française. Il faut continuer à faire des films qui "donnent à voir".

Avez-vous déjà de nouveaux projets?

En France, un film ressemble à une pyramide renversée[154], c'est-à-dire que l'ensemble de sa réalisation repose[155] sur un seul homme, le metteur en scène. La loi[156] française fait de lui l'auteur du film, lui reconnaît de nombreux droits mais aussi des responsabilités à tous les niveaux. Ce qui fait que lorsqu'on sort d'une telle entreprise - ce film a pris quatre ans de ma vie -, on ne peut pas enchaîner[157] tout de suite avec autre chose. Le cinéma en France n'est pas une industrie, c'est un métier d'art. Quand on arrive à le réussir, il y a une âme dans un film, celle de ceux qui l'ont fait avec le réalisateur. Un film se fait comme un stradivarius: à la main, sur l'établi[158].

1. Pourquoi Rappeneau a-t-il eu envie de réaliser *Le hussard sur le toit*?

2. Comment a-t-il contourné le fait qu'il y ait très peu d'action dans le roman?

3. Etes-vous d'accord que cette histoire est toujours d'actualité?

4. La comparaison avec Cyrano est-elle justifiée? Qu'est-ce que les deux personnages ont en commun? Qu'est-ce qui les différencie?

5. Quel genre de film Rappeneau aime-t-il voir et faire?

6. Comment décrit-il le cinéma?

---

150 bring them together
151 afraid that the dam might break
152 is not up to the level
153 show
154 upside down
155 rests on
156 law
157 move on
158 on the work bench

1. Pourquoi Rappeneau a-t-il eu envie de réaliser *Le hussard sur le toit*?

2. Comment a-t-il contourné le fait qu'il y ait très peu d'action dans le roman?

3. Etes-vous d'accord que cette histoire est toujours d'actualité?

4. La comparaison avec Cyrano est-elle justifiée? Qu'est-ce que les deux personnages ont en commun? Qu'est-ce qui les différencie?

5. Quel genre de film Rappeneau aime-t-il voir et faire?

6. Comment décrit-il le cinéma?

CHAPITRE 14

Un cœur en hiver

Présentation du film

Stéphane et Maxime sont amis et associés dans un atelier de lutherie. Le premier répare les violons, le second s'occupe de la clientèle. Tout va bien jusqu'au jour où Maxime annonce à Stéphane qu'il est amoureux de Camille, une jeune violoniste belle et talentueuse. Stéphane entreprend alors de séduire Camille.

Carte d'identité du réalisateur

Claude Sautet (1924-2000) a commencé par réaliser des films policiers avant de trouver son style et son public en 1970 avec *Les choses de la vie*. Excellent scénariste et directeur d'acteurs, mélomane, exigeant, passionné, Sautet aimait parler de la vie et de la société de son temps. Il mettait en scène des personnages attachants, en proie au doute et à l'angoisse, et filmait leurs sentiments. Il s'est montré particulièrement efficace et sensible dans *César et Rosalie* (1972), *Vincent, François, Paul... et les autres* (1974), *Une histoire simple* (1978), *Garçon!* (1983), *Quelques jours avec moi* (1988), *Un cœur en hiver* (1992) et *Nelly et M. Arnaud* (1995).

Carte d'identité des acteurs

Daniel Auteuil (né en 1950) a d'abord été un acteur comique. C'est *Jean de Florette* et *Manon des sources* qui l'ont fait changer de registre, et il est alors devenu très demandé par les plus grands réalisateurs. Il sait être grave, comique, subtil, poignant, pudique, et surtout humain. Il a fait des prestations remarquées dans *Un cœur en hiver* (1992), *La Reine Margot* (1994), *Le Huitième jour* (1996), *Lucie Aubrac* (1997), *La fille sur le pont* (1999), *La veuve de Saint-Pierre* (2000), et *Le placard* (2001).

Emmanuelle Béart (née en 1965) est aujourd'hui l'une des actrices les plus demandées. Sa beauté et son talent en ont fait une star internationale. Après *Manon des sources* (son premier grand succès), elle a eu de très beaux rôles dans *La belle noiseuse* (1991), *Un cœur en hiver* (1992), *Nelly et M. Arnaud* (1995) et *Les destinées sentimentales* (2000). Récemment on l'a vue dans *8 femmes* (2002).

André Dussollier (né en 1946) est un acteur élégant, séduisant, modeste et subtil. Ancien élève du Conservatoire, il est très exigeant dans le choix de ses rôles et a tourné avec les plus grands réalisateurs: Rohmer (*Perceval le Gallois*, 1978), Resnais (*Mélo*, 1986, *On connaît la chanson*, 1997), Sautet (*Un cœur en hiver*, 1992), Angélo (*Le Colonel Chabert*, 1994), Becker (*Les enfants du marais*, 1999). Récemment, on l'a aussi vu dans *La chambre des officiers* et *Tanguy* (2001). Il a obtenu de nombreux César au cours de sa carrière.

L'heure de gloire

Le travail de Claude Sautet a été apprécié par la critique: César du meilleur réalisateur, Lion d'argent au Festival de Venise, prix du meilleur film décerné par l'Académie Nationale du Cinéma, prix Méliès du meilleur film. Daniel Auteuil et Emmanuelle Béart ont été nominés aux César. André Dussollier a remporté celui du meilleur acteur dans un second rôle.

PREPARATION

1.   Vocabulaire

Vocabulaire utile avant de voir le film:

Les noms

un luthier: *a violin maker*

un violon: *a violin*

un(e) violoniste: *a violinist*

un atelier: *a workshop*

la clientèle: *the clientele*

un apprenti: *an apprentice*

une répétition: *a rehearsal*

un enregistrement: *a recording*

une brasserie: *a restaurant (with bar)*

une librairie: *a bookstore*

un automate: *an automaton*

une dispute: *an argument*

une gifle: *a slap in the face*

une tournée: *a tour (for an artist)*

une piqûre: *an injection*

Les verbes

faire le Conservatoire: *to go to a conservatory*

tomber amoureux(-euse) de: *to fall in love with*

être amoureux(-euse) de: *to be in love with*

plaire à qq'un: *to be attracted to s.o.*

séduire: *to seduce*

reprocher qqch à qq'un: *to reproach s.o. for sth*

se taire: *to keep quiet*

avoir un avis: *to have an opinion*

devoir qqch à qq'un: *to owe s.o. sth*

en vouloir à quelqu'un: *to bear someone a grudge*

avoir un malaise: *to feel faint*

se confier à qq'un: *to confide in s.o.*

se jeter à la tête de qq'un: *to throw oneself at s.o.*

se saouler: *to get drunk*

avoir honte: *to be ashamed*

avouer quelque chose à quelqu'un: *to admit sth to someone*

déménager: *to move (house)*

Les adjectifs

doué(e): *gifted*

sournois(e): *sly*

dissimulé(e): *secretive*

introverti(e): *introverted*

blessé(e): *hurt*

mal à l'aise: *uncomfortable*

étouffant(e): *smothering*

gênant(e): *embarrassing*

jaloux (-ouse): *jealous*

possessif (-ive): *possessive*

humilié(e): *humiliated*

amer (-ère): *bitter*

compatissant(e): *sympathetic*

compréhensif (-ve): *understanding*

affectueux (-euse): *loving*

Traduisez!

1. The violin maker's apprentice is very gifted. He went to a conservatory and is now learning to make violins.

2. She was so attracted to Stéphane that she threw herself at him.

3. I could never confide in this man. He is sly and secretive and he makes me uncomfortable.

4. She got drunk because she was hurt and humiliated.

2.   Repères culturels

1. Dans le film, Stéphane est luthier. Qu'est-ce qu'un luthier?

2. Camille joue des sonates de Ravel. Connaissez-vous Ravel? Qu'a-t-il composé? Pourquoi est-il célèbre?

CONVERSATION EN CLASSE

1. Les personnages: Stéphane (Daniel Auteuil)

   Camille (Emmanuelle Béart)

   Maxime (André Dussollier)

   Régine (l'amie et l'agent de Camille)

   Hélène (l'amie de Stéphane)

   Lachaume (le vieux prof)

   Brice (l'apprenti)

2. Qui est le patron entre Maxime et Stéphane?

3. Quelle est la réaction de Stéphane quand Maxime lui dit qu'il est amoureux de Camille?

4. Qu'est-ce qui trouble Camille pendant la répétition?

5. Pendant le dîner, Camille reproche à Stéphane de ne pas avoir d'avis et de se taire. Pourquoi se tait-il à votre avis?

6. Quelles sont les relations entre Camille et Régine? Pourquoi se sont-elles disputées?

7. Qui est Brice? Comment Stéphane se comporte-t-il envers lui?

8. Est-ce que ce qui se passe dans le café quand il pleut est important? Pour qui? Que se disent-ils? Quelles questions Camille pose-t-elle?

9. Que ressent Stéphane quand il visite l'appartement? Que demande-t-il?

10. Stéphane est-il complètement maître de son propre jeu? Comment le savez-vous?

11. A votre avis, pourquoi Camille vient-elle à la librairie d'Hélène acheter un livre? Se sont-elles déjà vues?

12. Pourquoi Stéphane dit-il qu'il n'y a pas d'amitié entre Maxime et lui? Est-ce vrai? Quelle est leur relation? Comment se sont-ils connus à votre avis?

13. Pourquoi Maxime demande-t-il à Stéphane d'assister à l'enregistrement, alors que Camille lui a expliqué ce qui se passait entre elle et Stéphane?

14. Décrivez la scène entre Stéphane et Camille quand il lui dit qu'il ne l'aime pas.

15. Que font-ils tous les deux après cela?

16. Que se passe-t-il dans le restaurant? Pourquoi Maxime donne-t-il une gifle à Stéphane?

17. Quelles sont les relations entre Stéphane et Hélène?

18. Que fait Stéphane après s'être séparé de Maxime?

19. Comment se passe la visite de Maxime à l'atelier de Stéphane?

20. A la fin, que fait Stéphane à Lachaume? Qui est présent aussi? Est-ce que cela les rapproche?

21. Stéphane dit à Camille qu'il avait longtemps cru que Lachaume était la seule personne qu'il aimait. Que veut-il dire?

22. Quelle impression vous donne la dernière scène, quand Camille et Stéphane se regardent, alors que la voiture s'éloigne?

23. Comment expliquez-vous le titre? Le trouvez-vous bien choisi?

APPROFONDISSEMENT

1. Vocabulaire

- **Enrichissez votre vocabulaire !**

Les instruments de musique

un piano: *a piano*

un clavecin: *a harpsichord*

un accordéon: *an accordion*

un violoncelle: *a cello*

une contrebasse: *a bass*
une harpe: *a harp*
une guitare: *a guitar*
un cor: *a French horn*
une trompette: *a trumpet*
un trombone: *a trombone*
un tuba: *a tuba*
une batterie: *drums*

une flûte: *a flute*
un hautbois: *an oboe*
un saxophone: *a saxophone*
une clarinette: *a clarinet*
jouer d'un instrument: *to play an instrument*
une boîte à musique: *a musical box*

La jalousie
l'envie: *envy*
envieux: *envious*

prendre ombrage de qqch: *to take offense at sth*
convoiter: *to covet*

- **Jouez avec les mots!**

A. Retrouvez les instruments de musique qui se cachent derrière les lettres mélangées:

1. ILNOOV   : _ _ _ _ _ _
2. ABHIOSTU   : _ _ _ _ _ _ _ _
3. EEMOPRTTT   : _ _ _ _ _ _ _ _ _
4. EFLTU   : _ _ _ _ _
5. ABCEENORSST   : _ _ _ _ _ _ _ _ _ _ _
6. ABEEIRTT   : _ _ _ _ _ _ _ _
7. ACCEILNV   : _ _ _ _ _ _ _ _
8. ACCDENOOR   : _ _ _ _ _ _ _ _ _

B. Complétez les phrases suivantes avec les mots de la liste:

(Attention! Certains verbes doivent être conjugués)

gifle	se taire	harpe
avis	plaire	jaloux
mal à l'aise	humiliée	atelier
clavecin	apprenti	être amoureux de
doué	blessée	

1. L' _____ de Stéphane travaille avec lui dans l' _____ .

2. Michelle joue-t-elle du _____? Non, elle joue de la _____ .

3. Nathalie _____ beaucoup à Stéphane. En fait, je crois qu'il _____ elle.

4. Bernard est _____ de Louis car Louis est bien plus _____ que lui.

5. Quand je suis _____ dans un groupe, je préfère _____ plutôt que de donner mon _____ .

6. Il l'avait tellement _____ et _____ qu'elle a fini par lui donner une _____ .

2.   Réflexion - Essais

1. En quoi Stéphane et Maxime sont-ils différents? Donnez des exemples qui montrent qu'ils ont besoin l'un de l'autre.

2. Analysez la technique de séduction de Stéphane. Est-elle traditionnelle?

3. Montrez comment Camille devient obsédée par Stéphane, et comment elle se jette à ses pieds.

4. Pourquoi Stéphane dit-il à Camille qu'il ne l'aime pas? Pensez-vous que Stéphane l'aime, ou que tout n'est qu'un jeu pour lui? Justifiez votre réponse en donnant des exemples.

5. Pourquoi Stéphane séduit-il Camille finalement?

6. Stéphane avait-il tout prévu?

7. A votre avis, pourquoi Stéphane est-il fasciné par les automates?

8. La jalousie est présente de façon permanente dans le film. Analysez les motifs de jalousie entre les personnes suivantes:

a. Stéphane et Maxime:

b. Régine et Camille:

c. Camille et Hélène:

9. Analysez le rôle de Lachaume dans le film.

10. Analysez l'acte d'euthanasie de Stéphane. Pourquoi le fait-il? Qu'est-ce que cela indique sur son caractère?

11. Comparez la première et la dernière scène. Quels personnages sont présents au début et à la fin? Où les deux scènes se passent-elles? Pourquoi est-ce important? Comparez l'attitude de Stéphane au début et à la fin. Quel rôle la musique joue-t-elle au début et à la fin?

3.   Analyse d'une photo

1. A quel moment cette scène se passe-t-elle?

2. Où sont Camille et Stéphane? Pourquoi sont-ils là? Où vont-ils?

3. Quelle impression ce couple vous donne-t-il?

4. Analyse de citations

Analysez les citations suivantes en les replaçant dans leur contexte:

1. Maxime (en parlant de sa femme qu'il vient de quitter pour Camille): "Il y a toujours quelqu'un qui souffre". Qui souffre dans le film?

2. Stéphane (en parlant du sentiment amoureux): "Ecrit, c'est souvent très beau".

3. Stéphane: "Vous aviez raison, il y a quelque chose en moi qui ne vit pas. Je vous ai manquée (*I aimed and missed*), et j'ai perdu Maxime. Je sens bien que ce n'est pas les autres que je détruis, c'est moi".

5. Sous-titres

Dans le dialogue suivant Stéphane et Camille sont au café et discutent. Comparez l'original en français et les sous-titres en anglais, puis répondez aux questions:

1	Vous n'avez jamais été… amoureux?	*Have you never been in love?*
2	Ça a dû m'arriver…	*I guess I have.*
3	Mais cette femme, Hélène… Maxime m'a dit… qu'est-ce qu'elle est dans votre vie?	*Maxime said you have a friend called Hélène. Where does she fit in?*
4	Dans ma vie… C'est quelqu'un que j'apprécie… avec qui je m'entends bien.	*She's someone I like. We get on well.*
5	Vous n'aimez pas beaucoup parler de vous.	*You're very reticent.*
6	Pas beaucoup.	*A bit.*
7	Pourquoi?	*Why?*
8	Ça ne me passionne pas vraiment… Et puis, ça ne sert pas à grand chose…	*I'm not very interested in myself.. Besides, why bother?*

a. 2ème réplique: le sous-titreur a-t-il essayé de traduire les mots ou de rendre l'idée? A-t-il réussi?

b. 3ème réplique: pourquoi la phrase est-elle réorganisée?

c. 3ème réplique: auriez-vous traduit "qu'est-ce qu'elle est dans votre vie?" comme le sous-titre? Qu'en pensez-vous?

d. 5ème et 6ème réplique: que pensez-vous des sous-titres? Comment l'original aurait-il pu être traduit?

e. 8ème réplique: "why bother?" est-il un bon sous-titre? Pourquoi?

6.   Les critiques

1.   Nigel Miller, dans le *Télérama* du 13 mai 1998, pose la question suivante: "Stéphane est-il irré-médiablement inhumain?" Qu'en pensez-vous?

2.   "Si les films avaient une odeur, celui de Sautet sentirait le formol". Que pensez-vous de cette remarque de Serge Toubiana (*Les Cahiers du cinéma*, septembre 1992)?

7.   Parallèles avec d'autres films

1.   Comparez les scènes de café et de restaurant dans *Un cœur en hiver* et *Nelly et M. Arnaud: Rencontres et découvertes*:

Un cœur en hiver:	*Nelly et M. Arnaud:*

Conversations importantes (aveux, révélations):

Un cœur en hiver:	*Nelly et M. Arnaud:*

Disputes et ruptures:

Un cœur en hiver:	*Nelly et M. Arnaud:*

2.   La musique: quel rôle la musique joue-t-elle dans *L'accompagnatrice* et *Un cœur en hiver*? Quelle relation Sophie et Stéphane entretiennent-ils avec elle? Quelle place a-t-elle dans leur vie?

3.   Daniel Auteuil: comparez ses rôles dans *Jean de Florette* et *Manon des sources* (Ugolin, un paysan provençal au début du siècle), *La veuve de Saint-Pierre* (Jean, un capitaine de l'Armée à Saint-Pierre et Miquelon en 1850) et *Un cœur en hiver* (Stéphane, un luthier parisien). Le trouvez-vous bien choisi pour ces rôles extrêmement différents? Ces trois rôles étaient-ils tous de difficulté égale? Justifiez votre point de vue.

8.   Lecture:

Les dialogues suivants sont extraits du scénario (les indications sur les mouvements de caméra ne sont pas notées pour privilégier le dialogue). Camille est venue voir Stéphane pendant que Maxime était occupé avec un client.

Camille. J'ai eu une journée… un peu difficile.

Stéphane *(de dos).* Les répétitions?

Camille. Ah non, ça, ça va très bien. Non, c'est pas ça.

Stéphane. Ce n'est pas Maxime?

Camille. Non, pas Maxime, non… Non, je me suis disputée[1] avec Régine… une dispute horrible… On s'est dit des choses…

Stéphane. C'était à propos de?…

Camille. Une histoire ridicule… j'ai pas envie d'en parler. Mais ça me reste là[2]… On se connaît par cœur et en même temps, elle me cherche[3]… comme si elle ne savait pas comment je suis faite…

Stéphane. Vous la connaissez depuis…

Camille. Dix ans. Mais c'est une femme formidable, Régine! Tous les musiciens dont elle s'occupe l'adorent. Sans elle, je n'aurais rien fait de ce que j'ai fait. Quand je l'ai rencontrée, j'y croyais plus… je voulais tout laisser tomber[4]. C'est elle qui m'a obligée à… Je sais ce que je lui dois[5].

Stéphane. C'est peut-être pour ça que vous lui en voulez[6]. *(Elle tourne la tête, souriant, son regard dans le vague.)* C'est une protection pour vous…

Camille. … dont j'avais besoin, mais qui est devenue une sorte de… dépendance.

Stéphane. … que vous acceptiez avant, mais que vous ne supportez[7] plus.

Camille. Oui, c'est exactement ça! *(Elle boit)* Comme ça, ça paraît simple, mais c'est difficile à accepter.

Stéphane. Mais vous le saviez déjà?

Camille. Oui, mais… c'est la première fois que j'en parle…

Stéphane. L'occasion…

Camille. Je vous ennuie?

Stéphane. Non, non, pas du tout! Au contraire… *(Stéphane boit une gorgée[8]. On entend off des bruits de pas[9]. Ils boivent.)* Et cet enregistrement, c'est pour quand?

Camille. Lundi.

On entend off le bruit de pas qui se rapprochent.

Stéphane. Ah… *(Il se retourne.)*

Maxime vient de son bureau et avance d'un pas décidé.

Maxime. Je ne m'en sortais[10] plus de mon Hollandais! Alors, tu as découvert où il habite…

Camille. Oui.

Maxime. C'est un peu austère[11], non?

Camille. Ah non, je trouve pas.

Maxime *(regardant sa montre).* Bon, on y va? Excuse-nous, on est en retard… A demain.

Ils s'éloignent[12].

1	I had an argument	7	you can't stand any more
2	I keep thinking about it	8	a sip
3	she bugs me	9	footsteps
4	to give up	10	I couldn't get rid of
5	what I owe her	11	dry
6	you hold that against her	12	they leave

Camille. A bientôt.

Stéphane, de dos à gauche, les regarde partir, tournant son verre dans sa main.

Brasserie de Carlo – intérieur jour

Plan américain de Hélène et Stéphane assis à une table, dans la brasserie. Elle est de face, lui de dos. Derrière eux, on voit d'autres clients, et une portion de rue par les vitres[13].

Hélène. Mais alors, c'était beaucoup plus qu'une conversation, c'est une véritable intimité[14] que tu as installée avec elle.

Stéphane. C'est elle qui est venue.

Hélène. Mais c'est ce que tu attendais.

Stéphane. Disons que je l'espérais.

Hélène *(après un silence).* Tu ne serais pas amoureux d'elle?

Stéphane. Amoureux?

Hélène. Oui, je sais, le mot te hérisse[15].

Stéphane. Non, me dépayse[16]… Laisse-moi réfléchir. Non, je ne crois pas, non.

Hélène. De toutes façons, c'est de Maxime qu'elle est amoureuse.

Stéphane. Oui… *(Après un temps)* A un moment donné, j'ai eu l'impression qu'elle aurait préféré dîner avec moi qu'avec lui. Une impression…

Hélène. Je me demande si au fond, tu n'es pas jaloux de Maxime…

Stéphane *(catégorique).* De Maxime? C'est un sentiment que je n'ai jamais éprouvé[17] pour lui, et que je ne me vois pas éprouver.

Elle boit, lui sourit en le fixant[18].

1. De quoi Camille et Stéphane parlent-ils? Est-ce une conversation banale? Qui a initié la conversation? Pourquoi?

2. Quelles questions Stéphane pose-t-il à Camille? Qu'essaie-t-il de faire?

3. Analyse-t-il bien les relations entre Camille et Régine?

4. Pourquoi cette scène est-elle importante? Comment les rapports entre Stéphane et Camille évoluent-ils?

5. Maxime est-il conscient de ce changement?

6. Que pense Hélène? Est-elle clairvoyante?

7. Stéphane dit-il la vérité quand il affirme qu'il n'est pas amoureux de Camille?

8. Pourquoi Hélène sourit-elle en fixant Stéphane?

---

13 windows
14 intimacy
15 you can't stand the word

16 it's foreign to me
17 felt
18 staring

CHAPITRE 15

Nelly et Monsieur Arnaud

Présentation du film

Nelly est jeune, belle et criblée de dettes. Par l'intermédiaire d'une amie, elle rencontre un homme bien plus âgé, un ancien magistrat et homme d'affaires qui paie ses dettes et lui propose de taper ses mémoires. Nelly accepte. Commence alors une étrange relation entre ces deux êtres que tout semblait séparer.

Carte d'identité du réalisateur

Claude Sautet (1924-2000) a commencé par réaliser des films policiers avant de trouver son style et son public en 1970 avec *Les choses de la vie*. Excellent scénariste et directeur d'acteurs, mélomane, exigeant, passionné, Sautet aimait parler de la vie et de la société de son temps. Il mettait en scène des personnages attachants, en proie au doute et à l'angoisse, et filmait leurs sentiments. Il s'est montré particulièrement efficace et sensible dans *César et Rosalie* (1972), *Vincent, François, Paul... et les autres* (1974), *Une histoire simple* (1978), *Garçon!* (1983), *Quelques jours avec moi* (1988), *Un cœur en hiver* (1992) et *Nelly et M. Arnaud* (1995).

Carte d'identité des acteurs

Michel Serrault (né en 1928) a longtemps joué des rôles comiques sans grand intérêt jusqu'au triomphe de *La cage aux folles* en 1980. Il a ensuite alterné les comédies et les drames. Son art a culminé dans les années 90 avec *Le bonheur est dans le pré* (1995), *Nelly et M. Arnaud* (1995), *Assassin(s)* (1997), *Les enfants du marais* (1999), *Une hirondelle a fait le printemps* (2001) et *Le papillon* (2002).

Emmanuelle Béart (née en 1965) est aujourd'hui l'une des actrices les plus demandées. Sa beauté et son talent en ont fait une star internationale. Après *Manon des sources* (son premier grand succès), elle a eu de très beaux rôles dans *La belle noiseuse* (1991), *Un cœur en hiver* (1992), *Nelly et M. Arnaud* (1995) et *Les destinées sentimentales* (2000). Récemment on l'a vue dans *8 femmes* (2002).

L'heure de gloire

Nelly et Monsieur Arnaud a été très remarqué aux César: Claude Sautet a remporté le César du meilleur réalisateur et Michel Serrault celui du meilleur acteur. Le film a aussi été nominé pour le César du meilleur film et celui de la meilleure actrice (Emmanuelle Béart). Il a aussi obtenu le prix Louis-Delluc et le prix Méliès.

PREPARATION

1. Vocabulaire

Vocabulaire utile avant de voir le film:

Les noms

une machine à traitement de texte: *a word processor*
un ordinateur: *a computer*
les Mémoires: *memoirs*
un manuscrit: *a manuscript*
un éditeur: *a publisher*

un magistrat: *a magistrate*
un homme d'affaires: *a businessman*
un petit boulot: *an odd job*
une confidente: *a confidante*
un somnifère: *a sleeping pill*

Les verbes

avoir des dettes: *to be in debt*
être au chômage: *to be unemployed*
chercher: *to look for*
vivre aux crochets de qq'un: *to live off s.o.*
divorcer: *to divorce*
taper: *to type*
se débarrasser de: *to get rid of*
être à l'aise: *to feel comfortable*

publier: *to publish (a book)*
se disputer: *to quarrel*
rompre: *to break up (a relationship)*
détourner des fonds: *to embezzle funds*
faire des confidences à qq'un: *to confide in s.o.*
prévenir qq'un: *to let s.o. know*

Les adjectifs

paresseux (-se): *lazy*
endetté(e): *in debt*
déçu(e): *disappointed*

pensif (-ve): *pensive*
absent(e): *lost in one's thoughts*

Traduisez!

1. He is in debt and unemployed but he is so lazy that he won't even look for odd jobs.
2. We had to get rid of this businessman because he was embezzling funds.
3. Michel has been living off Monique for a long time and they quarrel all the time. I think they are going to break up soon.
4. When Nelly is done typing Mr. Arnaud's memoirs on the computer, she will send the manuscript to the publisher.

2.   Repères culturels

1. Le livre de M. Arnaud parle d'un temps où il était magistrat aux Iles Sous-le-Vent. Où sont ces îles? Sont-elles indépendantes?
2. Quelle est la différence entre un roman et une nouvelle? et entre une autobiographie et des Mémoires?
3. Comment traduiriez-vous les mots suivants en français: a critic, a critique, a criticism ?

CONVERSATION EN CLASSE

1. Les personnages: Nelly (Emmanuelle Béart)
   M. Arnaud (Michel Serrault)
   Vincent Granec (Jean-Hughes Anglade)
   Jérôme (le mari de Nelly, Charles Berling)
   Christophe (l'ami)
   Jacqueline (l'amie, Claire Nadeau)
   Dolabella (Michel Lonsdale)
   Lucie (la femme de M. Arnaud)

2. Comment se passe la première conversation entre Nelly et M. Arnaud?
3. Pourquoi lui propose-t-il de lui faire un chèque? Accepte-t-elle? Que dit-elle à Jérôme le soir?
4. Quelles sont les relations de Nelly et de Jérôme? En quoi sont-ils différents?
5. Pourquoi le quitte-t-elle?
6. Quel travail M. Arnaud propose-t-il à Nelly?
7. De quoi parle son livre?
8. Quel rôle Jacqueline joue-t-elle tout au long du film?
9. Quelles sont les relations entre M. Arnaud et sa femme? Nelly est-elle intéressée par les histoires de famille de M. Arnaud?

10. Quelles raisons M. Arnaud donne-t-il pour se débarrasser de tous ses livres?

11. A quels détails voit-on que Nelly est de plus en plus à l'aise chez (et avec) M. Arnaud?

12. Nelly et M. Arnaud se tutoient-ils ou se vouvoient-ils? Est-ce normal?

13. Qui est Vincent Granec? Comment se passe sa première rencontre avec Nelly?

14. Quelle personnalité Vincent dévoile-t-il au restaurant?

15. Que pensez-vous de la fille de M. Arnaud?

16. Pourquoi M. Arnaud emmène-t-il Nelly dans le restaurant chic? Que pensent les amis de M. Arnaud à votre avis?

17. Pourquoi Jérôme se retrouve-t-il à l'hôpital? Qu'a cru Nelly en apprenant la nouvelle au téléphone? Que se passe-t-il dans sa tête dans la chambre d'hôpital?

18. La dispute entre M. Arnaud et Nelly vous a-t-elle surpris? Que révèle-t-elle des deux côtés? Etait-elle nécessaire?

19. Que dit Dolabella à Nelly sur M. Arnaud?

20. Que raconte ensuite M. Arnaud sur son passé avec Dolabella? Le croyiez-vous capable de cela? Qui est finalement ce M. Arnaud?

21. Qu'est-ce qui provoque la rupture entre Nelly et Vincent? Etait-elle attendue?

22. Quel rôle Christophe joue-t-il tout au long du film? Où et avec qui le voit-on? Quelles sont ses dernières paroles pour Nelly?

23. Quel effet a l'annonce du voyage de M. Arnaud sur Nelly? Quelle excuse lui donne-t-il de ne pas l'avoir prévenue plus tôt?

24. Comment est M. Arnaud à l'aéroport?

APPROFONDISSEMENT

1. Vocabulaire

- **Enrichissez votre vocabulaire !**

Le livre, l'édition, et la création littéraire

un auteur: *an author*

un écrivain: *a writer*

un stylo: *a pen*

un crayon: *a pencil*

un brouillon: *a draft*

le titre: *the title*

un sommaire: *a synopsis*

une table des matières: *a table of contents*

un chapitre: *a chapter*

un paragraphe: *a paragraph*

une maison d'édition: *a publishing house*

les droits d'auteur: *royalties*

une traduction: *a translation*

un roman: *a novel*

une nouvelle: *a short story*

un conte: *a tale*

un conte de fées: *a fairytale*

un roman policier: *a detective novel*

un roman noir: *a thriller*

une biographie: *a biography*

une autobiographie: *an autobiography*

une bande dessinée: *a comic strip*

Les cafés et les restaurants

Au café:

le serveur: *the waiter*

la serveuse: *the waitress*

un café: *a coffee*

un thé: *tea*

un citron pressé: *fresh lemonade*

un Coca: *a Coke*

un jus d'orange: *an orange juice*

une bière: *a beer*

une carafe d'eau: *a carafe*

des glaçons: *ice cubes*

l'addition: *the check*

la terrasse: *outside (the café)*

Au restaurant:

réserver: *to make a reservation*

la carte: *the menu*

le menu: *fixed menu*

le plat du jour: *the daily special*

la carte des vins: *the wine list*

commander: *to order*

l'entrée: *the appetizer*

le plat principal: *the main dish*

le dessert: *dessert*

la nappe: *the tablecloth*

une assiette: *a plate*

un verre: *a glass*

une fourchette: *a fork*

- **Jouez avec les mots!**

A. Complétez la phrase en choisissant l'expression qui convient.

1. Qui publie un livre ?
   a. l'écrivain
   b. le critique
   c. l'éditeur

2. Quand on n'arrive pas à dormir, on prend
   a. un somnifère
   b. un petit boulot
   c. une entrée

3. Quand on aime boire bien froid, on appelle le serveur pour demander
   a. une carafe d'eau
   b. des glaçons
   c. un verre

4. Le mari de Nelly ne travaille pas, parce qu'il est
   a. pensif
   b. paresseux
   c. endetté

5. J'aime les histoires courtes, donc je lis souvent des
   a. nouvelles
   b. romans
   c. biographies

6. Pour couper sa viande, il faut une fourchette et
   a. une cuillère
   b. un couteau
   c. une nappe

7. Pour écrire un livre, il faut
   a. un brouillon
   b. un sommaire
   c. un stylo

8. M. Arnaud emploie Nelly car elle sait se servir
   a. d'un manuscrit
   b. d'une machine à traitement de texte
   c. d'un roman

B. Reliez les mots qui vont ensemble:

⌐ 1. rompre	a. un citron pressé
⌐ 2. une entrée	b. une assiette
⌐ 3. un jus d'orange	c. un conte
⌐ 4. un écrivain	d. l'addition
⌐ 5. le serveur	e. une maison d'édition
⌐ 6. un stylo	f. divorcer
⌐ 7. un verre	g. commander
⌐ 8. une nouvelle	h. un crayon
⌐ 9. un éditeur	i. un auteur
⌐ 10. réserver	j. un plat principal

2. Réflexion - Essais

1. Analysez les relations entre Nelly et M. Arnaud:
   a. Comment commencent-elles?
   b. Comment évoluent-elles?
   c. Pensez-vous qu'ils sont amoureux l'un de l'autre?
   d. Analysez la place de l'argent dans leur relation.
   e. Trouvez-vous Nelly et M. Arnaud stables ou instables? (Pensez à leur situation financière, à leurs appartements, leurs rapports avec les autres)
   f. Finalement quel rôle Nelly joue-t-elle dans la vie de M. Arnaud?

2. Nelly et M. Arnaud pourront-ils oublier cette relation, ou sont-ils changés pour toujours?

3. Quel rôle les personnages secondaires jouent-ils? Pourquoi sont-ils importants? Pourquoi a-t-on besoin d'eux pour faire avancer l'intrigue ?

   a. Jérôme:

   b. Vincent Granec:

   c. Jacqueline:

   d. Dolabella:

   e. Christophe:

   f. Isabelle:

   g. Lucie:

4. Comparez les premières et les dernières scènes. Dans quels contextes M. Arnaud et Nelly sont-ils présentés? Pourquoi est-ce important? Les scènes du début et de la fin ont-elles beaucoup de dialogues? Pourquoi? Dans les deux scènes il y a une personne seule et un couple. Qu'est-ce qui a changé? Qu'est-ce que ces deux couples ont en commun?

3. Analyse d'une photo

1. Où et à quel moment cette scène se passe-t-elle?

2. Comment Nelly et M. Arnaud sont-ils habillés?

3. Qui Nelly regarde-t-elle? Que lui dit M. Arnaud?

4. Analyse de citations

Analysez les citations suivantes en les replaçant dans leur contexte:

1. Jacqueline: "Au moins il t'arrive quelque chose." M. Arnaud: "Il y a des débuts tardifs".

2. M. Arnaud: "Tu aurais dû épouser un vieux comme moi. Tu aurais eu liberté, sécurité, austérité".

5. Sous-titres

Ce dialogue entre M. Arnaud et Jacqueline a lieu juste après la dispute entre celui-ci et Nelly. Comparez l'original et les sous-titres en anglais, puis répondez aux questions:

1	J'essaie d'espacer les séances le plus possible.	*I try spacing out our meetings as much as I can.*
2	On ne fait plus que se croiser.	*We barely cross paths.*
3	Je lui donne le travail et puis je file.	*I give her the work, and then I go.*
4	Mais ne pas la voir, c'est pire.	*But not seeing her is worse.*
5	Elle est là, tout le temps là...	*She's in here, all the time.*
6	Alors je suis un peu... débordé...	*So I'm keeping busy.*
7	Tu souffres?	*You're suffering.*
8	Au moins il t'arrive quelque chose...	*At least you're feeling something.*
9	Il y a des débuts tardifs...	*Better late than never.*

a. 1ère réplique: que pensez-vous de "spacing out" pour traduire "espacer"? Est-ce un bon choix?

b. 2ème réplique: "We barely" traduit-il exactement "On ne fait plus que"? "We only" aurait-il été un meilleur choix?

c. 3ème réplique: "je file" est légèrement familier. "I go" est-il du même registre de langue? Pourquoi le verbe "to go" a-t-il été choisi?

d. 6ème réplique: "I'm keeping busy" est un contre-sens. Que veut dire "débordé" dans ce contexte?

e. 8ème réplique: pourquoi "il t'arrive quelque chose" n'a-t-il pas été traduit par "something is happening to you", qui serait plus proche de l'original?

f. 9ème réplique: "Better late than never" a un équivalent exact en français: "mieux vaut tard que jamais". Est-ce un bon choix pour traduire "Il y a des débuts tardifs"?

6.   Les critiques

1. Louis Guichard écrit, dans le *Télérama* du 28 janvier 1998, que "la rencontre n'a finalement pour effet que de renvoyer chacun à soi-même". Qu'est-ce que cela veut dire? Etes-vous d'accord?

2. Dans une interview pour *France-Amérique* (13-19 avril 1996), Claude Sautet déclare: "J'arrête mon film au moment où mes personnages sont enfin libres. Le passé est le passé, ils peuvent enfin agir à leur guise. A vous d'imaginer comment toutes ces relations vont évoluer".

a. Etes-vous d'accord qu'ils sont libres de leur passé?

b. Pourquoi ne pouvaient-ils pas agir à leur guise avant?

c. Comment ces relations vont-elles évoluer à votre avis?

7.   Parallèles avec d'autres films

1. Delaplanne et M. Arnaud: comparez Delaplanne dans *La vie et rien d'autre* et M. Arnaud dans *Nelly et M. Arnaud.* Qu'ont-ils en commun? (pensez à leur personnalité, leur vie, leur situation familiale, les femmes qu'ils fréquentent).

2. Comparez les scènes de café et de restaurant dans *Un cœur en hiver* et *Nelly et M. Arnaud:*

Rencontres et découvertes:

Un cœur en hiver:	*Nelly et M. Arnaud:*

Conversations importantes (aveux, révélations):

Un cœur en hiver:	*Nelly et M. Arnaud:*

Disputes et ruptures:

Un cœur en hiver:	*Nelly et M. Arnaud:*

8.   Lectures

1. Extrait du scénario

Les dialogues suivants sont extraits du scénario (les indications sur les mouvements de caméra ne sont pas notées pour privilégier le dialogue). Nelly et M. Arnaud viennent de se rencontrer par l'intermédiaire de Jacqueline.

M. Arnaud. Vous voyez souvent Jacqueline?

Nelly. Assez, oui… Et vous?

M. Arnaud. De temps en temps… On se connaît depuis… Je l'aime beaucoup… Elle me fait l'amitié de me raconter un peu ses histoires… Elle a l'air d'aller bien en ce moment…

Nelly. Je crois, oui…

    Deux coupes de glace sur un plateau[1] entrent dans le champ[2] entre M. Arnaud et Nelly.

M. Arnaud. Non, ce n'est pas pour nous. Vous, vous êtes toujours mariée?

Nelly. Oui.

M. Arnaud. Son nom c'est…

Nelly. Jérôme…

M. Arnaud. Jérôme, c'est ça. Je me souviens très bien… Beaucoup d'humour… insolent[3], mais dans le bon sens… Vous aviez dansé… tout un numéro, très drôle…

Nelly *(souriante).* On avait pas mal[4] bu.

M. Arnaud. Et vous êtes heureuse.

Nelly *(hochant[5] la tête puis baissant[6] les yeux).* …

M. Arnaud. Vous n'avez pas trop de soucis[7]…

Nelly. Non… *(Après un silence, les yeux baissés)* l'argent.

M. Arnaud *(hochant la tête d'un air de circonstance).* Ah!… des dettes?

Nelly. Oui.

M. Arnaud. … Mais vous travailliez dans l'édition[8] avec Jacqueline?

Nelly. Oui… Mais la boîte[9] a eu des problèmes, ils ont dû… Et comme j'étais la dernière arrivée…

M. Arnaud. Oui… L'époque est difficile. Remarquez[10], toutes les époques sont difficiles.

    Mais la vôtre n'était pas supposée l'être… Mais alors vous êtes…

Nelly. Non, non, je travaille par-ci, par-là…

M. Arnaud. Oui… Ça ne me regarde pas[11]… mais il s'agit d'une grosse somme?

Nelly. Six mois de loyer[12]… entre autres…

    Le plateau d'un garçon entre à droite dans le miroir, derrière Nelly, puis devant elle. Il pose sur la table le cognac et deux cafés.

Le garçon. Ces Messieurs Dames.

Nelly. Merci.

M. Arnaud. Merci… Ne le prenez pas mal[13], mais… si vous voulez, je peux mettre cette somme à votre disposition.

Nelly. Non… merci…

M. Arnaud *(insistant).* Si vous êtes ennuyée[14]…

Nelly *(gênée).* Non, écoutez, y a aucune raison, on ne se connaît pas… Je ne disais pas ça pour…

M. Arnaud. Je sais bien. Ça me ferait plaisir.

Nelly *(résolue).* Non.

M. Arnaud. Pourquoi pas? Vous me les rendrez quand vous pourrez, si vous pouvez…

    Ça n'a aucune importance.

---

1 a tray	8 publishing
2 in the shot	9 company
3 audacious	10 mind you
4 quite a bit	11 it's none of my business
5 nodding	12 rent
6 lowering	13 don't take it the wrong way
7 worries	14 if you need it

Nelly (*définitive*). Merci. Mais non. (*Elle boit une gorgée de café.*)
M. Arnaud (*après un silence*). Vous ne m'en voulez pas[15]? C'était une proposition honnête.
Nelly. J'espère bien.

1. De qui M. Arnaud parle-t-il au début? Pourquoi?

2. Que pensez-vous des questions qu'il pose à Nelly? Sont-elles discrètes?

3. Quelles techniques utilise-t-il pour la faire parler?

4. Qu'est-ce que Nelly laisse entendre quand elle dit "Et comme j'étais la dernière arrivée…"?

5. Comment M. Arnaud s'y prend-il pour proposer l'argent à Nelly?

6. Sachant que Nelly va finir par accepter l'argent, que pensez-vous de ses quatre refus dans ce dialogue? A-t-elle l'air sûre d'elle? Pourquoi refuse-t-elle?

7. Qu'est-ce que les deux dernières répliques laissent présager sur leurs relations à venir?

2. Analyse de l'œuvre de Sautet

L'article suivant est paru dans *Label-France* (un magazine édité par le Ministère des Affaires Etrangères) en janvier 2001, donc quelques mois après la mort de Claude Sautet

Hommage au réalisateur Claude Sautet
Un cinéma pas si simple

Il aimait le brouhaha[16] des cafés, où l'on se réchauffe entre amis, dans la cohue des heures de pointe[17] et le bruit des verres qui s'entrechoquent[18] sur le zinc[19]. Ses films sentent l'amitié, la convivialité, la solidarité, mais aussi le désarroi[20] des amours en détresse. Claude Sautet restera l'un des rares cinéastes français capable d'enchevêtrer[21] dans un même scénario les destins d'une foule de personnages, dont les noms, aujourd'hui, nous plongent dans la mélancolie: César, Rosalie, Max (et les ferrailleurs[22]), Nelly (et Monsieur Arnaud), sans oublier Vincent, François, Paul et les autres… Claude Sautet est mort à Paris le samedi 22 juillet 2000 à l'âge de soixante-seize ans.

Né à Montrouge (près de Paris) en 1924, il découvre le cinéma dans les salles de banlieue où l'emmène sa grand-mère. Elève de l'IDHEC[23], il est d'abord critique musical et, toute sa vie, il vouera une véritable passion à Jean-Sébastien Bach. Le tempo de ses films n'est-il pas réglé comme du papier à musique? A ses débuts, Claude Sautet est d'abord assistant-réalisateur, puis scénariste bien connu de la profession. Chaque fois qu'un cinéaste est en panne[24] sur un script, on l'appelle. François Truffaut l'avait baptisé « *le ressemeleur[25] de scénarios* ».

---

15 no hard feelings?
16 commotion
17 in the rush hour crowd
18 clink together
19 at the bar
20 confusion

21 to weave
22 scrap (metal) merchants
23 Institut des Hautes Etudes Cinématographiques (cinema school), is now called FEMIS
24 is stuck
25 the screenplay fixer

Oublions *Bonjour sourire* (1955), une comédie qu'il avait reniée[26] : son « premier » film (*Classe tous risques*, 1959) est un polar[27], avec Lino Ventura et Jean-Paul Belmondo. D'emblée[28], s'il utilise les « rimes » du film noir (action, danger, trahison), il s'intéresse plus à l'étude de caractères qu'aux ressorts[29] du suspense. Sa démarche[30] le rapproche d'un Jacques Becker, dans son goût pour la chaleur humaine et sa recherche d'authenticité.

Pourtant, ce portrait d'un gangster solitaire abandonné par ses proches passe inaperçu[31], malgré la présence de Belmondo, qui triomphait alors dans *A bout de souffle,* le premier long-métrage de Jean-Luc Godard. Pour les jeunes de la Nouvelle Vague (dont font aussi partie Chabrol, Rohmer, Rivette), la longue carrière de Sautet comme scénariste en fait injustement un homme du passé. Toujours avec Lino Ventura, il enchaîne[32] avec *l'Arme à gauche* (1964), qui sort dans l'indifférence.

« Les Choses de la vie »

La notoriété viendra cinq ans plus tard, avec *les Choses de la vie* (1969). […]

Au rythme d'un film tous les deux ans, ses œuvres suivantes vont confirmer l'image d'un spécialiste du portrait de groupe : *César et Rosalie* (Yves Montand et Romy Schneider, 1972) ; *Vincent, François, Paul et les autres* (1974) ; *Mado* (1976) ; *Une histoire simple* (1978). Tout un public se reconnaît et salue le savoir-faire de l'artisan.

On remarque des constantes[33], comme ces fameuses scènes de bistrots enfumés[34], où tout le monde parle haut pour se rassurer, tandis que grouillent[35] les serveurs. « *A chaque film,* avouait Sautet, *je me dis toujours : non, cette fois tu n'y tournes pas. Et puis, je ne peux pas m'en empêcher. Les cafés, c'est comme Paris, c'est vraiment mon univers. C'est à travers eux que je vois la vie. Des instants de solitude et de rêvasseries*[36]. »[37]

Epoques de crises

Côté social, Sautet peint la nouvelle bourgeoisie moyenne d'après 68. Il observe la vie des cadres[38], filme leurs résidences secondaires[39], cocons illusoires où l'on fait la pause dominicale[40], avant de replonger dans le marasme[41] de la vie professionnelle et des amours contrariées[42]. En toile de fond[43], on découvre une société inquiète, une crise qui couve[44]. La corruption de la société par l'argent est l'un des grands sujets de Sautet. […]

Sautet fait un cinéma moins « intello[45] » que la Nouvelle Vague, mais intelligent, humain, sociologique, même s'il apparaît aussi et surtout comme un moraliste. En brossant des portraits méticuleux, impeccablement orchestrés, il saisit[46] les traits marquant d'une époque, parle de la grisaille[47] du quotidien, du temps

26 disowned
27 a detective film
28 right away
29 elements
30 approach
31 unnoticed
32 he continues with
33 recurring features
34 smoky
35 are swarming about
36 daydreaming

37 quoted from *Télérama,* October 1995
38 executives
39 second homes
40 Sunday
41 depressing work life
42 thwarted
43 in the background
44 a crisis brewing
45 intellectual
46 grasps
47 dullness

qui passe aussi, avec l'horizon de l'existence qui rétrécit[48].

Le conflit des générations le préoccupe. […] Il confronte Yves Robert à Patrick Dewaere, touchant en ex-drogué qui retrouve son père après quelques années passées en Amérique *(Un mauvais fils,* 1980).

En 1983, *Garçon !* (écrit pour Yves Montand) montre la vie d'une grande brasserie filmée comme une sorte de théâtre en mouvement. Le film, qui semble un peu démodé, est un demi-succès. Mais, après cinq ans de silence, le cinéaste revient en pleine forme avec *Quelques jours avec moi* (1987), où Daniel Auteuil incarne[49] le riche héritier d'une chaîne de supermarchés sortant d'une maison de repos[50] et larguant[51] les amarres pour une jeune employée de maison (Sandrine Bonnaire). Le film glisse doucement vers le drame. La presse salue le retour en beauté d'un maître du « réalisme psychologique à la française », une étiquette que récusait[52] d'ailleurs Sautet. Et il retrouve sa réputation de peintre des relations déglinguées[53], sur fond de bonne société provinciale.

Des cœurs en hiver

Ses deux dernières œuvres évoquent la musique de chambre, l'épure[54], l'intimisme, voire[55] la confidence... Le personnage principal de *Un cœur en hiver* (1992), d'après une nouvelle de Lermontov, est un « handicapé du cœur », incarné par Daniel Auteuil, qui se blinde[56] contre les sentiments et l'amour des autres. Il est difficile de ne pas voir dans ce film lumineux, plein de silences et de non-dits, un Sautet abordant[57] pudiquement[58] l'auto-critique. Et la filiation est évidente entre Emmanuelle Béart, radieuse dans le rôle d'une jeune violoniste qui veut croire en l'amour, et Romy Schneider.

On la retrouve d'ailleurs dans le film suivant, *Nelly et Monsieur Arnaud* […] qui va encore plus loin dans l'aveu[59]. Le héros incarné par Michel Serrault y est en effet coiffé et maquillé de façon à ressembler quasiment trait pour trait au cinéaste. On suit la relation étrange et ambiguë entre un magistrat à la retraite, misanthrope, solitaire, et une jeune femme au chômage, qui vient de quitter son mari. Deux vies se croisent, l'une en bout de course[60], l'autre encore à son début. La scène où Monsieur Arnaud abandonne son appartement et ses livres évoque un Sautet conscient d'être au soir de son existence, faisant le vide[61] et le bilan[62].

Parmi les hommages qui lui ont été rendus, on citera la réflexion du critique de cinéma Didier Peron quand il apprit que Claude Sautet avait longtemps eu le projet d'adapter *le Désert des Tartares* de Dino Buzzati : « *On comprend que cette histoire d'attente absurde face à un ennemi qui ne se montre jamais ait fasciné celui qui, pendant plus de vingt ans, a filmé des gens en manque d'un vrai conflit à empoigner*[63]*.* »[64]

Bernard Génin
Journaliste à l'hebdomadaire culturel *Télérama*

---

48 shrinking
49 plays
50 convalescent home
51 dropping everything
52 Sautet objected to
53 messed up
54 *here*: clean work
55 even
56 hardens his heart

57 engaging
58 discreetly
59 confession
60 one drawing to a close
61 emptying everything around him
62 taking stock of his life
63 a real problem to tackle
64 quoted from *Libération,* 25 July 2000.

1. A quoi le titre ("Une histoire pas si simple") fait-il référence?

2. La deuxième phrase ("Ses films sentent l'amitié, la convivialité, la solidarité, mais aussi le désarroi des amours en détresse.") s'applique-t-elle à *Nelly et M. Arnaud*?

3. Dans *Nelly et M. Arnaud*, à quoi Sautet s'intéresse-t-il le plus: à l'étude de caractères ou à l'histoire?

4. Sautet fait-il preuve de "chaleur humaine" et d'"authenticité" dans *Nelly et M. Arnaud*?

5. Etes-vous d'accord avec les jeunes de la Nouvelle Vague? Sautet est-il "un homme du passé"?

6. Les scènes de café étaient-elles nécessaires dans *Nelly et M. Arnaud*? Qu'est-ce que le lieu leur apporte?

7. Trouvez-vous que dans le film Sautet "apparaît [...] comme un moraliste"? La morale de ce film est-elle claire?

8. Bernard Génin écrit que "Le conflit des générations le préoccupe." La différence d'âge entre Nelly et M. Arnaud leur pose-t-elle problème?

9. A votre avis, que veut dire "réalisme psychologique à la française"? Pourquoi Sautet récusait-il cette étiquette?

10. Peut-on dire que Nelly et M. Arnaud sont "en manque d'un vrai conflit à empoigner"?

CHAPITRE 16

Trois hommes et un couffin

Présentation du film

Pierre, Michel et Jacques sont trois célibataires partageant un grand appartement à Paris. Leurs vies sont bouleversées par l'arrivée de Marie, un bébé de six mois dont ils vont devoir s'occuper. Ils doivent aussi répondre à la police, qui les suspecte de faire du trafic de drogue…

Carte d'identité du réalisateur

Coline Serreau est née en 1947 d'un père metteur en scène de théâtre et d'une mère écrivain. Après des études de Lettres, de musique, de cirque, de danse, elle devient finalement actrice, mais c'est en tant que réalisatrice qu'elle deviendra célèbre. *Trois hommes et un couffin* (1985) reste son plus grand succès à ce jour. Depuis, elle a réalisé *Romuald et Juliette* (1989), *La crise* (1992), *Chaos* (2001) et *18 ans après* (2002). Ce dernier reprend les acteurs de *Trois hommes et un couffin* et continue l'histoire.

Carte d'identité des acteurs

Roland Giraud (né en 1942): il doit sa notoriété à *Trois hommes et un couffin*, mais il a joué dans près de 50 films . On l'a retrouvé récemment dans *18 ans après*.

Michel Boujenah (né en 1952 en Tunisie) a eu des débuts difficiles dans le cinéma mais a obtenu le César du meilleur second rôle masculin pour *Trois hommes et un couffin*. Les films suivants ont été décevants mais il a été remarqué au théâtre dans *Don Juan* (1997). En 2002 il a réalisé son premier film, *Père et fils*.

André Dussollier (né en 1946) est un acteur élégant, séduisant, modeste et subtil. Ancien élève du Conservatoire, il est très exigeant dans le choix de ses rôles et a tourné avec les plus grands réalisateurs: Rohmer (*Perceval le Gallois*, 1978), Resnais (*Mélo*, 1986, *On connaît la chanson*, 1997), Sautet (*Un cœur en hiver*, 1992), Angélo (*Le Colonel Chabert*, 1994), Becker (*Les enfants du marais*, 1999). Récemment, on l'a aussi vu dans *La chambre des officiers* et *Tanguy* (2001). Il a obtenu de nombreux César au cours de sa carrière.

L'heure de gloire

Trois hommes et un couffin a rencontré un immense succès public. Il a aussi été très remarqué aux César (meilleur film, meilleur acteur dans un second rôle pour Michel Boujenah, meilleur scénario) et l'Académie Nationale du Cinéma lui a décerné le prix du meilleur film. Il a été nominé aux Oscars et aux Golden Globes comme meilleur film étranger. En 1987 il a fait l'objet d'un remake aux Etats-Unis (*Three Men and a Baby*).

PREPARATION

1. Vocabulaire

Vocabulaire utile avant de voir le film:

Les noms

le bébé:
    un couffin: *a bassinet*
    une couche: *a diaper*
    du lait (maternisé): *formula*
    un biberon: *a (baby) bottle*
    une poussette: *a stroller*
    une nurse: *a nanny*
un dessinateur: *an illustrator*
un steward: *a steward*
la drogue: *drugs*
un trafiquant: *a dealer*

une moto: *a motorcycle*
une poubelle: *a trash can*
les douanes: *customs*
un suspect: *a suspect*
une croisière: *a cruise*
les Caraïbes: *the Caribbean*
une pièce montée: *a 3-tier cake*
une girafe: *a giraffe*
un collant: *tights*
un coussin: *a cushion*
un escalier: *a staircase*

Les verbes

se débrouiller: *to manage*

changer (un bébé): *to change (a baby)*

pleurer: *to cry*

crier: *to scream*

dessiner: *to draw*

mentir: *to lie*

cacher: *to hide*

cambrioler: *to break into (a house)*

saccager: *to ransack*

se débarrasser de qqch: *to get rid of sth*

fouiller qq'un: *to search s.o.*

embaucher: *to hire*

se disputer: *to quarrel*

s'endormir: *to fall asleep*

se rendormir: *to go back to sleep*

se réveiller: *to wake up*

consacrer du temps à (qq'un / qqch): *to devote time to (s.o. / sth)*

Les adjectifs

célibataire: *single*

épuisé(e): *exhausted*

soulagé(e): *relieved*

inquiet (-ète): *worried*

affectueux (-se): *affectionate*

excédé(e): *exasperated*

tendu(e): *tense*

débordé(e): *overwhelmed*

Traduisez!

1. I wake up every night at 3:00 to give Marie her bottle. Then it is difficult to go back to sleep.
2. I am so exhausted and tense that I need to go on a cruise in the Caribbean.
3. The dealers broke into and ransacked their house.
4. The drugs were hidden in a trash can behind the staircase.

2.   Repères culturels

1. Que veut dire le mot "quiproquo"?
2. *Trois hommes et un couffin* est une comédie. Quelles sont les caractéristiques d'une comédie?

3.   Bande-annonce

Allez sur le site du producteur du film (www.flachfilm.com). Cliquez sur "Recherche", puis sur "Films de cinéma", puis sur "Trois hommes et un couffin". Validez et la bande-annonce va se mettre en marche toute seule. Regardez-la plusieurs fois et répondez aux questions suivantes:

1. Quelle impression avez-vous des personnages?
2. Que comprenez-vous sur eux?
3. Que sont les deux paquets?

CONVERSATION EN CLASSE

1. Les personnages: Pierre (Roland Giraud)
                         Michel (Michel Boujenah)
                         Jacques (André Dussolier)
                         Marie (le bébé)
                         Silvia (la mère de Marie)

2. Que sait-on sur "le paquet" au tout début du film?

3. Comment Pierre et Michel réagissent-ils quand ils découvrent le couffin?

4. Quels problèmes matériels rencontrent-ils?

5. Quel impact Marie a-t-elle sur leur travail et leur vie sociale?

6. Où dorment Pierre et Michel?

7. Trouvez-vous qu'ils s'occupent bien de Marie?

8. Sont-ils contents de la laisser partir avec les deux hommes qui viennent chercher "le paquet"?

9. Comment Pierre comprend-il qu'il y a une erreur sur "le paquet"? Que découvre-t-il en tombant dans l'escalier?

10. Comment la police se retrouve-t-elle chez eux?

11. Que fait Michel pour cacher la drogue?

12. Que se passe-t-il quand Pierre et Michel sont au travail? Pourquoi?

13. Comment Pierre réagit-il en retrouvant Marie?

14. Comment Michel se débrouille-t-il pour se débarrasser du paquet?

15. Pourquoi Jacques est-il arrêté à son arrivée à Paris? Que fait le service des douanes?

16. Comment Pierre et Michel accueillent-ils Jacques quand il revient de Thaïlande?

17. Comment Pierre réagit-il quand il apprend que Jacques a emmené Marie chez sa mère?

18. Quelles sont les deux solutions envisagées par Jacques pour garder Marie? Marchent-elles?

19. Pourquoi les trois hommes se disputent-ils tout le temps?

20. Que font-ils pour que Marie se rendorme la nuit?

21. Que se passe-t-il pendant le dîner avec leurs invités? Que font les invités? Pourquoi?

22. Quelle vie mènent-ils une fois Marie repartie avec Silvia? Cela dure-t-il longtemps? Vont-ils bien?

23. Dans quelles circonstances Michel revoit-il Marie?

24. Comment Silvia s'occupe-t-elle de Marie? A-t-elle beaucoup de temps à consacrer à sa fille? Pourquoi?

25. Pourquoi ramène-t-elle Marie?

26. Les trois hommes sont-ils contents de retrouver Marie?

APPROFONDISSEMENT

1. Vocabulaire

• **Enrichissez votre vocabulaire !**

Le bébé

un lit (d'enfant): *a crib*
un mobile: *a mobile*
une sieste: *a nap*
sucer son pouce: *to suck one's thumb*
une berceuse: *a lullaby*
une boîte à musique: *a music box*
un parc: *a playpen*
un jouet: *a toy*
un hochet: *a rattle*
un ours en peluche: *a teddy bear*

peser: *to weigh*
mesurer: *to measure*
une chaise haute: *a high chair*
faire son rot: *to burp*
un siège-auto: *a car seat*
marcher à quatre pattes: *to crawl*
les premiers pas: *the first steps*
un pédiatre: *a pediatrician*
une crèche: *a day care center*

La drogue

la toxicomanie: *drug addiction*
un(e) toxicomane: *a drug addict*
un(e) drogué(e): *a drug addict*
se droguer: *to take drugs*
une drogue douce / dure: *soft / hard drugs*
le haschisch: *hashish*

la marijuana: *marihuana*
la cocaïne: *cocaine*
l'héroïne: *heroin*
une seringue: *a needle*
une overdose: *an overdose*
le trafic de drogue: *drug trafficking*

• **Jouez avec les mots!**

A. Complétez les phrases suivantes avec les mots de la liste:

(Attention! Les verbes doivent être conjugués)

douane	changer	sieste	se débrouiller
se réveiller	suspect	siège-auto	trafic de drogue
couffin	débordée	s'endormir	chaise haute
tendu	parc	se disputer	

1. Je n'ai jamais gardé de bébé de ma vie! Comment vais-je _____ pour le _____?

2. Paul est tellement _____ au travail qu'il _____ en permanence avec sa famille et a du mal à _____ .

3. Le _____ a été arrêté à la _____ , car la police pensait qu'il faisait du _____ .

4. Je me couche à minuit, je_____ à 5 heures, et je suis bien trop_____ pour faire la _____ l'après-midi.

5. Il faut acheter beaucoup de choses pour la naissance d'un enfant : un _____ pour dormir, un _____ pour la voiture, un _____ pour jouer, et une _____ pour manger.

B. Mots-croisés:

Horizontalement:

2. voler; toxicomane
4. petit enfant
5. ce que l'on fait quand on est triste;
   animal à long cou
7. véhicule à deux roues
8. très fatigué; jouet
10. pour promener bébé
12. pas marié
15. anxieux; petite chanson

Verticalement :

C. au-dessus du lit
D. bouteille pour bébé
F. achète et vend de la drogue
H. illustrateur
L. voyage en bateau
N. petit lit;
   médecin pour enfants
P. dissimuler
R. engager
T. prénom du bébé du film

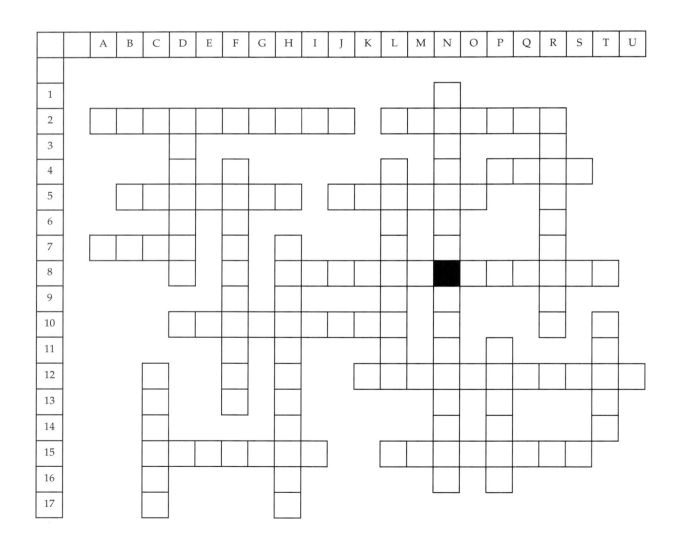

2. Réflexion - Essais

1. Décrivez l'appartement dans lequel vivent Pierre, Michel et Jacques.

2. Quelle sorte de vie mènent les trois hommes?

3. Faites le portrait des 3 hommes: ont-ils la même personnalité? Quelle attitude ont-ils vis-à-vis de Marie? Ecrivez un paragraphe sur chacun d'eux.

4. Qu'est-ce que les trois hommes se cachent? Pourquoi?

5. Analysez l'évolution dans l'attitude des hommes vis-à-vis de Marie. Comment se comportent-ils au début du film? au milieu? à la fin?

6. Quelle sont les difficultés éprouvées par Silvia pour élever son enfant?

7. Pourquoi la drogue est-elle importante pour l'histoire? le film aurait-il pu exister sans cela?

8. Que va-t-il se passer après à votre avis? Qui va s'occuper de Marie? Qu'est-ce que Silvia va vouloir?

9. Comment Coline Serreau a-t-elle utilisé le renversement des rôles dans son film? A-t-on une famille traditionnelle? Que se passe-t-il à la fin?

10. Le film a été un énorme succès en France. Pourquoi à votre avis?

11. Comparez la première et la dernière scène. Que font les trois hommes dans ces deux scènes? Où sont-ils? Sont-ils heureux? Qu'est-ce qui a changé?

3. Analyse d'une photo

1. Qui est au centre de la photo? Pourquoi?
2. Qu'essaient de faire les trois hommes? Ont-ils l'air d'accord?
3. Marie semble-t-elle coopérer?

4.   Analyse de citations

Analysez les citations suivantes en les replaçant dans leur contexte:

1.   Jacques: "Qu'est-ce qui me prouve que je suis son père?"

2.   Un invité, à propos des bébés: "Ça dort, ça mange, ça crie… C'est quand même limité comme conversation." Pierre: "Si y'avait que les bébés qui avaient des conversations limitées, ce serait pas si grave!"

5.   Sous-titres

Le dialogue suivant a lieu juste après le retour de Jacques. Pierre et Michel sont excédés, Jacques ne comprend pas ce qui se passe. Comparez l'original en français et les sous-titres en anglais, puis répondez aux questions:

1	Et puis je vous ai déjà demandé ce que fout ce moutard ici.	*I already asked you about the brat.*
2	Moi je veux pas de ça dans cette maison.	*I don't want that around.*
3	On veut déjà pas les nanas, alors les moutards, je vous raconte pas! On va pas commencer la vie de famille!	*Women are already out, so family life, forget it.*
4	Alors mon pote, tu vas t'asseoir bien tranquillement et tu vas m'écouter.	*Listen pal, you sit down and open your ears up.*
5	Peut-être que tu changeras de ton dans cinq minutes.	*You'll soon change your tune.*
6	Qu'est-ce que c'est que ce cirque?	*What's this zoo?*
7	Non, mais dis-donc, tu vas arrêter de me parler sur ce ton, hein…	*And don't talk to me like that, all right?*
8	Je te parle sur ce ton parce que tu commences à nous pomper l'air.	*I'm talking like that 'cause your Mister Pain!*

a.   1ère réplique (Jacques): que manque-t-il dans le sous-titre? L'idée est-elle bien rendue?

b.   2ème réplique (Jacques): que manque-t-il dans la phrase française pour qu'elle soit correcte grammaticalement? Retrouve-t-on la même faute en anglais? Pourquoi?

c.   3ème réplique (Jacques): "nanas" et "women" font-ils partie du même registre de langue? Ce sous-titre est très concis. Est-il réussi?

d.   4ème réplique (Pierre): pourquoi "tu vas m'écouter" n'est-il pas traduit par "you're going to listen to me"? Pensez-vous que "open your ears up" est un meilleur sous-titre?

e.   6ème réplique (Jacques): que pensez-vous de la traduction de "cirque" par "zoo"?

f. 8ème réplique (Pierre): quelle grosse faute de grammaire remarquez-vous dans le sous-titre anglais? Qu'est-ce que cela indique sur la façon dont le film a été sous-titré?

6. Les critiques

1. Dans *La Croix*, Patrice Vivares écrit que "la vérité de ce film est que le sourire d'un nouveau-né peut transformer les situations les plus diverses en les irradiant d'un parfum inattendu, celui du royaume dont le prince est un enfant". (15 mars 1986). Pouvez-vous expliquer son propos?

2. Pour Emmanuèle Frois, *Trois hommes et un couffin* est "un merveilleux hymne à la vie" (*Le Figaro*, 16 septembre 1985). A votre avis, pourquoi a-t-elle écrit cela?

7. Parallèle avec un autre film

La comédie: *Trois hommes et un couffin* et *Le dîner de cons* sont des comédies. Fonctionnent-elles de la même façon? Rit-on pour les mêmes raisons? Qu'est-ce qui nous fait rire dans chaque film?

8. Lectures

1. Les dialogues suivants sont extraits du scénario. Jacques a pris la décision d'emmener Marie à Nice pour que sa mère la garde. Michel l'aide à préparer les affaires. Pierre n'est pas au courant des projets de Jacques. Lisez les dialogues et répondez aux questions:

Cuisine – intérieur jour

Plan rapproché[1]: Jacques et Michel devant la table de la cuisine. Michel a préparé trois biberons, en confectionne[2] un quatrième.

Michel. T'en auras quatre faits d'avance, tu peux tenir jusqu'à Nice et même jusqu'à demain.
Jacques observe Michel, plein de bonne volonté[3]; il piaffe[4] d'impatience.
Jacques. D'accord…
Michel. Dis-lui bien de beaucoup la faire dormir.
Jacques. Je lui dirai.
Michel. Si elle a le cul[5] rouge, qu'elle n'écoute pas[6] les pédiatres, ils disent que des conneries[7].
Jacques. Ouais.
Michel. Si elle a le cul rouge, il faut qu'elle lui donne un biberon d'eau à la place du biberon normal, tu verras, en trois heures c'est réparé, un vrai miracle: un cul de marbre[8]!
Jacques. Un biberon d'eau, d'accord.
Michel. Pierre dit qu'il faut laver son linge[9] à la main avec du savon de Marseille.
Jacques (*essayant de plaisanter[10]*). Ouais, ben ça, à Nice, elle doit pouvoir en trouver, hein.

---

1 close-up	6 she shouldn't listen to
2 is making	7 (*slang*) nonsense
3 very willing to help	8 marble
4 champing at the bit	9 clothes
5 (*slang*) bottom	10 to joke

Michel (*sérieux comme un pape*). Il faut trois rinçages[11] à l'eau très chaude.

Jacques. Trois rinçages.

Michel. Pour l'endormir on lui chante au clair de la lune à deux voix[12], ça marche.

Jacques. Ouais, mais elle vit toute seule.

Michel. Eh bien, elle chantera toute seule, mais dis-lui que les chansons, ça marche.

Jacques. D'accord.

Michel (*lent et pédagogue[13]*). Alors, les tétines[14], elles sont à trois vitesses[15]. Il faut toujours mettre la plus petite ouverture, la numéro un, hein, ça c'est super-super-super-important, toujours *la plus petite*, parce que sans ça ça coule[16] trop vite, c'est mauvais pour la digest...

Jacques (*gentil, mais un peu pressé*). Il faudrait que je me grouille[17], là, parce que je vais rater mon avion, moi.

Appartement – intérieur jour

Plan de demi-ensemble de l'entrée: Pierre ouvre la porte, entre. Il rentre du travail.

Pierre. Y'a quelqu'un?

Michel (*de sa chambre, off*). Y'a moi!

Pierre. Et Jacques?

Michel (*off*). Il est parti à Nice.

Pierre. Ah bon? Le jour même il se rebarre[18], lui... Ben, il manque pas d'air[19]...

Plan moyen: Michel, confortablement assis dans un fauteuil avec un sandwich et une bière, des papiers sur une petite table à côté de lui.

Michel. Il a été amener Marie à sa mère (*Pierre vient vers nous dans l'entrée. Off*) Je lui ai fait quatre bibe...

Pierre (*furieux*). Ah non, mais quel connard[20]!

Michel. Mais t'en fais pas[21], je lui ai dit tout ce qu'il fallait faire. Je lui ai fait quatre bibe...

Sur Pierre, en plan rapproché; il va et vient, pas content.

Pierre. Ah, je te jure[22], ce mec[23], il commence à me gonfler sérieusement, hein!

Michel (*off*). Pourquoi?

Pierre. Mais merde, il aurait pu me téléphoner, quand même!

Michel (*Sur lui*). Ca te fait chier[24] qu'elle soit partie?

Pierre (*exaspéré*). Mais absolument pas, qu'est-ce que tu racontes... Je suis vache-ment[25] soulagé[26], oui, tu veux dire. Bon débarras[27], hein...

Michel. Je lui ai fait quatre bibe...

---

11 rinse three times	20 (*slang*) jerk
12 in two parts	21 don't worry!
13 methodical	22 I swear
14 nipples	23 this guy is seriously starting to bug me
15 speeds	24 (*slang*) are you bummed
16 it flows	25 (*slang*) really
17 I've got to get going	26 relieved
18 (*slang*) he takes off	27 good riddance!
19 what a nerve!	

Pierre. Mais enfin, cet abruti[28], il aurait quand même pu me dire un mot.

Il sort en pestant[29]. *On perçoit*[30] *quelques mots:* "Pas possible ça… merde, enfin, on téléphone… Connard… Mecton[31]…."

On le suit un instant dans le couloir[32].

Michel *(criant dans la direction de Pierre).* Quatre biberons pour le voyage! J'y arriverai[33], nom de Dieu!

1. Quelles recommandations Michel fait-il à Jacques? Pourquoi lui explique-t-il tout cela?

2. Jacques est-il intéressé par les conseils de Michel? Pourquoi?

3. Cette scène est-elle révélatrice de leurs caractères respectifs?

4. Comment Pierre réagit-il à l'annonce du départ de Marie? Pourquoi?

5. Michel comprend-il tout de suite pourquoi Pierre est si furieux?

6. Pierre dit-il la vérité à Michel? Pourquoi?

2. Dans le film, les trois hommes chantent "Au clair de la lune" pour endormir Marie. Les chansons enfantines (comptines, berceuses, rondes) sont souvent d'origines incertaines et sont difficiles à dater avec précision. Pourtant, elles font partie du patrimoine populaire et tous les enfants les apprennent et les chantent.

En voici une petite sélection:

Au clair de la lune (1790)

Au clair de la lune,
Mon ami Pierrot,
Prête-moi ta plume
Pour écrire un mot.
Ma chandelle est morte,
Je n'ai plus de feu,
Ouvre-moi ta porte,
Pour l'amour de Dieu.

Au clair de la lune
Pierrot répondit :
"Je n'ai pas de plume,
Je suis dans mon lit.
Va chez la voisine,
Je crois qu'elle y est,
Car dans sa cuisine
On bat le briquet.

Frère Jacques (XVIIème siècle)
(Canon à 4 voix)

Frère Jacques (bis)
Dormez-vous ? (bis)
Sonnez les matines ! (bis)
Ding, ding, dong ! (bis)

Do do l'enfant do
(berceuse du XVIII ème siècle)

Do do l'enfant do,
L'enfant dormira bien vite;
Dodo, l'enfant do,
L'enfant dormira bientôt.

---

28 *(slang)* dope
29 cursing
30 we can hear
31 jerk
32 hallway
33 I'll spit it out

Les rondes sont des chansons que les enfants chantent en groupe et en rond, d'où le nom. Certaines sont très anciennes:

Ainsi font, font, font (XVème siècle)

Ainsi font, font, font
Les petites marionnettes,
Ainsi font, font, font
Trois p'tits tours et puis s'en vont.

Les mains aux côtés,
Sautez, sautez marionnettes,
Les mains aux côtés
Marionnettes recommencez.

Ainsi font, font, font
Les petites marionnettes,
Ainsi font, font, font
Trois p'tits tours et puis s'en vont.

Sur le pont d'Avignon (XVème siècle)

{Refrain:}
Sur le pont d'Avignon,
On y danse, on y danse
Sur le pont d'Avignon,
on y danse, tout en rond.

Les bell's dam's font comm' ça,
Et puis encor' comm' ça.

Les beaux messieurs font comm' ça
Et puis encor' comm' ça.

Bien que d'origines très diverses, les chansons s'inspirent bien souvent de la vie quotidienne. Un très grand nombre d'entre elles traitent de la campagne (les champs, les bois, les forêts), de la vie de ferme, d'animaux (domestiques et sauvages, notamment ceux qui font peur), ce qui s'explique puisque la France a longtemps été un pays où la population était principalement paysanne. D'autres ont pour thème les métiers ou encore le temps qu'il fait.

Alouette
(Chanson très méchante que tous
les enfants chantent!)

{Refrain:}
Alouette, gentille alouette,
Alouette, je te plumerai.

Je te plumerai la tête {x2}
Et la tête {x2}
Alouette {x2}
Ah !

Je te plumerai le bec {x2}
Et le bec {x2}
Et la tête {x2}
Alouette {x2}
Ah !

Je te plumerai les yeux
Je te plumerai le cou
Je te plumerai les ailes
Je te plumerai les pattes
Je te plumerai la queue
Je te plumerai le dos

Meunier, tu dors (20ème siècle)

Meunier, tu dors,
Ton moulin, ton moulin
Va trop vite,
Meunier, tu dors,
Ton moulin, ton moulin
Va trop fort.

{Refrain: x2}
Ton moulin, ton moulin
Va trop vite,
Ton moulin, ton moulin
Va trop fort.

Promenons-nous dans les bois (17ème siècle)

Tous:
Prom'nons-nous dans les bois
Pendant que le loup n'y est pas
Si le loup y 'était
Il nous mangerait,
Mais comm' il n'y est pas
Il nous mang'ra pas.
Loup y es-tu ?
Que fais-tu ?
Entends-tu ?

Le loup:
Je mets ma chemise

Tous:
Prom'nons-nous dans les bois
Pendant que le loup n'y est pas
Si le loup y 'était
Il nous mangerait.....

Le loup:
Je mets ma culotte !
Je mets ma veste !
Je mets mes chaussettes !
Je mets mes bottes !
Je mets mon chapeau !
Je mets mes lunettes ! Etc ...
Je prends mon fusil ! J'arrive.

Tous:
Sauvons-nous !

Il pleut, il mouille

Il pleut , il mouille
C'est la fête à la grenouille
Il pleut, il fait beau temps,
C'est la fête au paysan

CHAPITRE 17

Un dimanche à la campagne

Présentation du film

En 1905, Monsieur Ladmiral reçoit, comme chaque dimanche, la visite de son fils, sa belle-fille et ses petits-enfants. La journée se passe calmement, sans heurt et sans émotion, jusqu'à l'arrivée imprévue d'Irène, la fille bien-aimée de M. Ladmiral, dont les visites se font rares. Irène est gaie, vive, moderne et amusante. Elle vit seule à Paris, a des amants, fume et conduit une automobile...

Carte d'identité du réalisateur

Bertrand Tavernier (né en 1941) est un réalisateur précis, fin, consciencieux et surtout indépendant. Très intéressé par les rapports humains et la psychologie de ses personnages, il est aussi à l'aise dans les histoires de famille (*L'horloger de Saint Paul*, 1974, *Un dimanche à la campagne*, 1984) que dans les fresques historiques (*Que la fête commence*, 1975, *Coup de torchon*, 1981, *La passion Béatrice*, 1987). Pacifiste convaincu, il a réalisé deux films antimilitaristes sur la Première Guerre mondiale: *La vie et rien d'autre* (1989)

237

et *Capitaine Conan* (1996). C'est aussi un militant engagé qui dénonce les dérives de notre société: la violence dans *L'appât* (1995) et le chômage et la misère dans *Ça commence aujourd'hui* (1999). Récemment il a aussi réalisé *Laissez-passer* (2002).

Carte d'identité des acteurs

Louis Ducreux (1911-1992) était avant tout un excellent acteur de théâtre. *Un dimanche à la campagne* était son premier grand rôle au cinéma. On l'a ensuite vu dans *Une affaire de femmes* (1988), *3615 Code Père Noël* (1989), *Daddy Nostalgie* (1990) et *La double vie de Véronique* (1991).

Sabine Azéma (née en 1952): après avoir fait le Conservatoire, elle a rencontré Alain Resnais qui a lancé sa carrière. Pour lui, elle a joué dans *Mélo* (1986), *Smoking/No smoking* (1993), *On connaît la chanson* (1997). C'est une actrice vive, drôle, pétillante (*Un dimanche à la campagne*) qui affectionne les comédies (*Le bonheur est dans le pré*, 1995, *La bûche*, 1999, *Tanguy*, 2001), mais qui sait aussi endosser des rôles plus graves (*La vie et rien d'autre*, 1989, *La chambre des officiers*, 2001).

L'heure de gloire

Un dimanche à la campagne a remporté le prix de la mise en scène au Festival de Cannes, ainsi que trois César: meilleure actrice (Sabine Azéma), meilleur scénario et meilleure photographie. Le film a aussi été nominé pour le Golden Globe du meilleur film étranger.

PREPARATION

1. Vocabulaire

Vocabulaire utile avant de voir le film:

Les noms

La famille:
  le fils: *the son*
  la fille: *the daughter*
  la bru = la belle-fille: *the daughter-in-law*
  le grand-père: *the grandfather*
  les petits-enfants: *the grandchildren*
  le petit-fils: *the grandson*
  la petite-fille: *the granddaughter*
  la tante:*the aunt*
  le neveu:*the nephew*
  la nièce: *the niece*
la peinture:
  une peinture / un tableau: *a painting*
  un peintre: *a painter*
  un atelier: *a studio*

la couleur: *color*
un pinceau: *a brush*
la lumière: *light*
l'automne: *the fall*
le prénom: *the first name*
l'avenir: *the future*
la concurrence: *competition*
un amant: *a lover*
une gifle: *a slap in the face*
le grenier: *the attic*
une malle: *a trunk*
un châle: *a shawl*
un conseil: *a piece of advice*
la pitié: *pity*

Les verbes

peindre: *to paint*
élever: *to raise (a child)*
rendre visite à qq'un: *to pay s.o. a visit*

mener (une vie): *to lead (a life)*
gagner sa vie: *to earn one's living*

Les adjectifs

veuf (-ve): *widowed*
pieux (-se): *pious*
fané(e): *faded*
libre: *free*
passionné(e): *passionate*
gâté(e): *spoiled*

contrarié(e): *vexed*
jaloux (-se): *jealous*
fier (-ère): *proud*
ému(e): *moved*
pressé(e): *in a hurry*
surprenant(e): *surprising*

Traduisez!

1. I like to paint but it is difficult to earn a living because of the competition.

2. I don't agree with the way my niece is raised. She is much too spoiled!

3. The old painter wished his daughter visited him more often and that she wasn't always in such a hurry.

4. She had chosen to lead a passionate life with many lovers.

2. Repères culturels

1. La film se passe à la Belle Epoque. Comment les gens vivaient-ils à cette période? Qui était célèbre? Qu'est-ce qui a été inventé et découvert? Qu'est-ce qui a été construit, notamment à Paris?

2. Dans le film, M. Ladmiral, qui est peintre, mentionne l'Impressionnisme. Que savez-vous sur l'Impressionnisme?
   a. Quand ce mouvement artistique a-t-il eu lieu?
   b. Qu'est-ce qui était nouveau dans les tableaux des Impressionnistes?
   c. Quelle était leur technique?
   d. Quelles ont été les réactions du public et des critiques à l'origine?
   e. Pouvez-vous citer quelques Impressionnistes, et des tableaux qu'ils ont peints?

3. M. Ladmiral et sa fille vont dans une guinguette. Savez-vous ce que c'est?

CONVERSATION EN CLASSE

1. Les personnages: Monsieur Ladmiral (Louis Ducreux)
   Gonzague (le fils, Michel Aumont)
   Irène (la fille, Sabine Azéma)
   Marie-Thérèse (la bru)
   Mercedes (la bonne)
   Lucien, Emile et Mireille (les petits-enfants)

2. A quelle époque se passe le film? Où?

3. A quel milieu social M. Ladmiral appartient-il? Comment le sait-on?

4. Comment Mercedes traite-t-elle M. Ladmiral au début du film? Pourquoi M. Ladmiral la garde-t-il? Comment traite-t-elle les autres membres de la famille?

5. M. Ladmiral est-il content que Mercedes parle de Gonzague en l'appelant Edouard? Quel est son vrai prénom?

6. Pourquoi Marie-Thérèse va-t-elle "reprendre un petit bout de messe" au début?

7. Quand ils marchent dans le parc, Gonzague a une vision de son père dans l'avenir. Quelle est-elle? Quel effet cette vision produit-elle sur lui?

8. Que pense M. Ladmiral de l'avenir de la peinture? Qu'est-ce qui va faire de la concurrence?

9. Que pensez-vous des deux petits-fils? Sont-ils bien élevés? Aiment-ils la campagne? Est-ce normal?

10. Mireille est-elle comme ses frères? Est-elle élevée de la même façon ?

11. Quel effet produit l'arrivée d'Irène? Est-ce que tout le monde est content?

12. Quel est son métier?

13. Quelles sont les choses de la vie auxquelles elle croit?

14. Quel type de vie mène-t-elle à Paris? Qui essaie-t-elle d'appeler au téléphone? Sa vie est-elle comparable à celle de son frère?

15. Que voit Irène dans les mains de Mireille? Le reste de la famille en est-il conscient? Que pense Irène de l'éducation de Mireille?

16. Gonzague est-il un homme et un père moderne? sportif? Que pensez-vous de la scène de l'arbre? Pourquoi donne-t-il une gifle à son fils?

17. Irène aime-t-elle les tableaux de son père? Comment les décrit-elle? Quelle est l'exception? Pourquoi?

18. Qu'est-ce qu'Irène emporte de chez son père? Gonzague apprécie-t-il? Quelle est la réaction d'Irène aux remarques de Gonzague?

19. Qu'est-ce que M. Ladmiral explique à Irène sur sa peinture? A-t-il des regrets?

20. Quand M. Ladmiral demande à Irène si elle pense qu'il a vieilli trop tôt, que répond-elle?

21. Quels sont les sentiments de M. Ladmiral et d'Irène quand ils dansent à votre avis?

22. Quel effet le départ d'Irène produit-il sur la famille?

23. A votre avis, quel va être le prochain tableau de M. Ladmiral?

24. Que représentent les deux petites filles que l'on voit au début et à la fin?

25. Quelle est la couleur des arbres à la fin? En quelle saison sommes-nous? Est-ce surprenant?

26. Quel sentiment ressent-on à la fin du film?

APPROFONDISSEMENT

1. Vocabulaire

- **Enrichissez votre vocabulaire !**

La peinture

représenter: *to picture*
une peinture à l'huile: *an oil painting*
une aquarelle: *a water-color*
un paysage: *a landscape*
un portrait: *a portrait*
une nature morte: *a still life*
une esquisse: *a sketch*

un chevalet: *an easel*
une nuance: *a hue*
une teinte: *a tint*
le premier plan: *the foreground*
l'arrière-plan: *the background*
un cadre: *a frame*

Les couleurs

- **blanc**
   Variations: blanc cassé, beige, crème, ivoire
      une nuit blanche = une nuit sans dormir
      être blanc comme un cachet d'aspirine = être très pâle

- **jaune**
   Variations: jaune citron, doré, miel, orange, blond
      rire jaune = se forcer à rire
      jaune d'œuf: yolk

- **rose**
   Variations: saumon, fuschia
      la vie n'est pas rose = la vie n'est pas gaie

- **violet**
   Variations: lilas, mauve
      une violette: a violet

- **rouge**
   Variations: brique, bordeaux, roux (pour les cheveux)
      du rouge à lèvres: lipstick
      rougir comme une pivoine (a peony) = devenir très rouge

- **vert**
   Variations: vert pomme, vert bouteille, vert forêt, pistache, kaki
      les verts = les écologistes

- **bleu**
   Variations: bleu ciel, bleu lavande, bleu roi, bleu marine
      une viande bleue = une viande saignante
      une peur bleue = une très grande peur
      un cordon bleu = un bon cuisinier

- **marron, brun**
   Variations: caramel, café au lait
      des marrons grillés = des châtaignes

- **gris**
   Variations: argenté, poivre et sel (pour les cheveux seulement)
      grisonner = avoir les cheveux qui deviennent gris

- **noir**
      il fait noir = c'est la nuit
      porter du noir = être en deuil
      l'humour noir = l'humour macabre
      voir tout en noir = être pessimiste
      un petit noir = un café

La famille et les rapports familiaux

le nom de famille: *last name*
la vie de famille: *family life*
avoir un air de famille: *to have a family resemblance*
le beau-père: *father-in-law / step-father*
la belle-mère: *mother-in-law / step-mother*
le gendre: *the son-in-law*
des jumeaux: *twins*
le parrain: *the godfather*
la marraine: *the godmother*
le filleul: *the godson*
la filleule: *the goddaughter*

le cousin, la cousine: *the cousin*
une famille nombreuse: *a large family*
un(e) orphelin(e): *an orphan*
adopter: *to adopt*
les fiançailles: *engagement*
le mariage: *the wedding / marriage*
célibataire: *single*
marié(e): *married*
divorcé(e): *divorced*
tel père tel fils: *like father like son*

- **Jouez avec les mots!**

A. Reliez les mots qui vont ensemble:

⌐	1. brique	a.	peinture à l'huile
⌐	2. parrain	b.	kaki
⌐	3. nuance	c.	grisonner
⌐	4. pistache	d.	bordeaux
⌐	5. bru	e.	fiançailles
⌐	6. miel	f.	teinte
⌐	7. aquarelle	g.	gendre
⌐	8. mariage	h.	tableau
⌐	9. poivre et sel	i.	doré
⌐	10. peinture	j.	marraine

B. Trouvez l'intrus:

oncle	nièce	cousin	tante
Cézanne	Delacroix	Monet	Renoir
pinceau	peindre	chevalet	bru
brique	doré	miel	blond
lumière	plein-air	exactitude	Impressionnisme
veuf	marié	célibataire	gendre

2. Réflexion - Essais

1. Etudiez les rapports entre les personnes suivantes:
   a. M. Ladmiral et Gonzague
   b. M. Ladmiral et Irène
   c. Gonzague et Irène (en quoi sont-ils différents? similaires?)
   d. Gonzague et Marie-Thérèse (quel genre de couple est-ce? s'entendent-ils bien? qui prend les décisions?)

2. Que pensez-vous d'Irène? La trouvez-vous sympathique ou antipathique? Quels sont ses bons et ses mauvais côtés?

3. A la guinguette, on entend Irène dire: "Ma vie, j'ai décidé de la vivre comme je l'ai rêvée". Comment sait-on qu'elle réalise son rêve?

4. Analysez la place de l'argent dans le film. Est-ce un sujet dont on parle dans cette famille?

5. Nous avons deux portraits de femmes dans le film. En quoi Irène et Marie-Thérèse sont-elles différentes? (Pensez à leur vie de tous les jours, leurs idées, leurs aspirations)

6. Comment sait-on que M. Ladmiral souffre de sa solitude ? Par quoi est-elle aggravée?

7. Il n'y a presque pas d'action dans le film. Pourtant l'histoire progresse, évolue. Comment?

8. Comparez la première et la dernière scène. Comment les personnages sont-ils présentés? Qu'est-ce qui est similaire dans les deux scènes? Quel personnage est présent au début et à la fin? En quoi ces deux scènes sont-elles différentes?

3. Analyse d'une photo

1. Où et à quel moment cette scène se passe-t-elle?
2. Que reproche Irène à son père?
3. Quelles émotions lisez-vous sur leurs visages?
4. Pourquoi cette scène est-elle importante?

4.   Analyse de citations

Analysez les citations suivantes en les replaçant dans leur contexte:

1. Madame Ladmiral: "Quand cesseras-tu d'en demander toujours plus à la vie, Irène?"

2. M. Ladmiral: "Réfléchir, c'est rester immobile. Irène, elle va de l'avant".

3. M. Ladmiral: "Peut-être j'ai manqué de courage".

5.   Sous-titres

Le passage suivant est extrait de la scène du grenier. Irène fouille dans la malle et son père la regarde. Comparez le commentaire de la voix off et les sous-titres, puis répondez aux questions:

1	Irène avait-elle un amant?	*Did Irène have a lover?*
2	M. Ladmiral ne s'était jamais posé la question clairement, et il était bien décidé à ne jamais se la poser.	*He'd never asked himself openly and he didn't intend to.*
3	Tout permettait de le penser.	*It seemed apparent.*
4	Mais il y a pour chaque homme un certain nombre de vérités blessantes contre lesquelles il n'y a qu'une seule défense, mais souveraine: le refus.	*But against those truths that hurt, men have one sure defence: denial.*
5	Si M. Ladmiral avait su que sa fille avait un amant, il eût été très malheureux.	*Had he known she had a lover, he'd have been unhappy.*

a. 2ème réplique: le passage de "M. Ladmiral" à "He" est-il gênant?

b. 2ème réplique: la deuxième partie de la phrase française ("et il était bien décidé…") est traduite de façon très succinte. Est-ce un bon sous-titre?

c. 4ème réplique: cette phrase est très longue. Qu'a fait le sous-titreur pour rendre les idées sans trahir l'original? A-t-il réussi?

d. 5ème réplique: à quel temps "il eût été" est-il? Est-ce du langage courant ou littéraire? Les verbes peuvent-ils rendre ce niveau de langue en anglais? A-t-on cependant dans le sous-titre un élément appartenant au registre soutenu?

6.   Les critiques

1. Dans *Le Point* du 9 avril 1984, Marie-Françoise Leclère écrit que Tavernier est un "grand connaisseur des parfums provinciaux". Qu'est-ce qui est provincial dans le film?

2. A propos d'*Un dimanche à la campagne*, Michel Delain écrit que c'est "une œuvre limpide et rare qu'on visite comme un grenier" (*L'Express*, 13 avril 1984). Pourquoi fait-il cette analogie entre le film et un grenier?

7. Parallèles avec d'autres films

1. Sabine Azéma: comparez ses rôles dans *Un dimanche à la campagne* et dans *La vie et rien d'autre*.
   a. Quel prénom Sabine Azéma a-t-elle dans les films?
   b. A quelle époque et dans quel contexte se passent-ils?
   c. Où les films ont-ils lieu? Comment la nature a-t-elle changé?
   d. Quelle personnalité les deux femmes ont-elles?

2. La campagne: *Un dimanche à la campagne* et *Le grand chemin* se passent à la campagne. Est-elle traitée de la même façon dans les deux films? Comment est-elle filmée? Que représente-t-elle pour les personnages? Est-ce un lieu idyllique, un lieu qui fait peur, ou tout simplement le lieu où l'on a toujours vécu?

8. Lectures

1. Réaction d'un critique sur l'exposition des Intransigeants

Rappel historique: ne parvenant pas à être exposés au Salon officiel, quelques peintres ont organisé des expositions d'œuvres impressionnistes de 1874 à 1886. Il s'agissait notamment de Manet, Renoir, Degas, Cézanne, Pissarro, Berthe Morisot et surtout Monet dont le tableau "Impression" a donné son nom au mouvement impressionniste. La première exposition des Intransigeants (c'est le nom qu'ils se donnaient) a été très mal reçue par la majorité de la critique. L'article suivant, écrit par Pierre Wolf, est paru dans Le Figaro de mai 1874.

On vient d'ouvrir une exposition qu'on dit être de peinture. Le passant inoffensif[1] entre, et à ses yeux s'offre un spectacle cruel: Cinq ou six aliénés[2], dont une femme, un groupe de malheureux[3] atteints[4] par la folie de l'ambition, s'y sont donné rendez-vous pour exposer leurs œuvres.

Il y a des gens qui rient devant ces choses. Moi, j'en ai le cœur serré[5]. Ces soi-disant[6] artistes s'intitulent les **Intransigeants**. Ils prennent des toiles[7], de la couleur et des brosses[8], jettent au hasard quelques tons[9], et signent le tout. Il est inutile d'essayer d'expliquer à M. Renoir que le torse d'une femme n'est pas un amas[10] de chair[11] en décomposition! J'ai déjà dit qu'il y a une femme dans le groupe, comme dans toutes les bandes fameuses, d'ailleurs. Elle s'appelle Berthe Morisot et elle est curieuse à observer. Chez elle, la grâce féminine existe au milieu des débordements[12] d'un esprit en délire.

Et c'est cet amas de choses grossières[13] qu'on expose au public sans songer[14] aux conséquences fatales qu'elles peuvent entraîner[15]: Hier, on a arrêté un pauvre homme qui, en sortant de cette exposition, mordait[16] les passants.

1. Quel est le ton général de cette critique?

2. Comment décrit-il les peintres?

---

1 the harmless passer-by	9 shades
2 lunatics	10 a heap
3 poor souls	11 flesh
4 suffering from	12 excesses
5 my heart sinks	13 crude
6 would-be	14 without thinking about
7 canvases	15 lead to
8 brushes	16 was biting

3. Pourquoi a-t-il "le cœur serré"?

4. Comment décrit-il la peinture de Renoir?

5. Qu'est-ce qui est curieux chez Berthe Morisot?

6. Que pensez-vous de l'homme qui mordait les passants? Est-ce possible qu'une exposition donne envie aux gens de mordre?

7. Quand il a écrit cet article, Pierre Wolf était sincère. Avec le recul du temps, quelle impression ce critique vous donne-t-il?

2. Les guinguettes

Dans le film Irène emmène son père boire et danser dans une guinguette. Lisez l'article suivant sur l'histoire des guinguettes (article écrit par Valérie Pomarède pour le magazine *Ca m'intéresse* de juillet 2000) et répondez aux questions.

Et les guinguettes repartent en java[17]

Elles font partie de notre inconscient collectif. Comme la tour Eiffel ou la baguette, les guinguettes personnalisent la France… Elles ont vécu des hauts et des bas. Elles sont apparues et ont disparu au rythme des chansons populaires… Tout commence en 1577 lorsqu'un arrêt[18] du Parlement interdit aux cabaretiers[19] parisiens d'acheter leur vin dans les alentours[20] de la capitale. Celui dont ils s'approvisionnent[21], appelé «guinguet» […], provient des vignobles d'Ile-de-France. Aussi, pour éviter de payer la taxe qui frappe[22] la marchandise franchissant[23] l'enceinte[24] de la ville, les taverniers[25] émigrent au-delà des limites de la capitale. Les guinguettes sont nées.

Elles sont, dans les premiers temps, assez mal fréquentées. On y croise[26] volontiers des prostituées et des crapules[27]. De 1784 à 1790, la construction du mur des Fermiers généraux repousse plus loin les guinguettes. Le XIXᵉ siècle sera l'âge d'or de ces lieux de fête et, parfois, de débauche. C'est là que les employés des manufactures viennent passer leurs quelques heures de liberté. On y mange, on y boit et on y danse, la valse, la mazurka ou le quadrille.

L'annexion, en 1860, d'un grand nombre de villages dans la nouvelle enceinte parisienne impose aux établissements de reculer[28] vers la Seine puis la Marne. Dès le milieu du XIXᵉ siècle, les guinguettes se répandent[29] sur les bords[30] de l'eau. Le développement du canotage[31] dès 1840 ainsi que l'extension du chemin de fer, avec l'inauguration en particulier de la ligne Bastille–Joinville–La Varenne en 1859, puis l'apparition de l'automobile vont contribuer à ce mouvement. C'est la Belle Epoque. […]

Une clientèle plus chic commence à affluer[32]. A Bougival, Chatou et Croissy

---

17 a popular dance
18 a decision
19 innkeepers
20 in the towns just outside of
21 stock up with
22 hits
23 crossing
24 the surrounding wall

25 innkeepers
26 you might see there
27 scum
28 to move back
29 spread
30 on the banks
31 rowing
32 to flock

à l'ouest, à Nogent-sur-Marne et Joinville-le-Pont à l'est, on déjeune au bord de l'eau, on danse, on nage, on se promène en barque[33]. Des passeurs[34] mènent la clientèle d'une rive[35] à l'autre…

A l'aube du XXe siècle, les guinguettes du bord de Seine déclinent tandis que celles de la Marne battent[36] leur plein. En 1906, les ouvriers, qui viennent d'obtenir leur repos[37] dominical, affluent. C'est le temps de l'accordéon et du bal musette[38]. Les deux grandes guerres donneront un coup d'arrêt[39], mais le mouvement repartira de plus belle[40] jusqu'à la fin des années 50. Là, le rock, les yé-yé[41], l'arrivée du disque et la pollution des eaux marqueront un nouveau déclin.

Toutefois, depuis quelques années, les établissements rouvrent, sous l'impulsion de passionnés. Et la foule revient. Notamment les jeunes, séduits par ces lieux que la peinture (Renoir, Monet), la littérature (Maupassant, Zola), le cinéma (*Casque d'or, la Belle Equipe*) et les chansons (*le Petit Vin blanc, Quand on s'promène au bord de l'eau*) ont contribué à inscrire[42] dans nos souvenirs d'en France…

1. D'après Valérie Pomarède, les guinguettes, la tour Eiffel et la baguette font partie de l'inconscient collectif des Français. Pouvez-vous ajouter quelques éléments supplémentaires? Et qu'est-ce qui fait partie de l'inconscient collectif des Américains? Nommez quelques éléments.

2. Pourquoi et comment les guinguettes ont-elles vu le jour?

3. Comment la population fréquentant les guinguettes a-t-elle évolué?

4. Que faisaient les gens dans les guinguettes à la Belle Epoque? Voit-on la même chose dans le film?

5. Pourquoi les ouvriers pouvaient-ils se rendre dans les guinguettes au début du XXe siècle?

6. Pourquoi les jeunes sont-ils attirés par les guinguettes aujourd'hui?

3. Critique

Louis Ducreux n'ayant jamais eu de grand rôle au cinéma, il était très peu connu du grand public. Michel Delain l'a rencontré pour cet article paru dans *L'Express* du 13 avril 1984.

Le bon plaisir de Louis Ducreux

Il promène son talent dilué de dilettantisme[43] depuis plus de cinquante ans dans la tribu du spectacle[44]. Louis Ducreux redécouvre, avec Bertrand Tavernier, ce cinéma qu'il n'avait goûté que du bout des lèvres[45].

Autant le dire tout net[46]: «Un dimanche à la campagne», le dernier film de Bertrand Tavernier, est un enchantement. […] Le thème? M. Ladmiral, peintre

---

33 small boats	40 all the more
34 boatmen	41 pop music of the early 1960s
35 from one bank to the other	42 to write down
36 are at their height	43 amateurishness
37 their Sunday off	44 show business
38 popular dances	45 reluctantly
39 cause a break	46 clearly

vieillissant qui a raté le coche[47] de l'impressionnisme, attend, en province, l'arrivée de sa famille. Dès lors, la maison s'anime au rythme de l'événement et Tavernier en capte les nuances, les rumeurs, les murmures dans la moiteur[48] d'un été finissant. Maître des cérémonies, M. Ladmiral jauge[49] son petit monde, s'agace[50] d'un fils et d'une bru amidonnés[51] dans leurs principes, s'attendrit d'une fille à l'affection tapageuse[52], constate[53], l'âge venant et sa démarche[54] s'alourdissant, qu'il habite de moins en moins à dix minutes de la gare. Mais aussitôt, passant du coq à l'âne[55], il rappelle ce que Degas, son maître, disait d'un des portraits peints par Eugène Carrière: «C'est bien, très bien, mais le modèle, il me semble, a un peu bougé.»

Pour interpréter un tel funambule[56], dont la bohème du cœur atténué[57] d'un zeste d'ironie l'aquarelle[58] académique, Bertrand Tavernier, fouineur invétéré[59], a découvert son acteur autour de la table ovale de la Société des auteurs, où tous deux ont siégé[60]: Louis Ducreux devait être Ladmiral.

Ducreux, à l'heure Depardieu, qui s'en souvient? Et pourtant, il est là, immense sur l'écran, promenant avec une négligence coquette[61] un talent dilué dans le dilettantisme à tous crins[62]. Monté de Marseille, pendant la guerre, avec Le Rideau gris, compagnie théâtrale dont André Roussin, Madeleine Robinson et Claude Dauphin furent les pensionnaires[63], il devint à la fois auteur dramatique, metteur en scène[64], acteur, puis directeur des Opéras de Marseille et de Monte-Carlo. Sans oublier quelques chansons dont il signa paroles[65] ou musiques; la plus connue demeurant cette «Rue s'allume», petit bijou du répertoire populaire. […]

A 73 ans, dans son appartement, proche de la place de Clichy, entre ce bureau où il écrit jusqu'à 3 heures du matin et le phonographe de collection sur lequel il passe[66] et repasse ses disques de Mayol, Louis Ducreux, aux aguets[67], aime feuilleter[68] l'album d'une vie aux parfums d'illusions.

«La première fois, se souvient-il, où je parus sur scène, j'accusais[69] 18 ans. J'avais gagné un concours[70] organisé par le journal "Artistica", dans la catégorie chanteur au piano, et qui me donnait droit à un engagement au casino de La Ciotat. J'y donnai une chanson de Mireille. Eh bien! il n'y eut ni sifflet[71] ni applaudissement. Mais un silence d'où je sortis, hébété[72], mes partitions[73] sous le bras.»

Et, une idée chassant[74] l'autre, le voici, en 1934, proposant à Charles Trenet deux bluettes[75], l'une au titre très long: «J'avais bien vu la lumière entre les touches[76] du piano», l'autre où il est question d'«une puce[77] savante, friande[78] des graines

---

47 missed the boat
48 mugginess
49 sizes up
50 is irritated by
51 starched
52 showy
53 notices
54 his walk becoming heavy
55 jumping from one subject to another
56 *here*: such a whimsical character
57 lightens
58 watercolor
59 *here*: tireless searcher
60 used to sit
61 stylish
62 diehard

63 salaried actors having no share in the profits
64 director
65 the words
66 plays
67 on the look-out
68 to leaf through
69 *here*: I was
70 competition
71 hissing
72 dazed
73 my scores
74 leading to
75 sentimental songs
76 keys
77 a flea
78 fond of

d'un eucalyptus». Le surréalisme n'est pas loin. Pas plus que la gravité[79], chez un homme qui se permit[80] d'écrire et faire jouer «La Part du feu», pièce ouvertement prosémite, pendant l'Occupation.

D'une pareille audace, toutefois, Ducreux ne tire pas avantage. Voyageur débonnaire[81] dans la tribu «spectacles», il préfère évoquer ombres et faits d'un soir, au fil[82] de la curiosité. Voici André Gide pleurant en lui lisant «Le Retour de l'enfant prodigue». Malraux, qui faillit le nommer administrateur de la Comédie-Française. Cocteau lui dessinant, tout en fumant l'opium à l'hôtel du Beaujolais d'Hyères, la couverture d'un programme: «C'était génial[83]. Ah! quel talent, s'il avait voulu faire carrière!» Montand, à ses débuts, au Bagdad, un restaurant de nuit, où il «dissimulait[84] un accent marseillais assez fort sous un anglais imaginaire».

De façon amusée, il parle aussi de Pagnol, le revoit qui affirme: «Loulou, je t'aime bien. Car tu es beau. Je le dis à qui veut bien m'entendre. Tu es splendide. D'ailleurs, tu me ressembles.»

Pour qui a vu le film de Tavernier, Louis Ducreux, dans son fauteuil, ressemble alors à M. Ladmiral du «Dimanche à la campagne». Même gentillesse, un peu distraite[85], à vous répondre. Même nonchalance lorsqu'il s'en va pianoter[86]–et siffloter[87]–les airs de «Lulu», qu'il monta[88] bien avant Chéreau[89]… […]

Mais le cinéma, après tout? La main, ciselée[90], soignée[91], éloigne[92] le débat: «Je n'y ai goûté, avant Tavernier, que du bout des lèvres… […]»

Et Louis Ducreux s'esquive[93], boulevardier lunaire, vers quelque rêverie[94]…

1. Pourquoi Ducreux est-il opposé à Depardieu?

2. Aviez-vous le sentiment, en regardant le film, qu'il était "immense sur l'écran"?

3. Comment a-t-il commencé sa carrière?

4. Qu'a-t-il fait pendant l'Occupation? Etait-ce courageux?

5. Connaissez-vous Trénet, Gide, Malraux, Cocteau, Montand et Pagnol? Faites quelques recherches pour savoir pourquoi ces personnes sont célèbres.

6. Quelle impression de Louis Ducreux avez-vous après la lecture de cet article? Correspond-elle à celle que vous aviez en regardant le film?

---

79 seriousness
80 dared
81 easy-going
82 as it comes to his mind
83 awesome
84 covered
85 distracted
86 tickle the ivories

87 whistle
88 he staged
89 famous director
90 polished
91 manicured
92 dismisses
93 slips away
94 daydreaming

CHAPITRE 18

La vie et rien d'autre

Présentation du film

Irène de Courtil recherche son mari, porté disparu pendant la Première Guerre mondiale. Elle fait la connaissance d'Alice, à la recherche de son fiancé, et se heurte au commandant Dellaplane, responsable du bureau d'identification des tués et disparus. L'affrontement fait place petit à petit à la compassion et à la compréhension entre ces deux êtres marqués par la guerre.

Carte d'identité du réalisateur

Bertrand Tavernier (né en 1941) est un réalisateur précis, fin, consciencieux et surtout indépendant. Très intéressé par les rapports humains et la psychologie de ses personnages, il est aussi à l'aise dans les histoires de famille (*L'horloger de Saint Paul*, 1974, *Un dimanche à la campagne*, 1984) que dans les fresques historiques (*Que la fête commence*, 1975, *Coup de torchon*, 1981, *La passion Béatrice*, 1987). Pacifiste convaincu, il a réalisé deux films antimilitaristes sur la Première Guerre mondiale: *La vie et rien d'autre* (1989) et *Capitaine Conan* (1996). C'est aussi un militant engagé qui dénonce les dérives de notre société: la violence dans *L'appât* (1995) et le chômage et la misère dans *Ça commence aujourd'hui* (1999). Récemment il a aussi réalisé *Laissez-passer* (2002).

Carte d'identité des acteurs

Philippe Noiret (né en 1931) a tourné plus de 100 films. Sa bonhommie, son talent et sa discrétion font de lui l'un des acteurs préférés des Français. Très demandé par les réalisateurs, il a le privilège de pouvoir choisir ses rôles et fait preuve de perspicacité. *Zazie dans le métro* l'a fait connaître en 1960, puis *Thérèse Desqueyroux* (1962) et *Alexandre le bienheureux* (1968). Il a tourné de nombreux films pour Tavernier, notamment *L'horloger de St-Paul* (1974), *Que la fête commence* (1975), *Coup de torchon* (1981) et *La vie et rien d'autre* (1989). Il a aussi fait des prestations remarquées dans *Le vieux fusil* (1975), *Chouans!* (1988), *Cinema Paradiso* (1989) et plus récemment dans *Les côtelettes (2003)*.

Sabine Azéma (née en 1952): après avoir fait le Conservatoire, elle a rencontré Alain Resnais qui a lancé sa carrière. Pour lui, elle a joué dans *Mélo* (1986), *Smoking/No smoking* (1993), *On connaît la chanson* (1997). C'est une actrice vive, drôle, pétillante (*Un dimanche à la campagne*) qui affectionne les comédies (*Le bonheur est dans le pré*, 1995, *La bûche*, 1999, *Tanguy*, 2001), mais qui sait aussi endosser des rôles plus graves (*La vie et rien d'autre*, 1989, *La chambre des officiers*, 2001).

L'heure de gloire

La vie et rien d'autre a remporté le prix spécial du jury au Festival européen du film et deux César: celui du meilleur acteur (Philippe Noiret) et celui de la meilleure musique. Il a aussi été nominé pour le César du meilleur réalisateur, le César du meilleur film et celui de la meilleure actrice (Sabine Azéma).

PREPARATION

1. Vocabulaire

Vocabulaire utile avant de voir le film:

Les noms

un soldat: *a soldier*

un disparu: *a MIA*

un cadavre: *a corpse*

un obus: *a shell*

un cercueil: *a coffin*

un(e) instituteur(-trice) remplaçant(e): *a substitute teacher*

un dessin: *a drawing*

la taille: *the height (of a person)*

un monument aux morts: *a war memorial*

un babouin: *a baboon*

une antilope: *an antelope*

un gisement: *a deposit*

un laissez-passer: *a pass*

une plaisanterie: *a joke*
une manivelle: *a crank*
la belle-famille: *the in-laws*
un(e) veuf (veuve): *a widower (widow)*
un traître: *a traitor*

la Croix-Rouge: *the Red Cross*
un médaillon: *a locket*
une maîtresse: *a mistress*
un aveu: *a confession*

Les verbes

rechercher: *to search for*
identifier: *to identify*
déterrer: *to unearth*
tuer: *to kill*
être à l'aise: *to feel comfortable*
être habitué à qqch: *to be used to sth*

s'engager: *to enlist*
prendre une décision: *to make a decision*
oser: *to dare*
être en retard: *to be late*
être en panne: *to have broken down*
enlever: *to remove*

Les adjectifs

inconnu(e): *unknown*
vivant(e): *alive*
terrorisé(e): *terrified*
détruit(e): *destroyed*

apaisé(e): *calm*
gauche: *awkward (person)*
douloureux (-euse): *painful*

Traduisez!

1. Dellaplane's job is to search for and identify the MIAs.
2. The soldier was killed when he unearthed a shell.
3. The Red Cross was used to the corpses in the deposit.
4. The widow does not feel comfortable with her in-laws now that she knows they were traitors during the war.

2. Repères culturels

Le film se passe deux ans après la fin de la Première Guerre mondiale. Pouvez-vous répondre aux questions suivantes sur la guerre?

    a. En quelle année a-t-elle été déclarée?
    b. Par quoi a-t-elle été provoquée?
    c. Qui se battait contre qui?
    d. Que s'est-il passé à Verdun?
    e. En quelle année les Etats-Unis sont-ils entrés en guerre?
    f. Quand l'armistice a-t-il été signé?
    g. A quoi le Traité de Versailles a-t-il servi?
    h. Combien la guerre a-t-elle fait de morts en tout, et parmi les Français?
    i. Qui est le Soldat inconnu? Où est-il enterré?

3. Bande-annonce

Allez sur www.hachettepremiere.com/lavie. Cliquez sur "le film-annonce" (en bas à gauche). Regardez la bande-annonce plusieurs fois et répondez aux questions suivantes:

1. Qui voit-on en gros plan? et dans les portraits de groupes?
2. Que voit-on dans les scènes d'extérieur?
3. Quel est le thème de la chanson?
4. Quelles couleurs dominent la bande-annonce? pourquoi à votre avis?
5. Quelle est l'humeur générale?

CONVERSATION EN CLASSE

1. Les personnages: Dellaplane (Philippe Noiret)
                          Irène de Courtil (Sabine Azéma)
                          Alice (l'institutrice)
2. En quelle année le film se passe-t-il?
3. Qui Irène cherche-t-elle? Que fait-elle pour le retrouver?
4. Quel est le travail de Dellaplane? Qu'est-ce qu'il refuse de faire? Pourquoi? Contre quoi se bat-il?
5. Qu'est-ce que le paysan déterre? Que devine-t-on ensuite?
6. Comment se passent les premières rencontres entre Irène et Dellaplane?
7. A quel milieu social Irène appartient-elle? Comment le sait-on?
8. Qui est Alice? Qui recherche-t-elle?
9. Comment Delaplanne procède-t-il pour retrouver l'identité des disparus?
10. La sculpture se porte-t-elle bien?
11. A qui et quoi Dellaplane fait-il référence quand il parle de l'Afrique, des babouins et des antilopes? Comment décrit-il les antilopes?
12. Que fait-il pour Irène quand ils sont au gisement?
13. Irène se sent-elle à l'aise avec les soldats? Pourquoi?
14. Pourquoi Delaplanne interrompt-il la conversation téléphonique d'Irène?
15. Pourquoi part-elle de la messe à votre avis?
16. Quel est l'incident que les deux femmes racontent à Dellaplane? Que pense-t-il alors?
17. Comment les sentiments d'Irène évoluent-ils vis-à-vis de son mari?
18. Pourquoi le mari d'Irène avait-il choisi de partir à la guerre?
19. Quelle terrible nouvelle Dellaplane annonce-t-il à Alice? Prend-il des précautions pour le lui dire?
20. Pourquoi Dellaplane déteste-t-il la belle-famille d'Irène?
21. Pourquoi le beau-père voudrait-il tant qu'une décision soit prise à propos du fils?
22. Pourquoi Irène voulait-elle quitter la fête?
23. Quelles excuses Dellaplane trouve-t-il pour les soldats?

24. Pourquoi Dellaplane ne dit-il pas les trois mots? Comment Irène le prend-elle?

25. Quand Dellaplane arrive au tirage au sort du soldat inconnu, il explique son retard en disant qu'il était "en panne de tout". Que veut-il dire?

26. Quels sont les sentiments des deux femmes quand elles se séparent? Qu'ont-elles en commun? Qu'est-ce qu'Irène donne à Alice? Qu'est-ce qu'elle enlève? Pourquoi est-ce important?

27. Pourquoi Dellaplane révèle-t-il quelque chose à Alice et rien à Irène? Pourquoi ne leur dit-il pas qu'elles recherchent le même homme?

28. Où est Irène à la fin du film?

29. De quand date la lettre de Dellaplane? Depuis combien de temps ne se sont-ils pas vus? Pourquoi Dellaplane écrit-il?

30. Quel aveu Dellaplane fait-il? Qu'offre-t-il à Irène? Reviendra-t-elle à votre avis?

APPROFONDISSEMENT

1. Vocabulaire

- **Enrichissez votre vocabulaire !**

L'armée

l'armée de terre: *the Army*
la marine: *the Navy*
l'armée de l'air: *the Air Force*
le quartier général: *the headquarters*
être militaire: *to be in the army*
un maréchal: *a marshal*
un général: *a general*
un colonel: *a colonel*
un commandant: *a major*
un capitaine: *a captain*
les troupes: *troops*
un parachutiste: *a paratrooper*
une caserne: *barracks*

un casque: *a helmet*
une médaille: *a medal*
un tank: *a tank*
les munitions: *ammunition*
une arme à feu: *a firearm*
un fusil: *a rifle*
un sous-marin: *a submarine*
un avion: *an aircraft*
un hélicoptère: *a helicopter*
un objecteur de conscience: *a conscientious objector*
déserter: *to desert*

La guerre

déclarer la guerre à: *the declare war on*
envahir: *to invade*
partir à la guerre: *to go to war*
une guerre atomique: *a nuclear war*
les Alliés: *the Allied*
rester neutre: *to remain neutral*
une bataille: *a battle*
un champ de bataille: *a battleground*
tirer: *to shoot*
une tranchée: *a trench*
du fil de fer barbelé: *barbed wire*
un sac de sable: *a sandbag*

un blockhaus: *a bunker*
un masque à gaz: *a gas mask*
une attaque aérienne: *an air strike*
bombarder: *to bomb*
débarquer: *to land*
cesser le feu: *to cease fire*
une défaite: *a defeat*
capituler: *to capitulate*
un armistice: *a truce*
la victoire: *victory*
la paix: *peace*

- **Jouez avec les mots!**

A. Retrouvez les mots qui se cachent derrière les lettres mélangées:

1. ADEEILLM   : _ _ _ _ _ _ _

2. AAEEIILNPRST   : _ _ _ _ _ _ _ _ _ _ _

3. ACEEHNRT   : _ _ _ _ _ _ _ _

4. AEUV   : _ _ _ _

5. DELOORUUUX   : _ _ _ _ _ _ _ _ _

6. AEHINRV   : _ _ _ _ _ _ _

7. AACEHIPRSTTU   : _ _ _ _ _ _ _ _ _ _ _

8. AIPX   : _ _ _ _

B. Complétez la phrase en choisissant l'expression qui convient.

1. Quand on se rend à l'ennemi, on:
   a. débarque
   b. tire
   c. capitule

2. Un cadavre est placé dans
   a. un gisement
   b. un cercueil
   c. une manivelle

3. Ma voiture ne démarre pas.
   a. Je suis à l'aise.
   b. Je reste neutre.
   c. Je suis en panne.

4. Ce soldat n'est pas identifié. Il est
   a. vivant
   b. inconnu
   c. apaisé

5. Joseph a décidé de partir à la guerre. Il
   a. s'est engagé
   b. a cessé le feu
   c. est en retard

6. Comment avez-vous trouvé ce casque? Nous l'avons
   a. déterré
   b. déserté
   c. enlevé

7. Qui a donné ces ordres?
    a. le veuf
    b. la caserne
    c. le commandant

8. Le mari d'Irène était d'une belle
    a. taille
    b. famille
    c. bataille

2. Réflexion - Essais

1. Décrivez les bureaux de Dellaplane.

2. Qu'est-ce qui montre que la guerre est récente ?

3. Quelle impression de l'Armée Tavernier donne-t-il? Pourquoi est-il si important de trouver un soldat inconnu à mettre sous l'Arc de Triomphe?

4. D'après ce que vous savez d'Irène et d'Alice, quel rôle les femmes jouent-elles dans la France de 1920?

5. Quelles couleurs prédominent dans le film?

6. Le contexte du film est tout à fait dramatique, mais il y a pourtant des moments tragi-comiques et humoristiques. Pouvez-vous en citer quelques-uns?

7. Analysez pourquoi Dellaplane est intimidé par Irène. (Pensez au caractère, à l'âge et au passé de Dellaplane, et à la personnalité d'Irène)

8. Ressentez-vous de la pitié pour Dellaplane, Irène et Alice ? Pourquoi?

9. Quel message Tavernier essaie-t-il de faire passer à propos de la guerre et de l'après-guerre?

10. Comment expliquez-vous le titre? Que veut-il dire? Comparez *La vie et rien d'autre* et *Life and Nothing But*. Auriez-vous pensé à cette traduction en anglais? Est-elle bonne?

11. Comparez la première et la dernière scène. Où se passent-elles? Comment Irène et Dellaplane sont-ils présentés? En quoi ont-ils changé dans la dernière scène?

3. Analyse d'une photo

1. Où sont Dellaplane et Irène?
2. Qui regardent-ils?
3. Se parlent-ils à ce moment-là? Pourquoi? Qu'échangent-ils?

4. Analyse de citations

Analysez les citations suivantes en les replaçant dans leur contexte:

1. Dellaplane: "Je refuse de désigner un corps dont je découvrirai peut-être l'identité dans huit jours!"
2. Dellaplane: "Qu'est-ce que tu crois retrouver? Un beau jeune homme bien propre? Un beau petit soldat en tenue militaire?"
3. Irène: "Je vous suivrai partout, avec mes robes, mes yeux noirs, mon violon et mes folies… Mais sans passé. Sans passé amoureux."

5. Sous-titres

Cet extrait se situe vers la fin du film. Irène parle de son mari à Dellaplane. Comparez les dialogues français et leurs sous-titres en anglais, puis répondez aux questions:

1	La dernière année a été assez vide.	*Our last year together was empty.*
2	Il se méprisait des avantages qu'il tirait de sa situation, de ses relations familiales.	*He scorned his advantages and social position.*
3	Alors il s'est jeté dans la guerre pour échapper à ces privilèges.	*The war was an escape from his privileges.*
4	Et moi je n'ai pas su le retenir.	*I couldn't hold him back.*

5	Je me demande même si j'en ai eu envie. [...]	*Maybe I didn't want to. [...]*
6	Si je l'aimais comme je croyais, je me connais, je me serais battue bec et ongles. J'aurais frappé, supplié, j'aurais assiégé l'état major, j'aurais...!	*Had I really loved him, I'd have fought tooth and nail to stop him.*
7	Je me serais couchée sur les rails devant la locomotive de son train, j'aurais fait n'importe quoi!	*I'd have laid down in front of his train.*

a. 1ère réplique: pourquoi"la" est-il traduit par "our"?

b. 2ème réplique: "<u>se</u> mépriser" et "to scorn" ont-ils le même sens? Cette différence est-elle importante pour comprendre François de Courtil?

c. 2ème réplique: que traduit "social position"? "sa situation" ou "ses relations familiales"?

d. 3ème réplique: qu'est-ce que le verbe "se jeter" évoque? Cette idée est-elle rendue en anglais?

e. 4ème réplique: "je n'ai pas su" et "I couldn't" ont-ils le même sens? Quelle est la différence?

f. 6ème et 7ème répliques: quelle est la différence frappante entre l'original et les sous-titres? Pourquoi cette différence? Les idées sont-elles bien rendues?

6.   Les critiques

1. Michel Boujut, dans *L'Evénement du Jeudi* du 7 septembre 1989, décrit le contexte du film ainsi: "Partout, la vie reprend ses droits, éclate comme une montée de sève trop longtemps contenue". Montrez, à l'aide d'exemples précis, que la vie redémarre dans *La vie et rien d'autre*.

2. Pour René Bernard, *La vie et rien d'autre* est "une de ces réussites romanesques si irrésistibles que les personnages, innombrables, laissent à chacun le regret de ne pas les avoir connus" (*L'Express* du 1er septembre 1989). Partagez-vous cette impression? Auriez-vous aimé connaître Dellaplane, Irène et Alice?

7.   Parallèles avec d'autres films

1. Delaplanne et M. Arnaud: comparez Delaplanne dans *La vie et rien d'autre* et M. Arnaud dans *Nelly et M. Arnaud*. Qu'ont-ils en commun? (pensez à leur personnalité, leur vie, leur situation familiale, les femmes qu'ils fréquentent).

2. Sabine Azéma: comparez ses rôles dans *Un dimanche à la campagne* et dans *La vie et rien d'autre*.
    a. Quel prénom Sabine Azéma a-t-elle dans les deux films?
    b. A quelle époque et dans quel contexte se passent-ils?
    c. Où les films ont-ils lieu? Comment la nature a-t-elle changé?
    d. Quelle personnalité les deux femmes ont-elles?

3. L'amour platonique: une relation amoureuse se développe dans *Le hussard sur le toit* et dans *La vie et rien d'autre*, mais dans les deux cas cet amour reste platonique. Qu'est-ce que Pauline de Théus et Irène de Courtil ont en commun? Pourquoi Angelo et Dellaplane ne répondent-ils pas aux avances des deux femmes?

4. L'émigration aux Etats-Unis: comparez les raisons qui poussent les personnages suivants à partir aux Etats-Unis ou à envisager de le faire : Moishe (*Rouge baiser*), Irène Brice et Jacques Fabert (*L'accompagnatrice*) et Irène de Courtil (*La vie et rien d'autre*).

8. Lectures

1. Extrait du scénario

L'extrait suivant se situe après la nuit passée dans l'usine. Les relations entre Irène et Dellaplane sont très refroidies à cause du comportement de ce dernier. Irène a appris que les hommes étaient partis au tunnel en toute hâte pendant la nuit. Elle y est allée et voit Dellaplane sortir du tunnel dans lequel il a travaillé pendant des heures. Lisez cet extrait (certaines indications sur les mouvements de caméra ne sont pas notées pour privilégier le dialogue), et répondez aux questions.

> *Dellaplane reste seul, épuisé[1]. Au moment de repartir il aperçoit Irène qui s'avance vers lui. Il souffle un instant puis s'avance.*

Dellaplane. Nous avons fait ce que nous pouvions.

Irène (*ébranlée[2]*). Je pense que votre nuit a été… assez terrible.

Dellaplane. Assez terrible oui. (*Il la dépasse[3] et se retourne vers elle.*) Pour toutes sortes de raisons. (*Elle baisse la tête sans répondre. Il se retourne brusquement, elle a un mouvement de recul[4]. Il désigne le tunnel.*) Il faudrait des semaines pour dégager[5] tout ça! Dégager quoi d'ailleurs? De la boue et des cendres[6]! *Il effleure[7] son oreille ensanglantée[8]. Irène réagit.*

Irène (*pleine de sollicitude*). Vous êtes blessé? (*Sans répondre, Dellaplane va tremper son mouchoir[9] dans le fossé[10], pour s'essuyer[11]. Irène se précipite[12], ôte son gant et lui prend le mouchoir.*) Attendez! (*Elle tamponne[13] délicatement la plaie[14].*)

Dellaplane (*gêné*). Merci. merci. (*Il lui reprend le mouchoir, troublé. Elle s'en aperçoit et fait diversion.*)

Irène. On se croirait encore en guerre.

Dellaplane. C'est que vous ne l'avez vue que d'assez loin. La guerre est pire… (*Il s'éloigne, elle lui emboîte le pas[15]. Fin de la musique.*) Tellement pire. Des centaines d'hectares avec des centaines de cadavres qui noircissent. Plus un arbre, des trous[16] pleins d'eau d'où sortent un pied, une tête couverte de mouches[17]… Ça pue[18]! Les rats courent par bandes.

Irène (*ne pouvant en entendre davantage*). Taisez-vous!

Dellaplane (*il s'arrête, véhément*). Mais nous n'arrêtons pas de nous taire! Qui nous écouterait d'ailleurs? Qui nous imprimerait[19]? (*Il s'indigne.*) Les journaux n'en ont que vous le mensonge et le crétinisme galonné[20]. "La guerre avec ses allures dévastatrices n'a que l'apparence de la destruction". J'ai lu ça! signé

---

1 worn-out	11 to wipe (his ear)
2 shaken	12 rushes forward
3 he passes by her	13 she dabs
4 she jumps	14 the wound
5 to clear	15 she follows suit
6 ashes	16 holes
7 he brushes	17 covered with flies
8 his ear covered with blood	18 it stinks!
9 his handkerchief	19 who would publish us?
10 in this ditch	20 royal stupidity

Cherfils, général. Un million cinq cent mille morts n'ont que l'apparence de la mort! *(Il repart ulcéré[21].)* Salauds[22]!... Salauds! *(Irène respecte sa douleur et le suit sans mot dire. Il enchaîne[23] très naturellement.)* Qui est Poney? *(Elle ne réalise pas sa question.)* Eh bien je vous ai demandé: qui est Poney?

Irène *(ils s'arrêtent à nouveau. Elle en est soufflée[24]).* Mais... mais... je veux bien mettre sur le compte de... votre fatigue.

Dellaplane *(insistant).* Vous ne répondez pas.

Irène *(éclatant[25]).* Mais, vous rendez-vous compte! C'est moi qui ai à vous demander des comptes[26]! C'est moi!

Dellaplane *(doucement obstiné).* Qui est-ce?

Irène *(poursuivant).* Je suis venue pour ça d'ailleurs.

Dellaplane. Qui?

Irène *(perdant tout contrôle).* De quel droit[27]? *(Elle part furieuse.)* Votre comportement[28] cette nuit... votre comportement de soudard[29]! *(Elle s'enfuit quasiment[30]. Il court derrière elle.)*

Dellaplane. Non non non, ça ne se dit plus ces mots-là, c'est démodé. Mais puisque vous parlez de cette nuit, oui justement je vous ai entendu parler...

Irène *(hors d'elle[31]).* Vous devriez avoir honte! Votre attitude de cette nuit est absolument odieuse!

Dellaplane. Oui, ben, j'ai honte mais je vous ai entendu parler, figurez-vous[32]. Alors, qui est-ce?

Irène *(cédant[33]).* C'est mon beau-père.
Il est saisi[34].

Dellaplane. Votre beau-père... je ne vous crois pas.

Irène *(d'un air de défi).* Ils sont trois fils, c'est le plus petit. Ils l'ont toujours appelé comme ça dans la famille. Et que ça vous plaise ou non, je suis de cette famille!

Dellaplane *(il est ravi).* Le sénateur? Poney? *(Il rit.)* Le sénateur poney comme un petit poney? *(Il met la main à hauteur de sa manche[35] et éclate de rire.)*
Retour sur elle partagée entre la colère et le rire.

1. Par quoi Irène est-elle ébranlée?

2. Quelles sont les différentes raisons qui expliquent que la nuit de Dellaplane a été "assez terrible"?

3. Pourquoi Dellaplane est-il gêné quand Irène l'aide à nettoyer la plaie?

4. Qu'est-ce qui révolte Dellaplane?

5. Pourquoi la question de Dellaplane ("Qui est Poney?") est-elle surprenante?

---

21 appalled
22 (*slang*) jerks
23 he goes on
24 flabbergasted
25 bursting
26 I should be the one asking for an explanation!
27 what gives you the right

28 your behavior
29 ruffian
30 practically
31 beside herself
32 *here*: you know
33 giving in
34 stunned
35 his sleeve

6. Que révèle son obstination?

7. Pourquoi Irène est-elle si choquée par la question?

8. Pourquoi Dellaplane est-il ravi de savoir que Poney est le beau-père d'Irène?

2. Nouvelle: La Dame en vert

La nouvelle suivante a été écrite par Georges Duhamel (1884-1966) et est parue en 1918 dans un recueil intitulé *Civilisation*. Duhamel y relate ses souvenirs de médecin militaire pendant la Première Guerre mondiale.

Je ne saurais dire pourquoi j'aimais Rabot. Chaque matin, allant et venant dans la salle pour les besoins du service, j'apercevais Rabot ou plutôt[36] la tête de Rabot, moins encore: l'œil de Rabot qui se dissimulait dans le pêle-mêle des draps[37]. Il avait un peu l'air d'un cochon d'Inde[38] qui se muche[39] sous la paille et vous guette[40] avec anxiété.

Chaque fois, en passant, je faisais à Rabot un signe familier qui consistait à fermer énergiquement l'œil gauche en serrant[41] les lèvres. Aussitôt l'œil de Rabot se fermait en creusant[42] mille petits plis[43] dans sa face flétrie[44] de malade; et c'était tout: nous avions échangé nos saluts et nos confidences.

Rabot ne riait jamais. C'était un ancien enfant de l'assistance publique[45] et l'on devinait qu'il n'avait pas dû téter à sa soif[46] quand il était petit. Ces repas ratés en nourrice[47], ça ne se rattrape point[48].

Rabot était rouquin[49], avec un teint blême[50] éclaboussé de taches de son[51]. Il avait si peu de cervelle[52] qu'il ressemblait tout ensemble à un lapin et à un oiseau. Dès qu'une personne étrangère lui adressait la parole[53], sa lèvre du bas se mettait à trembler et son menton se fripait[54] comme une noix[55]. Il fallait d'abord lui expliquer qu'on n'allait pas le battre.

Pauvre Rabot! Je ne sais ce que j'aurais donné pour le voir rire. Tout, au contraire, conspirait à le faire pleurer: il y avait les pansements[56], affreux, interminables, qui se renouvelaient[57] chaque jour depuis des mois; il y avait l'immobilité forcée qui empêchait Rabot de jouer avec les camarades, il y avait surtout que Rabot ne savait jouer à rien et ne s'intéressait pas à grand'chose.

J'étais, je crois, le seul à pénétrer un peu dans son intimité[58]; et, je l'ai dit, cela consistait principalement à fermer l'œil gauche lorsque je passais à portée de[59] son lit.

---

36 or rather	48 you can't make them up
37 sheets	49 red-haired
38 a guinea-pig	50 pallid
39 buries himself	51 covered with freckles
40 watches out	52 so little brains
41 tightening	53 talked to him
42 folding	54 would crumple
43 lines	55 like a walnut
44 wrinkled	56 bandages
45 he had been a ward of the state	57 that had to be changed
46 he must not have been fed enough	58 privacy
47 with a (wet) nurse	59 close to

Rabot ne fumait pas. Lorsqu'il y avait distribution de cigarettes, Rabot prenait sa part[60] et jouait un petit moment avec, en remuant[61] ses grands doigts maigres, déformés par le séjour au lit. Des doigts de laboureur[62] malade, ce n'est pas beau; dès que ça perd sa corne[63] et son aspect robuste, ça ne ressemble plus à rien du tout.

Je crois que Rabot aurait bien voulu offrir aux voisins ses bonnes cigarettes; mais c'est si difficile de parler, surtout pour donner quelque chose à quelqu'un. Les cigarettes se couvraient donc de poussière sur la planchette[64], et Rabot demeurait allongé sur le dos, tout mince et tout droit, comme un petit brin de paille[65] emporté par le torrent de la guerre et qui ne comprend rien à ce qui se passe.

Un jour, un officier de l'État-Major[66] entra dans la salle et vint vers Rabot.

«C'est celui-là? dit-il! Eh bien, je lui apporte la médaille militaire et la croix de guerre.»

Il fit signer un petit papier à Rabot et le laissa en tête à tête avec les joujoux[67]. Rabot ne riait pas; il avait placé la boîte devant lui, sur le drap, et il la regarda depuis neuf heures du matin jusqu'à trois heures de l'après-midi.

A trois heures, l'officier revint et dit:

«Je me suis trompé, il y a erreur. Ce n'est pas pour Rabot, les décorations, c'est pour Raboux.»

Alors il reprit l'écrin[68], déchira le reçu[69] et s'en alla.

Rabot pleura depuis trois heures de l'après-midi jusqu'à neuf heures du soir, heure à laquelle il s'endormit. Le lendemain, il se reprit[70] à pleurer dès le matin. M. Gossin, qui est un bon chef, partit pour l'État-Major et revint avec une médaille et une croix qui ressemblaient tout à fait aux autres; il fit même signer un nouveau papier à Rabot.

Rabot cessa[71] de pleurer. Une ombre demeura toutefois sur sa figure[72], une ombre qui manquait de confiance, comme s'il eût craint[73] qu'un jour ou l'autre on vînt encore lui reprendre les bibelots[74].

Quelques semaines passèrent. Je regardais souvent le visage de Rabot et je cherchais à m'imaginer ce que le rire pourrait en faire. J'y songeais en vain: il était visible que Rabot ne savait pas rire et qu'il n'avait pas une tête fabriquée pour ça.

C'est alors que survint la dame en vert.

Elle entra, un beau matin, par une des portes, comme tout le monde. Cependant, elle ne ressemblait pas à tout le monde: elle avait l'air d'un ange, d'une reine, d'une poupée. Elle n'était pas habillée comme les infirmières qui travaillent dans les salles, ni comme les mères et les femmes qui viennent visiter leur enfant ou leur mari quand ils sont blessés. Elle ne ressemblait même pas aux dames que l'on rencontre dans la rue. Elle était beaucoup plus belle, beaucoup plus majestueuse.

---

60 his share
61 wiggling
62 plowman
63 calluses
64 small shelf
65 like a little piece of straw
66 one of the commanding officers
67 toys (children might say "joujoux" for "jouets")
68 the case
69 the receipt
70 he started again
71 stopped
72 on his face
73 as if he feared
74 the trinkets

Elle faisait plutôt penser à ces fées[75], à ces images splendides que l'on voit sur les grands calendriers en couleur et au-dessous desquelles le peintre a écrit: «la Rêverie», ou «la Mélancolie», ou encore «la Poésie».

Elle était entourée[76] de beaux officiers bien vêtus[77] qui se montraient fort attentifs à ses moindres paroles et lui prodiguaient[78] les témoignages d'admiration les plus vifs.

«Entrez donc, Madame, dit l'un d'eux, puisque vous désirez voir quelques blessés.»

Elle fit deux pas dans la salle, s'arrêta net et dit d'une voix profonde:

«Les pauvres gens!»

Toute la salle dressa l'oreille[79] et ouvrit l'œil. Mery posa sa pipe; Tarrissant changea ses béquilles[80] de bras, ce qui, chez lui, est signe d'émotion; Domenge et Burnier s'arrêtèrent de jouer aux cartes et se collèrent leur jeu contre l'estomac, pour ne pas le laisser voir par distraction. Poupot ne bougea pas, puisqu'il est paralysé, mais on vit bien qu'il écoutait de toutes ses forces.

La dame en vert alla d'abord vers Sorri, le nègre.

«Tu t'appelles Sorri?» dit-elle en consultant la fiche.

Le noir remua la tête, la dame en vert poursuivit, avec des accents qui étaient doux et mélodieux comme ceux des dames qui jouent sur le théâtre:

«Tu es venu te battre en France, Sorri, et tu as quitté ton beau pays, l'oasis fraîche et parfumée dans l'océan de sable en feu. Ah! Sorri! qu'ils sont beaux les soirs d'Afrique, à l'heure où la jeune femme revient le long de l'allée des palmiers, en portant sur sa tête, telle une statue sombre, l'amphore aromatique pleine de miel et de lait de coco.»

Les officiers firent entendre un murmure charmé, et Sorri, qui comprend le français, articula en hochant la tête[81]:

«Coco…coco…»

Déjà, la dame en vert glissait sur les dalles[82]. Elle vint jusqu'à Rabot et se posa doucement au pied du lit, comme une hirondelle[83] sur un fil télégraphique.

«Rabot, dit-elle, tu es un brave!»

Rabot ne répondit rien. A son ordinaire, il gara[84] ses yeux, comme un enfant qui craint de recevoir une claque[85].

«Ah! Rabot, dit la dame en vert, quelle reconnaissance[86] ne vous devons-nous pas, à vous autres qui nous gardez intacte notre douce France? Mais, Rabot, tu connais déjà la plus grande récompense[87]: la gloire! l'ardeur enthousiaste du combat! l'angoisse exquise de bondir en avant[88], baïonnette luisante[89] au soleil; la volupté de plonger un fer vengeur dans le flanc[90] sanglant de l'ennemi, et puis la souffrance, divine d'être endurée pour tous; la blessure sainte qui, du héros, fait un dieu! Ah! les beaux souvenirs, Rabot!»

---

75 fairies
76 surrounded
77 well-dressed
78 showed her
79 paid attention
80 crutches
81 nodding
82 was gliding away over the tiles
83 a swallow
84 here: lowered
85 a slap (in the face)
86 what gratefulness don't we owe you
87 reward
88 jumping forward
89 shining
90 the side

La dame en vert se tut et un silence religieux régna dans la salle.

C'est alors que se produisit un phénomène imprévu[91]: Rabot cessa de ressembler à lui-même. Tous ses traits se crispèrent[92], se bouleversèrent[93] d'une façon presque tragique. Un bruit enroué[94] sortit, par secousses[95], de sa poitrine squelettique et tout le monde dut reconnaître que Rabot riait.

Il rit pendant plus de trois quarts d'heure. La dame en vert était depuis longtemps partie que Rabot riait encore, par quintes[96], comme on tousse[97], comme on râle[98].

Par la suite, il y eut quelque chose de changé dans la vie de Rabot Quand il était sur le point de pleurer et de souffrir, on pouvait encore le tirer d'affaire[99] et lui extorquer un petit rire en disant à temps:

«Rabot! on va faire venir la dame en vert.»

1. Qui est le narrateur? Quel est son travail?

2. Décrivez Rabot:
   a. A quoi ressemble-t-il?
   b. Quel est son caractère?
   c. Que sait-on sur son passé?
   d. Comment vit-il?
   e. Qu'est-ce qui le différencie des autres patients?

3. Qu'est-ce que le narrateur aimerait voir?

4. Comment Rabot est-il traité par l'officier?

5. Comment sait-on que la médaille et la croix sont très importantes pour Rabot?

6. Que fait M. Gossin? Pourquoi?

7. Quelle impression générale aviez-vous de la dame en vert avant qu'elle ne parle? Connaît-on son nom? Pourquoi?

8. Cette visite est-elle importante pour les patients? Comment le sait-on? Est-ce la même chose quand Irène visite les hôpitaux militaires?

9. Comparez les conditions de vie de ces patients à celles que l'on voit dans le film.

10. Pourquoi la dame tutoie-t-elle Sorri et Rabot? Qu'est-ce que cela indique sur elle? Irène se comporte-t-elle de la même façon avec les patients qu'elle voit?

---

91 unforeseen
92 tightened
93 became agitated
94 raucous
95 spasmodically
96 in fits
97 as one would cough
98 as one would groan
99 take his mind off

11. Comment parle-t-elle aux deux hommes? Est-ce naturel? D'où tient-elle sans doute ses informations? S'intéresse-t-elle vraiment à eux? Pourquoi est-elle venue? A-t-elle une raison précise comme Irène?

12. Pourquoi Rabot se met-il à rire? Rit-il gaiement?

13. Comparez la dame en vert et Irène. Ont-elles des points communs? En quoi sont-elles différentes?

14. Pensez-vous que Georges Duhamel et Bertrand Tavernier partagent le même point de vue sur la guerre? Quel message veulent-ils faire passer?

CHAPITRE 19

Le dernier métro

Présentation du film

Paris, 1942. Marion Steiner a repris la direction du théâtre Montmartre, car son mari a dû fuir. Lucas Steiner, qui est juif, est en fait caché dans la cave du théâtre, d'où il peut suivre les répétitions sur la scène. Marion doit composer avec les acteurs, les critiques pro-nazi, le couvre-feu, la milice et les fouilles…

Carte d'identité du réalisateur

François Truffaut (1932-1984): Passionné de lecture et de cinéma durant une enfance difficile, il est devenu critique de cinéma avant de remporter un immense succès public et critique avec son premier film, *Les quatre cents coups*, en 1959. Grande figure de la Nouvelle Vague, il a alterné les genres: le film policier (*La mariée était en noir*, 1967, *La sirène du Mississippi*, 1968, *Vivement dimanche*, 1983), la comédie dramatique (*La nuit américaine*, 1973 et *L'argent de poche*, 1976) et surtout le drame (*Jules et Jim*, 1962, *L'enfant sauvage*, 1969, *L'histoire d'Adèle H.*, 1975, *La chambre verte*, 1978, *Le dernier métro*, 1980 et *La femme d'à-côté*, 1981). Truffaut était un cinéaste personnel, passionné, chaleureux, sensible et très attachant.

Carte d'identité des acteurs

Catherine Deneuve (née en 1943) a remporté son premier succès en 1964 avec *Les parapluies de Cherbourg*. D'autres ont suivi (*Les demoiselles de Rochefort*, 1967, *Belle de jour*, 1967), dans lesquels les réalisateurs exploitaient surtout sa beauté. C'est dans les années 80 qu'elle a commencé à avoir de grands rôles, qui ont révélé l'intelligence et la profondeur de son jeu, notamment dans *Le dernier métro* en 1980. Les années 90 ont été un couronnement pour l'actrice qui a atteint les sommets grâce à *Indochine* (1992), *Ma saison préférée* (1993), *Place Vendôme* (1998) et *Le temps retrouvé* (1999). Plus récemment elle s'est ausi imposée dans *Dancer in the Dark* (2000), *8 femmes* (2002) et *Au plus près du paradis* (2002). Catherine Deneuve est aujourd'hui une grande star, admirée, respectée, et qui étonne toujours grâce aux multiples facettes de son jeu.

Gérard Depardieu (né en 1948) est l'un des plus grands acteurs français de tous les temps. Energique, travailleur, généreux, excessif, il est capable de tout jouer. Il s'est imposé en 1974 dans *Les valseuses*, puis nombre de ses films ont été de très grands succès: *Le dernier métro* (1980), *Le retour de Martin Guerre* (1982), *Danton* (1983), *Camille Claudel* (1988), *Cyrano de Bergerac* (1990), *Tous les matins du monde* (1991), *Le Colonel Chabert* (1994), *Astérix et Obélix: mission Cléopâtre* (2002). Il a été nominé 14 fois aux César et a reçu la Palme d'Or à Cannes pour *Cyrano de Bergerac*.

L'heure de gloire

Le dernier métro est l'un des plus grands succès du cinéma français. Il a été très largement récompensé aux César: meilleur film, meilleur réalisateur, meilleur acteur (Gérard Depardieu) et meilleure actrice (Catherine Deneuve). Aux Etats-Unis il a été nominé pour l'Oscar et le Golden Globe du meilleur film étranger.

PREPARATION

1. Vocabulaire
Vocabulaire utile avant de voir le film:

Les noms:
le théâtre:

    une pièce de théâtre: *a play*

    le metteur en scène: *the producer*

    le régisseur: *the stage manager*

    le/la décorateur (-trice): *the set designer*

    le/la costumier (-ière): *the wardrobe keeper*

    l'administrateur: *the director*

    la scène: *the stage*

    la première: *the first night*

le trac: *stage fright*

la troupe: *the company*

une représentation: *a performance*

le public: *the audience*

un jambon: *a ham*

une cave: *a cellar*

un passeur: *a smuggler*

un trou: *a hole*

un tuyau: *a pipe*

une bombe: *a bomb*

un piège: *a trap*

des bijoux: *jewels*

un vestiaire: *a cloakroom*

un cercueil: *a coffin*

une corde: *a rope*

une menace: *a threat*

Les verbes

cacher: *to hide*

fuir: *to flee*

arrêter qq'un: *to arrest s.o.*

envahir: *to invade*

dissuader qq'un de faire qqch: *to talk s.o. out of doing sth*

rassurer qq'un: *to reassure s.o.*

applaudir: *to applaud*

serrer la main de qq'un: *to shake hands with s.o.*

gifler: *to slap (s.o.'s face)*

fouiller: *to search (a place)*

réussir: *to succeed*

Les adjectifs

connu(e): *well-known*

antisémite: *antisemitic*

outré(e): *outraged*

blessé(e): *wounded*

risqué(e): *risky*

censuré(e): *censored*

Traduisez!

1. The producer is hidden in the cellar under the stage.

2. Lucas succeeded in listening to the play thanks to a hole in a pipe.

3. Marion talked him out of fleeing because he could be arrested.

4. She had stage fright before the performance but she was reassured when the audience applauded.

2.   Repères culturels

1. Le film se passe dans un théâtre. Pouvez-vous nommer quelques dramaturges (*playwrights*) français, ainsi que des pièces qu'ils ont écrites?

	Dramaturges:	Pièces:
XVIIe siècle:		

XVIIIe siècle:		
XIXe siècle:		
XXe siècle:		

2. Le film se passe pendant la Deuxième Guerre mondiale. Pour mieux comprendre le contexte, cherchez ce que veulent dire les mots suivants et répondez à la question:
   a. l'Occupation
   b. la zone occupée, la zone libre et la ligne de démarcation
   c. la milice
   d. la Gestapo
   e. un collaborateur
   f. la Résistance
   g. un passeur
   h. le couvre-feu
   i. le marché noir
   j. quand la ville de Paris a-t-elle été libérée?

CONVERSATION EN CLASSE

1. Les personnages:　　Marion Steiner (Catherine Deneuve)
   Lucas Steiner (Heinz Bennent)
   Bernard Granger (Gérard Depardieu)
   Jean-Loup Cottins (Jean Poiret)
   Raymond (le régisseur)
   Arlette Guillaume (la décoratrice/costumière)
   Nadine (la jeune actrice)
   Daxiat (le critique antisémite)

2. Où, et dans quel contexte historique le film se passe-t-il?

3. Pourquoi les Parisiens vont-ils aux spectacles?

4. Au début du film, pourquoi Marion ne veut-elle pas embaucher l'acteur juif Rosen?

5. Pourquoi Jean-Loup accepte-t-il de dîner avec Daxiat? Pourquoi Marion refuse-t-elle?

6. Comment Marion se procure-t-elle son jambon de 7kg? Pour qui est-il?

7. Pourquoi Lucas ne peut-il fuir?

8. Quelle installation Lucas fait-il dans la cave pour pouvoir diriger la pièce?

9. Comment sait-on que Bernard est un résistant? Que prépare-t-il quand il dit qu'il fait l'ingénieur?

10. Quel type de musique accompagne les scènes liées à la Résistance?

11. Quelle nouvelle Daxiat croit-il apprendre à Marion? Qu'essaie-t-il de faire à votre avis?

12. Pourquoi Marion veut-elle vendre ses bijoux? Le fait-elle?

13. La soirée au cabaret est-elle réussie? Pourquoi?

14. Comment est Lucas avant la première? et Marion?

15. Décrivez l'attitude de Daxiat pendant la première.

16. Que se passe-t-il entre Marion et Lucas après la pièce? Que fait la troupe?

17. Pourquoi Bernard veut-il que Daxiat fasse des excuses à Marion? Marion apprécie-t-elle la scène provoquée par Bernard? Quelles en seront les conséquences sur leurs relations?

18. Que sont le cercueil et la corde que le théâtre reçoit?

19. A quel nouveau rôle Lucas a-t-il pensé pour Marion?

20. Quelle proposition malhonnête Daxiat fait-il à Jean-Loup?

21. Que fait alors Marion pour tenter de sauver le théâtre? Voit-elle l'homme qu'elle voulait? Que se passe-t-il avec l'autre Allemand?

22. A quoi Bernard assiste-t-il dans l'église?

23. Pourquoi Bernard veut-il quitter le théâtre? Que croit Marion? Pourquoi le gifle-t-elle?

24. Que demande Marion à Bernard quand la milice est dans le théâtre?

25. Que se passe-t-il entre Lucas et Bernard dans la cave?

26. Nadine a-t-elle fini par réussir?

27. Décrivez la dernière scène du film.

APPROFONDISSEMENT

1.   Vocabulaire

• **Enrichissez votre vocabulaire !**

Le théâtre

une comédie: *a comedy*
une tragédie: *a tragedy*
un drame: *a drama*
une farce: *a farce*
un acte: *an act*
une scène: *a scene*
l'intrigue: *the plot*
monter une pièce: *to put on a play*
une répétition: *a rehearsal*
les coulisses: *backstage*

le rideau: *the curtain*
le décor: *the scenery*
l'éclairage: *lighting*
les projecteurs: *the spotlights*
un costume: *a costume*
le maquillage: *make-up*
la générale: *the dress rehearsal*
l'entracte: *the intermission*
faire salle comble: *to be packed to capacity*
siffler: *to boo*

Le métro

une station de métro: *a subway station*
une bouche de métro: *a subway entrance*
une ligne: *a line*
un plan: *a map*
un trajet: *a trip*
un ticket: *a ticket*
valable: *valid*

composter: *to stamp (a ticket)*
attendre: *to wait*
le quai: *the platform*
monter: *to get on*
descendre: *to get off*
un(e) passager (-ère): *a passenger*

• **Jouez avec les mots!**

A. Trouvez l'intrus:

coulisses	éclairage	corde	décor
passager	régisseur	décoratrice	metteur en scène
trajet	tuyau	quai	composter
saluer	gifler	applaudir	faire salle comble
Racine	Corneille	Molière	Musset
répétition	générale	vestiaire	première

B. Retrouvez les mots du Vocabulaire en utilisant une syllabe de chaque colonne:

CO	TRI	ME	1. Comédie
ME	SU	DRE	2.
VA	JEC	TRE	3.
RAS	VA	**DIE**	4.
COS	CEN	TE	5.
THE	NA	BLE	6.
DES	GE	TEUR	7.

EN	TU	HIR	8.
TRA	LA	RER	9.
IN	A	DIE	10.
PRO	**ME**	CE	11.
EN	TRAC	GUE	12.

2. Réflexion - Essais

1. Analysez le personnage de Lucas:
   a. Comment vit-il au jour le jour? Comment occupe-t-il son temps? Supporte-t-il bien sa captivité?
   b. Montrez comment son stratagème pour suivre la pièce lui permet de continuer à vivre.
   c. Comment Lucas prend-il conscience des sentiments de sa femme pour Bernard? Fait-il une grande scène de jalousie à Marion? Pourquoi?
   d. Trouvez-vous que Lucas est une victime? De qui? De quoi? Est-il la seule victime?

2. Faites le portrait de Marion:
   a. Quelle impression Marion donne-t-elle au reste de la troupe de théâtre?
   b. Comment voit-on que Marion commence à s'éloigner de Lucas? Analysez l'évolution dans les rapports entre eux.
   c. Analysez l'évolution dans les rapports entre Marion et Bernard.
   d. Le triangle amoureux est-il résolu à la fin? Marion a-t-elle choisi entre les deux hommes?

3. Décrivez Bernard. En quoi croit-il? Quelle attitude a-t-il vis-à-vis de Daxiat? Quelle attitude a-t-il avec les femmes? Quelle impression a-t-il de Marion?

4. La guerre:
   a. Donnez des exemples qui montrent qu'elle est présente en permanence dans la vie quotidienne à Paris.
   b. Quelles difficultés provoquées par la guerre le théâtre éprouve-t-il?

5. Analysez les personnages secondaires (leur personnalité et leur importance dans l'histoire):
   a. Jean-Loup Cottins
   b. Raymond
   c. Arlette
   d. Nadine
   e. Daxiat

6. Que font les Allemands quand on les voit dans le film?

7. Comment le film présente-t-il les Français pendant la guerre?

8. Tout le monde semble avoir quelque chose à cacher dans le film. Quels secrets cachent Marion, Bernard, Arlette, Raymond et même Jacquot? Montrez comment le théâtre est un refuge.

9. Quelles couleurs dominent dans le film? Pourquoi?

10. L'ombre et la lumière se succèdent dans le film. Comment sont-elles utilisées par Truffaut? Comment servent-elles l'intrigue? Qui passe de l'ombre à la lumière?

11. Analysez le parallèle qui existe entre le théâtre et la réalité, et en particulier entre la pièce *(La disparue)* et la vie amoureuse du trio.

12. Comment expliquez-vous le titre?

13. Comparez la première et la dernière scène. A quoi sert la voix off au début? Comment les personnages principaux sont-ils présentés? Que sait-on sur eux? Quelle impression donnent-ils? Qu'est-ce qui a changé à la fin? Qu'est-ce qui est filmé en gros plan? Pourquoi?

3.   Analyse d'une photo

1. Où cette scène se passe-t-elle? Que font les acteurs?

2. A quel moment de l'histoire a-t-elle lieu? Bernard fait-il partie du groupe depuis longtemps?

3. Qui est au centre? Pourquoi?

4. Que fait Marion?

4.   Analyse de citations

Analysez les citations suivantes en les replaçant dans leur contexte:

1. Bernard: "Elle est pas nette cette femme… Il y a quelque chose de pas net".

2. Lucas: "Que tu me négliges, moi, tant pis, j'en ai pris mon parti". Marion: "Si je te répondais, je te dirais des choses trop dures".

5. Sous-titres

Comparez ce dialogue entre Raymond et Daxiat et les sous-titres en anglais, puis répondez aux questions:

1	M. Daxiat, vous permettez que je vous pose une colle?	*Mr. Daxiat, is it okay to ask you a riddle?*
2	Une colle?	*A riddle?*
3	Ouais, une colle. Regardez, ça, comment vous appelez ça, vous?	*Yes, a riddle. What do you call this?*

4	Une canne à pêche.	*A fishing rod.*
5	C'est ça. Alors, on dit aussi une gaule, hein?	*But we also call it a gaulle, right?*
6	Et puis, si j'en mets une autre à côté, et voilà! Ça fait "De Gaulle"!	*Now, if we put a second one next to it, we get "Deux Gaulle!"*

a. 5ème réplique: le mot "gaulle" existe-t-il en anglais? Pourquoi est-il utilisé dans le sous-titre?

b. 6ème réplique: pourquoi "De Gaulle" est-il traduit par "Deux Gaulle"? Comment le mot "Gaulle" a-t-il changé entre la 5ème et la 6ème réplique? Cette approche est-elle adroite?

c. Les jeux de mots sont extrêmement difficiles à rendre dans un sous-titre. Pensez-vous que le sous-titreur a fait du bon travail? Le jeu de mots est-il clair pour les spectateurs non-francophones?

6.   Les critiques

1. Jacqueline Michel décrit la troupe ainsi: "Le théâtre est là, avec son petit monde fermé et complice" (*Télé 7 Jours*, 20 septembre 1980). Pouvez-vous donner des exemples pour montrer que le théâtre est un monde fermé, et aussi que les membres de la troupe sont complices?

2. Dans le magazine *Lire* de janvier 1981, Bernard Pivot commente le film en disant qu'"on passe du drame à la comédie, du rire aux larmes, de l'inquiétude au soulagement, du doute à la certitude". Pouvez-vous donner des exemples pour illustrer son propos?

7.   Parallèle avec d'autres films

La Deuxième Guerre mondiale: *Au revoir les enfants*, *L'accompagnatrice* et *Le dernier métro* se passent pendant la Deuxième Guerre mondiale. Quel éclairage chaque film apporte-t-il sur la guerre? En quelle année les films se passent-ils? Où l'intrigue a-t-elle lieu? Qui se cache et pourquoi? La guerre est-elle au centre de l'histoire ou est-ce un accessoire?

8.   Lectures

1. Extrait du scénario

Marion a rejoint Lucas dans la cave du théâtre juste après la première représentation de "La disparue". Lisez les dialogues et répondez aux questions (certaines indications sur les mouvements de caméra ne sont pas notées pour privilégier le dialogue).

Cave théâtre – intérieur nuit

Marion. Mais enfin, Lucas, c'est gagné. Je ne te comprends pas: tu as bien entendu la salle? On a gagné…

Lucas. On a gagné… on a gagné… En tout cas, c'était loin d'être parfait, je t'assure… Je te prie de croire que d'ici, on sent beaucoup mieux tout ce qui ne va pas. *(Il met ses lunettes; Marion revient par la droite; Lucas prend ses notes sur la table.)* J'ai pris des notes, je vais te les lire. Viens, assieds-toi. *(Elle s'assied.)* Eh bien, alors, d'abord…

Marion *(voyant la pile de feuilles).* Non, mais enfin, écoute, tu es fou! Tu ne vas pas me lire tout ça? Les autres m'attendent, ils se demandent où je suis. Je peux pas rester si longtemps…
Elle se lève

Lucas. Alors, je veux que tu reviennes, après.

Marion. Mais après quoi? On est là-haut, tous ensemble! Ecoute, Lucas, tu sais comment c'est? Je peux pas les quitter comme ça…
Lucas enlève ses lunettes, se lève.

Lucas. Bon, alors reviens me voir cette nuit.
On[1] *reste sur elle, debout, un verre à la main, devant la table sur laquelle se trouve la nappe[2] rose.*

Marion. Non, c'est impossible, écoute, sois raisonnable. Je viens te voir demain matin, avant l'arrivée de tout le monde…

Lucas. Mais au moins, emporte mes notes… Pour les étudier.
Elle boit, repose son verre derrière elle.

Marion. D'accord. *(Elle prend les papiers.)* Non, mais écoute, regarde! Où veux-tu que je les mette? Non, garde-les, puis on les verra ensemble demain… *(Elle pose les papiers sur cette table; il la rejoint: ils sont face à face. Lui a toujours son écharpe grise autour du cou.)* Embrasse-moi… *(Il détourne le visage, boudeur[3]; elle l'embrasse sur la joue[4]. Il reprend ses notes, triste.)* A demain.
Lucas regarde ses notes.

Germaine. J'ai bien cru que la robe de Marion allait se prendre[5] dans la porte.
Rires, bruits de voix. Lucas passe devant les colonnes cannelées[6], reliefs[7] de décors, regarde ses notes.

Jean-Loup. Tout de même[8], entre le deux et le trois[9], on a gagné trente-cinq secondes dans le changement.
Lucas a l'air mélancolique.

Arlette. Bien sûr que Daxiat est une ordure[10], après le coup qu'il a fait[11]!

Nadine. Il est obligé de faire une bonne critique!

Jean-Loup. Oui, il fera une bonne critique parce qu'il a aimé, simplement. Je le connais, mais si, si, si, il aime ce genre de trucs[12]!
On suit toujours Lucas qui se dirige vers son "bigophone".

Germaine. Je l'ai vu applaudir à tout rompre[13].

Jean-Loup. Oui, oui, oui! Aaah! *(Lucas s'arrête devant le tuyau troué[14], pose ses papiers sur la table. Off: cris, rires, exclamations saluant la réapparition de Marion; off:)* Ben Marion, *(Lucas enlève son écharpe, la roule en boule et la fourre[15] dans le trou du tuyau; faiblement:)* où étais-tu passée? Tiens, donnez du champagne, un petit peu pour Marion…
On n'entend plus rien. Lucas reste un instant devant la boule dans le trou…

---

1 the camera
2 the tablecloth
3 looking sulky
4 on the cheek
5 to get stuck
6 fluted
7 left-overs
8 *here*: anyway

9 between the second and third acts
10 *slang*: a jerk
11 after the trick he played
12 that kind of stuff
13 I saw him bringing the house down
14 the pipe with a hole in it
15 shoves it

1. Lucas est-il enthousiasmé par la représentation? Pourquoi? Y a-t-il plusieurs raisons pour expliquer ses réserves?

2. Pourquoi Marion ne peut-elle (ou ne veut-elle) pas rester?

3. Pourquoi ne veut-elle pas revenir plus tard dans la nuit?

4. Les demandes de Lucas sont-elles compréhensibles, ou le trouvez-vous trop exigeant?

5. Pourquoi n'embrasse-t-il pas Marion?

6. De quoi les autres membres de la troupe parlent-ils?

7. Jean-Loup connaît-il bien Daxiat? Celui-ci fera-t-il une bonne critique de la pièce?

8. Pourquoi Lucas bouche-t-il le trou du tuyau? Comment se sent-il?

2. Allocution du général de Gaulle à l'Hôtel de Ville le soir du 25 août 1944

Rappel historique: la vie quotidienne des Français était très difficile pendant la guerre, notamment celle des Parisiens qui avaient de grandes difficultés à s'approvisionner. Le débarquement (le "Jour J") a eu lieu en Normandie le 6 juin 1944 et Paris a été libérée le 25 août. Le soir-même le général de Gaulle a improvisé un discours qu'il a prononcé au balcon de l'Hôtel de Ville de Paris. Lisez-le en pensant aux personnages du film.

Pourquoi voulez-vous que nous dissimulions l'émotion qui nous étreint[16] tous, hommes et femmes, qui sommes ici, chez nous, dans Paris debout pour se libérer et qui a su le faire de ses mains. Non ! Nous ne dissimulerons pas cette émotion profonde et sacrée. Il y a là des minutes qui dépassent[17] chacune de nos pauvres vies.

Paris ! Paris outragé ! Paris brisé[18] ! Paris martyrisé ! Mais Paris libéré ! Libéré par lui-même, libéré par son peuple avec le concours[19] des armées de la France, avec l'appui[20] et le concours de la France tout entière, de la France qui se bat, de la seule France, de la vraie France, de la France éternelle.

Je dis d'abord de ses devoirs[21], et je les résumerai[22] tous en disant que, pour le moment, il s'agit de devoirs de guerre. L'ennemi chancelle[23] mais il n'est pas encore battu. Il reste sur notre sol[24]. Il ne suffira même pas[25] que nous l'ayons, avec le concours de nos chers et admirables alliés, chassé de chez nous pour que nous nous tenions pour satisfaits après ce qui s'est passé. Nous voulons entrer sur son territoire, comme il se doit[26], en vainqueurs[27]. C'est pour cela que l'avant-garde[28] française est entrée à Paris à coups de canon. C'est pour cela que la grande armée française d'Italie a débarqué[29] dans le Midi[30] et remonte[31] rapidement la vallée du Rhône. C'est pour cela que nos braves et chères forces de l'intérieur vont s'armer

---

16 grips	24 on our soil
17 that surpass	25 it will not be enough
18 broken	26 as it should be
19 with the assistance	27 conquerors
20 with the support	28 the vanguard
21 her duties	29 has landed
22 sum them up	30 in the South of France
23 is faltering	31 is marching up

d'armes modernes. C'est pour cette revanche, cette vengeance et cette justice, que nous continuerons de nous battre jusqu'au dernier jour, jusqu'au jour de la victoire totale et complète. Ce devoir de guerre, tous les hommes qui sont ici et tous ceux qui nous entendent en France savent qu'il exige[32] l'unité nationale. Nous autres, qui aurons vécu les plus grandes heures de notre Histoire, nous n'avons pas à vouloir autre chose[33] que de nous montrer jusqu'à la fin, dignes[34] de la France.

    Vive la France !

1. Quelle est votre première impression de ce discours, sachant que De Gaulle n'était pas d'un tempérament extraverti? Quel est le ton dominant?

2. Que veut-il dire par "Il y a là des minutes qui dépassent chacune de nos pauvres vies"?

3. Quel effet la répétition de "Paris" a-t-elle dans "Paris ! Paris outragé ! Paris brisé ! Paris martyrisé ! Mais Paris libéré !" Est-ce habile dans un discours?

4. A votre avis, que veut-il dire par "la vraie France", "la France éternelle"?

5. La guerre est-elle finie maintenant que Paris est libérée? Que reste-t-il à faire?

6. A quoi fait-il allusion en parlant d'"unité nationale"? Fait-il référence au présent ou prépare-t-il l'après-guerre? Ou les deux?

7. Imaginez la réaction qu'auraient Marion, Lucas, Bernard et Daxiat s'ils entendaient ce discours à la radio. En quoi la libération de Paris changerait-elle leur vie?

---

32 it demands
33 we should not want anything less
34 worthy of

CHAPITRE 20

Le dîner de cons

Présentation du film

Toutes les semaines, Pierre Brochant participe à un dîner de cons. Le principe: chaque convive amène le meilleur con possible. Ce soir, François Pignon est le "con de classe mondiale", mais il provoque aussi des catastrophes partout où il passe...

Carte d'identité du réalisateur

Francis Veber (né en 1937) a été journaliste, écrivain, dialoguiste et excellent scénariste avant de réaliser son premier film en 1976. Spécialiste des comédies, il a remporté de gros succès avec *La chèvre* (1981), *Les compères* (1983), *Les fugitifs* (1986), *Le dîner de cons* (1998) et *Le placard* (2001), pour lesquels il était aussi scénariste. Huit des nombreux scénarios qu'il a écrits ont fait l'objet de remakes aux Etats-Unis (il vit à Los Angeles), notamment *Mon père, ce héros*. En 2003 il a réalisé *Les tourtereaux*.

Carte d'identité des acteurs

Thierry Lhermitte (né en 1952) est principalement un acteur de comédie. Sa carrière a commencé au lycée, quand, avec ses amis, il écrivait et montait des pièces de café-théâtre. La célébrité est venue en 1978 avec *Les bronzés* (grand succès public), puis en 1982 avec *Le père Noël est une ordure*. Il s'est aussi imposé dans *Les ripoux* (1984), *Le zèbre* (1992), *Un indien dans la ville* (1994) (qu'il a aussi produit), *Le dîner de cons* (1998) et *Le placard* (2001).

Jacques Villeret (né en 1951) est d'abord un acteur de théâtre: il y a notamment joué *Le dîner de cons* de 1993 à 1997. C'est un acteur attachant et sympathique qui, derrière ses talents de comédien, cache une grande sensibilité. Au cinéma il a fait de belles prestations dans *Garçon!* (1983), *Les enfants du marais* (1999), *Les acteurs* (2000) et *Un crime au paradis* (2001). *Le dîner de cons* reste son plus grand succès à ce jour.

L'heure de gloire

Le dîner de cons a été largement récompensé aux César, fait inhabituel pour une comédie: meilleur acteur (Jacques Villeret), meilleur scénario, meilleur second rôle masculin (Daniel Prévost), nomination pour le César du meilleur réalisateur et pour celui du meilleur film.

PREPARATION

1. Vocabulaire

Vocabulaire utile avant de voir le film:

Noms

un éditeur: *a publisher*
un tour de reins: *a backache*
un passe-temps: *a hobby*
une maquette: *a model*
une allumette: *a match*
un répondeur (téléphonique): *an answering machine*
une maîtresse: *a mistress*
un stratagème: *a stratagem*

la bêtise: *stupidity*
une méprise: *a mistake*
un contrôleur fiscal: *a tax auditor*
les impôts: *taxes*
un tableau: *a painting*
une cabine téléphonique: *a phone booth*
le vainqueur: *the winner*
l'intrigue: *the plot*
un quiproquo: *a mistake / a misunderstanding*
un coup de théâtre: *a dramatic turn of events*

Verbes

amener qq'un: *to bring s.o.*
quitter qq'un: *to leave s.o.*
annuler: *to cancel*
faire une gaffe: *to blunder*
être sur le point de + V: *to be on the verge of (doing sth)*
rendre service à qq'un: *to do s.o. a favor*
humilier qq'un: *to humiliate s.o.*

tendre un piège à qq'un: *to set a trap for s.o.*
mentir (à qq'un): *to lie (to s.o.)*
avouer qqch: *to confess, to admit sth*
révéler qqch à qq'un: *to reveal sth to s.o.*
coucher avec qq'un: *to sleep with s.o.*
se sentir coupable: *to feel guilty*
avoir du cœur: *to have a good heart*

Adjectifs

hebdomadaire: *weekly*

méchant(e): *mean*

méprisant(e): *contemptuous*

dégoûté(e): *disgusted*

envahissant(e): *intrusive*

bienveillant(e): *benevolent*

hébété(e): *bewildered*

léger (-ère): *light*

divertissant(e): *entertaining*

Expressions

par erreur: *by mistake*

à son insu: *without him knowing*

Traduisez!

1. It's a light and entertaining comedy, full of misunderstandings and dramatic turns of events.

2. Christine leaves Pierre because she is disgusted by his weekly hobby.

3. The publisher must cancel his dinner because of a backache.

4. He lies to the tax auditor about the paintings.

2. Repères culturels

1. Que veut dire "con"? A quel registre de langue ce mot appartient-il (littéraire/soutenu, courant, familier, vulgaire)? Pouvez-vous donner des synonymes de ce mot?

2. Le film est basé sur une pièce de théâtre, appartenant au genre du vaudeville. Quelles sont les caractéristiques du vaudeville?

CONVERSATION EN CLASSE

1. Les personnages:
   Pierre Brochant (Thierry Lhermitte)
   François Pignon (Jacques Villeret)
   Just Leblanc (Francis Huster)
   Christine Brochant (Alexandra Vandernoot)
   Lucien Cheval (Daniel Prévost)
   Marlène (Catherine Frot)

2. Quel est le symbolisme du boomerang dans la première scène?

3. Pourquoi Pignon donne-t-il l'impression d'avoir toutes les qualités du con?

4. Où Pignon travaille-t-il? Pourquoi est-ce important?

5. Que pense Christine des dîners de cons? Quelles sont les relations entre Pierre et Christine?

6. Quelle impression Pignon fait-il sur Pierre Brochant au début de la soirée?

7. Que dit Christine sur le répondeur? Pignon pense-t-il qu'elle reviendra un jour?

8. Qui Pignon appelle-t-il par erreur? Que raconte-t-il au téléphone? Comment Brochant réagit-il?

9. Pourquoi Brochant accepte-t-il de raconter à Pignon comment il a rencontré Christine?

10. Comment la conversation avec Just Leblanc se passe-t-elle? Quel était le stratagème? A-t-il fonctionné?

11. Quelle énorme bêtise Pignon fait-il quand il rencontre Christine?

12. Pourquoi Just Leblanc vient-il voir Brochant? Pourquoi sa présence est-elle importante?

13. Que comprend Brochant quand Pignon lui dit que son collègue Lucien Cheval est excellent? Que doit-il faire alors?

14. Pourquoi ajoute-t-il du vinaigre au vin?

15. Quelle grande nouvelle les quatre hommes apprennent-ils en téléphonant à Meneaux?

16. Qu'est-ce que Marlène révèle à Pignon?

17. Pourquoi Pignon téléphone-t-il à Christine?

18. Qu'est-ce que Brochant a compris à la fin du film?

APPROFONDISSEMENT

1. Vocabulaire

- **Enrichissez votre vocabulaire !**

Le téléphone

allô?: *hello?*

téléphoner à qq'un = appeler qq'un: *to call s.o.*

décrocher: *to pick up*

raccrocher: *to hang up*

laisser un message: *to leave a message*

rappeler: *to call back*

un coup de fil = un coup de téléphone: *a phone call*

un numéro de téléphone: *a phone number*

composer: *to dial*

la ligne est occupée: *the line is busy*

un numéro vert: *a 1-800 number*

l'annuaire: *the phone book*

être sur la liste rouge: *to be unlisted*

les pages blanches/jaunes: *the white/yellow pages*

un sans fil: *a wireless phone*

un portable = un mobile: *a cell phone*

La langue

un dialecte: *a dialect*

l'argot: *slang*

un idiome: *an idiom*

une langue

    vivante/morte: *modern/dead language*

    nationale: *national language*

    officielle: *official language*

    maternelle: *mother tongue*

    étrangère: *foreign language*

    parlée/écrite: *spoken/written language*

les registres de langue: la langue peut être

    littéraire: *literary*

    soutenue: *sustained*

    courante: *general (everyday)*

    familière: *colloquial*

    vulgaire: *vulgar*

    grossière: *coarse*

    châtiée: *polished*

• **Jouez avec les mots!**

A. **Complétez les phrases suivantes avec les mots de la liste, en faisant tous les changements nécessaires:**

raccrocher	rappeler	la ligne est occupée
l'annuaire	décrocher	laisser un message
un numéro vert	portable	être sur la liste rouge
composer	allô	le numéro de téléphone

1.   J'ai cherché _____ de Colette dans _____ , mais je ne l'ai pas trouvé. Elle _____ .

2.   Comme il n'était pas là, nous avons _____ sur son _____ .

3.   Si_____ , il faudra que tu _____ .

4.   J'ai _____ , j'ai dit _____ , mais l'autre personne avait déjà _____ .

5.   Vous ne payerez pas quand vous _____ ce numéro: c'est _____ .

B. **Retrouvez les mots du Vocabulaire en utilisant une syllabe de chaque colonne:**

DIA	RAN	ERE	1. Dialecte
COU	TRAN	TE	2.
GROS	TER	NELLE	3.
VI	TE	TE	4.
LIT	SI	NUE	5.
SOU	VAN	RAIRE	6.
E	CRI	**TE**	7.
MA	TE	RE	8.
VUL	**LEC**	GERE	9.
E	GAI	TE	10.

2.   Réflexion - Essais

1.   Analysez les personnages: que sait-on sur eux? quel est leur caractère? quels sont les liens entre eux? qui est sympathique/antipathique? qu'ont-ils en commun? qu'est-ce qui les oppose?

2.   C'est essentiellement un film d'hommes. Quel rôle ont les femmes?

3.   Imaginez la suite des événements:
     a. Christine va-t-elle revenir?
     b. Brochant et Pignon vont-ils rester en contact?
     c. Brochant et Just Leblanc vont-ils redevenir amis?
     d. Comment l'inspection de l'appartement de Brochant par Cheval va-t-elle se passer?

4.   Quelle importance le téléphone a-t-il dans ce film? L'histoire pourrait-elle exister sans téléphone?

5.   Pignon est plusieurs fois sur le point de partir. Pourquoi reste-t-il à chaque fois?

6.   Dressez la liste des bêtises et des gaffes de Pignon.

7. Plusieurs personnages du *Dîner de cons* sont des victimes. De qui ou de quoi sont-ils les victimes?

8. Qu'est-ce qui, dans ce film, montre que c'était une pièce de théâtre à l'origine?

9. Y a-t-il une morale dans cette histoire?

10. Comparez le titre français (*Le dîner de cons*) au titre anglais (*The Dinner Game*). Trouvez-vous que le titre anglais évoque la même idée que l'original français?

11. Comparez la première et la dernière scène. Comment les personnages principaux sont-ils présentés au début? Qu'est-ce qu'on apprend dans cette première scène (du début du film au début du générique)? Qui est présent à la fin? Qu'est-ce qui a changé entre le début et la fin?

3.   Analyse d'une photo

1. A qui Cheval parle-t-il? Quelle nouvelle vient-il d'apprendre?
2. Pourquoi Pierre et Just rient-ils?
3. Quelle est l'expression sur le visage de Pignon?

4.   Analyse de citations

Analysez les citations suivantes en les replaçant dans leur contexte:

1. Pignon: "Ca va très mal. Sa femme l'a quitté [...], c'est un homme brisé, le cœur, les reins, tout!"

2. Pignon: "Tiens, vous le lâchez dans un appartement comme ça, croyez-moi, il fait du dégât!"

3. Pignon: "Il a fait le ménage dans sa vie."

5.   Sous-titres

Le dialogue suivant entre Brochant et Pignon précède le coup de téléphone du "producteur belge" à Leblanc. Comparez l'original en français et les sous-titres en anglais, puis répondez aux questions:

1	Il s'appelle Just Leblanc.	*His name is Just Leblanc.*
2	Ah bon, il n'a pas de prénom?	*He has no first name?*
3	Je viens de vous le dire: Just Leblanc.	*I told you: Just Leblanc.*
4	Leblanc, c'est son nom, et c'est Just son prénom.	*Leblanc's his name, Just his first name.*
5	M. Pignon, votre prénom à vous, c'est François, c'est juste? Eh ben lui c'est pareil, c'est Just.	*Mr Pignon, your first name's François. Just think. His is Just.*
6	Bon, on a assez perdu de temps comme ça.	*We're wasting time.*
7	Ma femme a signé le roman de son nom de jeune fille, Christine Le Guirrec.	*My wife wrote under her maiden name, Le Guirrec.*
8	Ah bon, elle est bretonne?	*She's from Brittany?*
9	Je vous en prie, restez concentré.	*Please concentrate!*

Le comique de cette scène vient d'un malentendu: Pignon ne comprend pas le prénom de Leblanc (Just est un prénom rare en France) et croit entendre "juste".

a. 4ème réplique: qu'est-ce que Pignon croit comprendre quand Brochant dit "c'est Just son prénom"? L'idée est-elle bien rendue en anglais?

b. 5ème réplique: la répétition "c'est juste" / "c'est Just" est-elle traduite? Le sous-titre est-il adroit?

c. 6ème réplique: cette réplique comporte neuf mots en français, et le sous-titre n'en a que quatre. Les trouvez-vous bien choisis? Est-ce donc un bon sous-titre?

d. 8ème réplique: pourquoi l'adjectif "bretonne" est-il remplacé par le nom propre "Brittany"? N'était-ce pas possible de garder un adjectif en anglais?

6. Les critiques

1. Jean Vallier, dans le *France-Amérique* du 10 juillet 1999, écrit que "la tentative d'humiliation de moins malin que soi qui sert de moteur principal au film de Francis Veber provoque très vite un fort sentiment de malaise". Etes-vous d'accord? Etiez-vous mal-à-l'aise pendant le film?

2. "Il faut voir Jacques Villeret, grandiose, réinventer toutes les nuances du mot "hébétude". Il parvient même, dans un ou deux moments (et gros plans) d'anthologie, à exprimer le "rien", ce vide insondable de l'imbécilité satisfaite" (Aurélien Ferenczi, *Télérama*, 22 novembre 2000). Trouvez-vous Jacques Villeret grandiose? A quels "moments d'anthologie" fait-il allusion?

7. Parallèles avec d'autres films

1. La comédie: *Trois hommes et un couffin* et *Le dîner de cons* sont des comédies. Fonctionnent-elles de la même façon? Rit-on pour les mêmes raisons? Qu'est-ce qui nous fait rire dans chaque film?

2. La moquerie: la moquerie joue un rôle-clé dans *Ridicule* et *Le dîner de cons*. Est-elle traitée de la même façon? Réfléchissez à ceux qui sont moqués:
   a. Pourquoi le sont-ils?
   b. En sont-ils conscients?
   c. Quelle(s) conséquence(s) les moqueries ont-elles sur eux?
   d. Qui remporte la bataille: les moqueurs ou les moqués?

8. Lectures

Vous trouverez ci-dessous deux interviews de Francis Veber: la première a été accordée au magazine *Première* pendant le tournage en 1997, et la seconde au journal *France-Amérique* à l'occasion de la sortie du film aux Etats-Unis en 1999.

1. Interview réalisée par Gilles Verdiani pour *Première* (octobre 1997)

Veber joue aux cons

Francis Veber invite Villeret, Lhermitte, Huster et Prévost à la version ciné de son "Dîner de cons", énorme succès au théâtre. [...]

C'est un jeu auquel, dit-on, les surréalistes aimaient à jouer: au lieu d'apporter du vin ou le dessert, chacun arrive au dîner avec un con. L'idée a inspiré à Francis Veber une pièce où le con en question s'avère[1] plus catastrophique que prévu. Après l'énorme succès du spectacle (mis en scène[2] à sa création par Pierre Mondy), Francis Veber tourne lui-même l'adaptation ciné[3], sous le parrainage cossu[4] de la Gaumont[5]. De la distribution[6] originale ne reste que Jacques Villeret, lesté de 900 représentations[7], dans le rôle du con. Autour de lui, les convives[8] sont Thierry Lhermitte, Francis Huster et Daniel Prévost côté garçons; Catherine Frot et Alexandra Vandernoot chez les filles.

Si le décor d'appartement parisien construit au studio d'Épinay n'a rien de notable, de l'autre côté des murs de contreplaqué[9] s'étend une étonnante vue de Paris en miniature, avec immeubles haussmanniens[10] taille lilliput, demi-tour Eiffel en bois et métal, et immense toile[11] bleu nuit constellée de milliers de points lumineux en fibre optique. Un travail de Romain[12] qui ne sert qu'à remplir l'encadrement[13] des fenêtres et qui restera flou[14] la plupart du temps! On a voulu se donner les moyens de faire oublier l'origine théâtrale du scénario. Auteur et adaptateur, Francis Veber n'est pas novice dans l'exercice puisqu'il avait déjà écrit

---

1 turns out to be	9 plywood
2 directed	10 in the style of the 1850s and 1860s when Paris was redeveloped by Baron Haussmann
3 short for "cinématographique"	
4 generous sponsorship	11 canvas backdrop
5 major French production company	12 a Herculean task
6 cast	13 the frame
7 with 900 performances under his belt	14 blurred
8 the guests	

pour Édouard Molinaro le scénario de *La Cage aux folles* d'après Poiret et qu'il avait tiré son film *L'Emmerdeur* de sa propre pièce homonyme.

PREMIERE: Quand vous écriviez *Le Dîner de cons*, vous pensiez à un film?

FRANCIS VEBER : Non. Mais alors que j'étais en train de l'écrire, j'ai appelé Alain Poiré, mon producteur, pour lui lire la première partie, la seconde n'étant pas encore commencée. Il a voulu acheter les droits cinématographiques immédiatement, sans même attendre que je termine la pièce.

—Avez-vous écrit l'adaptation en cherchant à vous éloigner de la pièce?

—L'adaptation d'une pièce est un travail particulier. J'ai découvert certaines règles grâce à mes deux expériences précédentes. Contrairement à ce que l'on pense, la théâtralité ne tient[15] pas au «vase clos» avec décor unique. Elle tient au souci de ramener tout le monde en un même endroit pour des raisons arbitraires. Prenez *Spéciale première*, le film de Billy Wilder: le fait que tout le monde se retrouve dans cette salle de presse, c'est du théâtre. C'est ce que j'ai tenté d'éviter dans l'adaptation du *Dîner de cons*. J'ai essayé de changer de logique.

—Qu'est-ce qui a changé par rapport[16] à la pièce?

—J'ai enlevé 30 ou 40 mn pour accentuer l'urgence des situations. Il s'agissait essentiellement de couper des plaisanteries gratuites et d'accélérer l'action. Au théâtre, on s'installe sur 2 h, 2 h 15. Au cinéma, une comédie doit faire entre 1 h 25 et 1 h 30. C'est Wilder qui disait qu'«à partir d'1 h 30, les minutes comptent double». Il faut toujours qu'il se passe quelque chose qui empêche le spectateur d'aller aux toilettes ou d'acheter du pop-corn. Le métier de scénariste, c'est d'empêcher les gens de sortir de la salle.

—Le personnage interprété par Jacques Villeret s'appelle François Pignon, comme Jacques Brel et Pierre Richard dans vos films précédents. Que représente ce personnage pour vous?

—Je suis très maladroit[17], je me cogne[18] tout le temps. Pignon, c'est moi. C'est l'homme ridicule. Et l'autre, Campana, le costaud –Lino Ventura, Gérard Depardieu ou Jean Réno–, c'est celui que j'aurais voulu être.

—Ici, il n'y a pas de Campana?

—Non. Il y a Brochant *[l'inviteur]*, un personnage que je n'aime pas beaucoup au départ, un *golden boy* qui fait des plaisanteries aussi cyniques que d'inviter des cons à dîner avec des copains qui sortent dans les clubs chic, qui sont habillés d'une certaine manière…Ça m'a fait plaisir de montrer comment il va être puni par le con pendant toute la durée du film.

—Si vous cherchez en vous le ridicule de Pignon, où croquez[19]-vous celui des autres?

—Je ne suis pas du tout le genre à me promener avec un calepin[20] et à écouter les

---

15 doesn't depend on limited space with a unique set	18 I bump into everything
16 in comparison with	19 sketch
17 clumsy	20 a notebook

chauffeurs de taxis, ce que faisaient les grands dialoguistes comme Audiard. Je ne saisis[21] pas la vie sur le vif. J'ai l'impression d'avoir tout emmagasiné[22] jusqu'à un certain âge, jeune d'ailleurs: au lycée, au service militaire, pendant mes trois ans de journalisme à RTL[23]…Mais à partir du moment où l'on écrit, on devient très solitaire. D'autant[24] que je vis maintenant aux États-Unis. Je suis en France pour une parenthèse courte de trois ou quatre mois, le temps de faire ce film, et je repars à Los Angeles aussitôt après, en septembre.

—Vous avez écrit *Le Dîner de cons* à Los Angeles?

—Oui, entièrement.

—Mais la pièce n'a rien d'américain…

—Non.

Pour les films américains, de quoi vous êtes-vous nourri?

—Je me suis insuffisamment nourri. J'ai eu besoin d'adaptateurs. Je suis arrivé trop tard dans le pays pour comprendre la sensibilité[25] américaine. Si vous arrivez avant 15 ans dans un pays, vous parlez couramment. Après, vous avez un accent. D'autant qu'on arrive aux États-Unis en pensant qu'on ressemble aux Américains parce qu'on porte leurs casquettes, qu'on écoute leur musique, qu'on mange dans leurs fast-foods et qu'on voit leurs films. C'est totalement faux.

[…]

—Les Américains ont-ils été intéressés par *Le Dîner de cons?*

—Oui. J'ai essayé de monter[26] la pièce à Broadway. Il y avait donc une version en anglais qui circulait. Mon agent a raconté le sujet à Spielberg, qui est entré en contact avec Gaumont pour acheter les droits du remake–en tant que[27] producteur, pas réalisateur–avant même que le film ne soit fait. Sa proposition était formidable, mais Gaumont n'a pas voulu. En fait, ils ont eu peur que les marchés étrangers, sachant qu'il allait y avoir un film américain, n'achètent pas le film français. Mais si mon film est bon et s'il marche, Spielberg voudra sûrement encore acheter les droits. S'il est mauvais et qu'il fait un bide[28], sûrement pas.

1. Les décors extérieurs ont demandé énormément de travail. Y avez-vous fait attention pendant le film?

2. Pourquoi ces décors étaient-ils si importants?

3. Comprenez-vous qu'Alain Poiré ait acheté les droits sans avoir lu la seconde partie du scénario?

4. Quelle est la différence entre une pièce de théâtre et un film d'après Francis Veber?

---

21 I don't get my inspiration from what I see
22 accumulated
23 large French radio station
24 especially since
25 sensitivity
26 to put on
27 as a
28 a flop

5. Pourquoi une comédie doit-elle être courte?

6. De quoi Veber s'inspire-t-il pour écrire?

7. Pourquoi faut-il arriver dans un pays étranger avant 15 ans d'après Veber?

2. Interview réalisée par Karine Harchaoui-Wong pour *France-Amérique* (3 juillet 1999)

Devine qui vient dîner ce soir?

Après avoir connu un succès inespéré[29] en France avec la pièce de théâtre du même nom, le «Dîner de cons», (en anglais «The Dinner Game»), film du réalisateur français Francis Veber, arrive sur les écrans américains.

La France lui doit[30] ses plus grands fous rires[31]. *La chèvre*, c'est lui, *Le Grand blond avec une chaussure noire*, *L'Emmerdeur*, *La Cage aux folles*, ou encore *Les Compères* pour ne citer qu'eux, c'est encore lui.

Aujourd'hui, Francis Veber est un homme heureux. Il rit de se voir si drôle en cet écran[32].

Dans *Le Dîner de cons*, son dernier né, il met en scène Jacques Villeret (François Pignon), employé aux ministère des Finances et Thierry Lhermitte (Pierre Brochant), éditeur.

Chaque mercredi soir, Brochant et ses amis se réunissent autour d'un bon dîner où chacun est chargé d'amener avec lui… l'invité le plus «con» qu'il aura pu dénicher[33] au cours de la semaine. Bien sûr, ce dernier ne se doute[34] de rien. Celui qui amène «son» spécimen au stade[35] le plus «terminal» a ga-gné!

C'est à la suite d'histoires comme celles-ci, qui ont fleuri dans le tout Paris[36] à l'époque de chez Castel, que Francis Veber a eu l'idée, tout d'abord, d'écrire une pièce de théâtre dont le succès a été tel qu'une adaptation à l'écran s'imposait.

FRANCE-AMERIQUE: **Quel effet cela fait-il de prendre les gens pour des «c...» et d'avoir du succès?**

Francis Veber: (Eclat de rire)… Cela fait du bien! Un bien fou que vous ne pouvez imaginer.

—Avouez que c'est une «drôle» d'histoire. Comment est-elle née?

—Elle est née à partir d'un vrai jeu qui se jouait à Paris chez Castel notamment où, des gens pas gentils, sans pitié et en général riches et méprisants[37], avaient lancé cette idée d'inviter la personne la plus «con» possible et de se moquer d'elle pendant toute la soirée. Chacun amenait son «con» et il y avait une espèce de compétition.

---

29 unexpected
30 owes him
31 greatest moments of laughter
32 Francis Veber is paraphrasing La Castafiore in the comic book *Tintin*. She looks at herself in the mirror and repeats "Je ris de me voir si belle en ce miroir"
33 to track down
34 suspects
35 to the ultimate state of dumbness
36 the who's who of Paris
37 disdainful

A la fin, le «con» le plus «con» recevait un oscar… sans le savoir bien sûr. Quand on m'a raconté cette histoire que j'ai trouvée relativement répugnante[38], j'ai voulu en quelque sorte punir cet état de fait[39] en l'adaptant.

—Avez-vous vous-même vécu une telle situation?

—Oui, tout de suite après la sortie du film, mes amis m'ont invité un soir à dîner et m'ont posé tout un tas de questions sur la façon dont j'avais fait le film, etc. jusqu'à ce que je comprenne, un peu tard, que je venais de me faire prendre à mon propre piège[40].

Mais, vous savez, on est toujours le «con» de quelqu'un dans la vie. C'est ce qui fait qu'il y a une grande démocratie dans l'histoire et qu'il est très difficile de définir la bêtise.

—Peut-on rire de tout?

—Oh! oui alors, il faut surtout le faire. Il y a tout de même certains sujets comme la maladie ou la mort sur lesquels je ne rirais pas facilement, mais le reste, alors, allez-y! Tout ce qui peut passer dans le triste du comique, c'est une façon d'exorciser le malheur. J'ai d'ailleurs pris la précaution de faire de mon «con», dans le film, quelqu'un qui, n'est pas un débile[41] mental du tout. C'est un type qui a l'air d'être intelligent. C'est un peu le «Canada Dry» de l'intelligence. Ça en a le goût et la couleur, mais ça n'en est pas!

—Vous êtes le roi de la comédie, en France. Quels sont les ingrédients que vous mettez dans votre marmite[42] pour, chaque fois, la faire exploser de rire?

—Si seulement je le savais, je serais beaucoup moins angoissé que je ne le suis, bien plus serein. Non, je n'ai pas de secret, je travaille comme un fou, je fais, je refais et parfois je rate[43] aussi. Rappelez vous le *Retour du grand blond,* ça c'est un ratage, tout comme la deuxième *Cage aux folles.* Ce sont des choses qui arrivent. Il n'y a malheureusement pas de recette dans ce métier.

1. Trouvez-vous, comme Veber, que l'idée des dîners de cons est répugnante? Pourquoi?

2. Que veut-il dire quand il affirme qu'"on est toujours le «con» de quelqu'un dans la vie"? Etes-vous d'accord?

3. Pourriez-vous rire de tout?

4. Est-ce facile d'écrire des comédies? Comment Veber travaille-t-il?

---

38 disgusting
39 *here*: mindset
40 my own trap

41 a moron
42 kettle
43 I fail

ADRESSES UTILES

Vente de vidéos

En français, sous-titrées en anglais, en format NTSC:

Amazon: www.amazon.com

Applause: www.applauselearning.com
    Tél: (800) 277-5287

Blockbuster: www.blockbuster.com

Continental: www.continentalbook.com
    Tél: (303) 289-1761 ou (718)326-0560

Facets: www.facets.org
    Tél: (800) 532-2387

Pierre Books: www.pierrebooks.com
    Tél : (888) 702-0766

Vedette Visuals: www.vedettevisuals.com
    Tél: (253) 564-4960

Version Française: www.francevision.com
    Tél : (800) 835-7537

World of Reading: www.wor.com
    Tél: (800) 729-3703

En français, sans sous-titres (format NTSC):

Arc-en-plume: www.arcenplume.ca
    Tél: (514) 341-5304

In French: www.infrench.com
    Tél: (888) 751-8882

Renaud-Bray: www.renaud-bray.com

En français, sans sous-titres (format SECAM):

Alapage: www.alapage.com
    Tél: (011-33) 892-35-07-08

César: www.cinestore.com

FNAC : www.fnac.com
    Tél: (011-33) 1-53-56-28-00

Scénarios

Voir la section "Liste des scénarios publiés"

Vente de photos et de posters

Jerry Ohlinger's Movie Material Store, Inc
    242 West 14th St - New York, NY 10011
    Tél : (212) 989-0869
    Fax : (212) 989-1660

Librairie Ciné Reflet
    14, rue Serpente - 75006 Paris
    Tél : (011-33) 1-40-46-02-72
    Fax : (011-33) 1-40-46-87-04

Sites Internet intéressants

Actualités du cinéma: www.cinefil.com (tous les films du moment)

Afrique: www.africultures.com (site des cultures africaines avec des pages sur le cinéma africain)

Art et essai: www.art-et-essai.org (site de l'Association Française des Cinémas d'Art et d'Essai qui défend le cinéma indépendant)

Bandes annonces: www.1001ba.com (possibilité de visionner la bande annonce de dizaines de films)

Bibliothèque: www.edu.bifi.fr (site de la Bibliothèque du Film: informations sur les films, les acteurs, les vidéos, les périodiques de cinéma)

Cannes (Festival de Cannes): www.festival-cannes.org (les films, les jurys, les Palmes d'or, le calendrier, les archives)

Cinémathèque: www.cinematheque.tm.fr (site de la Cinémathèque française, qui collectionne les films, les archives et les appareils liés aux techniques du cinéma)

CNC: www.cnc.fr (site du Centre National de la Cinématographie: articles, dossiers, publications, statistiques)

Festivals: www.filmfestivals.com/fr/index.html (les grands festivals de cinéma en Europe et en Amérique du Nord)

Films: www.edu.bifi.fr/decouvrir-index.html (pour chaque film: tournage, générique, résumé, palmarès, exploitation, vidéo, bibliographie)
www.ecrannoir.fr/films/filmsq.htm (pour chaque film: fiche technique, casting, résumé, critique, liens)
www.diplomatie.gouv.fr/culture/france/index.html (pour chaque film: générique, résumé, photos)
http://us.imdb.com (site en anglais – pour chaque film: générique, résumé, palmarès, critiques, citations)

Histoire du cinéma:
www.diplomatie.fr/culture/france/biblio/folio/cinema (100 ans de cinéma français)
http://culturel.org/ADPF/CINEMA (histoire du cinéma français de 1960 à 1990)

Paris: www.vdp.fr (site du Forum des Images, anciennement appelé Vidéothèque de Paris: collectionne tous les films qui ont Paris pour sujet ou pour décor – possibilité de consulter les fiches des films)

Personnalités:
www.ecrannoir.fr/stars/index.html (site d'Ecran Noir: excellentes pages sur les personnalités: leur portrait, leur filmographie, leurs récompenses et prix, leur adresse)
www.allocine.com (pour chaque personnalité: sa filmographie, son actualité très détaillée, son adresse, des pages sur ses films, des articles de journaux)
www.monsieurcinema.com (portrait, filmographie et articles de journaux)
http://us.imdb.com (site en anglais avec le portrait et la filmographie de nombreuses personnalités)

Presse:
Cahiers du Cinéma: www.cahiersducinema.com (mensuel sur le cinéma)
Le Film Français: www.lefilmfrancais.com (hebdomadaire des professionnels de l'audiovisuel)
Positif: www.jmplace.com/positif.cfm (mensuel sur le cinéma)
Première: www.premiere.fr (mensuel sur le cinéma)
Télérama: www.telerama.fr (hebdomadaire culturel avec des articles sur les films qui sortent)

Promotion: www.unifrance.org (site d'Unifrance, dont le but est de promouvoir le cinéma français dans le monde: pages sur les films, les festivals, les acteurs, les réalisateurs, les distributeurs et la vie des films à l'étranger et en France)

LISTE DES SCENARIOS PUBLIES

Realisateur	Titre	Année	Editeur
Guédiguian	Marius et Jeannette	1998	Avant-Scène
Hubert	Le grand chemin	1998	Avant-Scène
Malle	Au revoir les enfants	1988	Avant-Scène
Miller	L'accompagnatrice	1992	Actes Sud
Sautet	Un cœur en hiver	1996	Avant-Scène
Sautet	Nelly et M. Arnaud	1997	Avant-Scène
Serreau	Trois hommes et un couffin	1987	Avant-Scène
Tavernier	La vie et rien d'autre	1990	Avant-Scène
Truffaut	Le dernier métro		Cahiers du Cinéma

Tous les scénarios publiés par Avant-Scène sont disponibles auprès de Focus Publishing (978-462-7288 ou www.pullins.com). *L'accompagnatrice* est disponible à la librairie Ciné-Reflet (voir coordonnées dans les Adresses utiles). *Le dernier métro* est disponible sur www.fnac.com

PRODUITS DERIVES

Tous les articles suivants sont disponibles sur www.cesarducinema.com ou www.fnac.com

Realisateur	Titre	Produit
Berri	Jean de Florette	roman
Chabrol	Madame Bovary	roman
Jeunet	Le fabuleux destin d'Amélie Poulain	livre (making of), CD et affiches
Leconte	Ridicule	roman et CD
Leconte	La veuve de Saint-Pierre	roman et CD
Miller	L'accompagnatrice	CD
Rappeneau	Cyrano de Bergerac	pièce de théâtre
Rappeneau	Le hussard sur le toit	roman et CD
Sautet	Un cœur en hiver	CD
Truffaut	Le dernier métro	livre et CD
Veber	Le dîner de cons	novellisation et CD

INDEX CULTUREL

INDEX DES ACTEURS

MEYLAN, Gérard
Marius et Jeannette

MONTAND, Yves
Jean de Florette
Manon des sources

NOIRET, Philippe
La vie et rien d'autre

PEREZ, Vincent
Cyrano de Bergerac

ROCHEFORT, Jean
Ridicule

SAFONOVA, Elena
L'accompagnatrice

SERRAULT, Michel
Nelly et M. Arnaud

TAUTOU, Audrey
Le fabuleux destin d'Amélie Poulain

VALANDREY, Charlotte
Rouge baiser

VILLERET, Jacques
Le dîner de cons

WILSON, Lambert
Rouge baiser

LEXIQUE FRANCAIS-ANGLAIS

A

abbaye *f*: abbey
abbé *m*: abbot
abnégation *f*: self-sacrifice
abolitionniste: abolitionist
abonner, s'~: to subscribe
abri *m*: shelter
absent(e): lost in one's thoughts
absolutisme *m*: absolutism
accompagnatrice *f*: accompanist
accord, être d'~: to agree
   ne pas être d'~: to disagree
accordéon *m*: accordion
accoucher: to give birth
accueillir: to welcome
accusé(e) *m/f*: defendant
accuser qq'un de qqch: to accuse s.o. of sth
achat *m*: purchase
acheter: to buy
acte *m*: act
addition *f*: check
adieu *m*: farewell
administrateur *m*: director
adolescent(e) *m, f*: teenager
adopter: to adopt
affaire *f*: good deal
affectueux (-se): affectionate
affiche *f*: bill
aggraver, s'~: to worsen
aide *f*: assistance
aisé(e): comfortable (financially)
aise, être à l'~: to feel comfortable
album photos *m*: photo album
alcoolique: alcoholic
alerte *f*: warning
Alliés *pl*: Allied
allocation *f*: benefit
allumer (un feu): to light (a fire)

allumette *f*: match
amant *m*: lover
ambigu(ë): ambiguous
améliorer, s'~: to improve
amener qq'un: to bring s.o.
amitié *f*: friendship
amour *m*: love
   ~ platonique *m*: platonic love
   chagrin d'~ *m*: unhappy love affair
   chanson d'~ *f*: love song
   histoire d'~ *f*: love story
   lettre d'~ *f*: love letter
amoureux (-se), être ~ de: to be in love with
   tomber ~ de: to fall in love with
âne *m*: donkey
ange gardien *m*: guardian angel
angoissant(e): distressing
angoissé(e): distressed
animaux de la ferme *pl*: farm animals
année scolaire *f*: school year
annuaire *m*: phone book
annuler: to cancel
antilope *f*: antelope
antisémite: antisemitic
anxieux (-se): anxious
apaisé(e): calm
apartheid *m*: apartheid
appareil-photo *m*: camera
appartenir à qq'un: to belong to s.o.
appeler: to call
applaudir: to applaud
applaudissements *pl*: applause
apprenti(e) *m, f*: apprentice
apprivoiser qq'un: to win s.o. over
aquarelle *f*: watercolor
arbre généalogique *m*: family tree
argot *m*: slang
arme à feu *f*: firearm
armée de l'air *f*: Air Force

armée de terre *f*: army

armistice *m*: truce

arrêt de bus *m*: bus stop

arrêté(e), être ~: to be arrested

arrêter qq'un: to arrest s.o.

arrivisme *m*: unscrupulous ambition

arrogant(e): arrogant

arrondissement *m*: district (of Paris)

arroser: to water

article *m:* article

assassiné, être ~: to be assassinated

assécher (un marais): to drain (a marsh)

assiette *f*: plate

assistante sociale *f:* social worker

assister à: to attend

atelier *m*: 1. workshop 2. studio

attachant(e): endearing

attaché(e) à (qq'un): attached to (s.o.)

attaque aérienne *f*: air strike

atteint(e), être ~: to be hit

attendre: to wait

augmenter qq'un: to give s.o. a raise

autel *m*: altar

auteur *m*: author

autobiographie *f*: autobiography

automate *m*: automaton

automne *m*: fall

autorité, faire ~ en qqch: to be an authority on sth

autrement: otherwise

autrichien (ne): Austrian

avare: miserly

avarice *f*: miserliness

avenir *m*: future

averse *f*: shower

aveu *m*: confession

avion *m*: aircraft

avis, avoir un ~: to have an opinion

avocat *m*: 1. avocado 2. lawyer

avorter: to have an abortion

avouer qqch: to confess / to admit sth

B

babouin *m*: baboon

bagarrer, se ~: to fight

bagarreur (-euse): quarrelsome

bagne *m*: convict prison

bal *m*: ball

bande dessinée *f*: comic strip

banlieue *f*: suburbs

barbelé, fil de fer ~ *m*: barbed wire

barque *f*: row boat

bar-tabac *m*: café with a cigarette counter

bataille *f*: battle

bateau de pêche *m*: fishing boat

batterie *f*: drums

battre, se ~: to fight

bavard(e): talkative

beau-père *m*: father-in-law / step-father

belle-famille *f*: in-laws

belle-fille *f*: daughter-in-law

belle-mère *f*: mother-in-law / step-mother

berceuse *f*: lullaby

berger (-ère) *m, f*: shepherd (ess)

bête: stupid

bêtise *f*: stupidity

biberon *m*: (baby) bottle

bibliothèque *f*: library

bienveillant(e): benevolent

bière *f*: beer

bijou *m*: jewel

bilan de santé *m:* check-up

billet *m*: 1. bill 2. ticket

biographie *f*: biography

biologie *f:* biology

blague *f*: joke

blancs *pl*: whites

blessé(e): wounded, hurt

blessure *f*: wound

blockhaus *m*: bunker

boire, se mettre à ~: to take to drinking

boîte à musique *f*: music box

boîte *f*: box

boiter: to limp

bombarder: to bomb

bombe *f*: bomb

bon *m*: coupon

bon marché: cheap

bonheur *m*: happiness
    porter ~: to bring luck
    porte-~ *m*: lucky charm
    par ~: fortunately
    faire le ~ de qq'un: to make s.o. happy
    nager dans le ~: to be overjoyed

bonté *f*: goodness

bouche de métro *f*: subway entrance

boucher une source: to block a spring

bouder: to sulk

bougie *f*: candle

bouleversé(e): distressed

boulot, petit ~ *m*: odd job

bourreau *m*: executioner

bourse *f*: scholarship

boutade *f*: flash of wit

bouton d'or *m*: buttercup

bravoure *f*: bravery

brouette *f*: wheelbarrow

brouillard *m*: fog

brouillon *m*: draft

bru *f*: daughter-in-law

brun(e): dark-haired

bûcher *m*: pyre

bulletin *m*: school report

bureau *m*: desk

but *m*: goal

C

cabine téléphonique *f*: phone booth

cabinets *pl*: outhouse

cache-cache, jouer à ~ avec qq'un: to play hide-and-seek with s.o.

cacher: to hide (s.o.)
    se ~: to hide (oneself)

cachette, donner qqch en ~: to give sth secretly

cadavre *m*: corpse

cadeau *m*: present

cadre *m*: frame

café *m*: 1. coffee 2. bar

cahier d'exercices *m*: workbook

caissier (-ère) *m/f*: cashier

calculateur (-trice): calculating

calembour *m*: pun, play on words

calme: quiet

cambriolage *m*: housebreaking

cambrioler: to break into (a house)

camp de concentration *m*: concentration camp

canard *m*: duck

candidat(e) *m, f*: candidate

candidature, envoyer sa ~: to apply

cantatrice *f*: singer

cantique *m*: hymn

capitaine *m*: captain

capitale *f*: capital city

capituler: to capitulate

carafe d'eau *f*: carafe

Caraïbes *pl*: Caribbean

cardiaque, être ~: to have a heart condition

cartable *m*: school bag

carte *f*: 1. map 2. Menu
    ~ de crédit *f*: credit card
    ~ des vins *f*: wine list
    jouer aux ~s: to play cards

cascade *f*: waterfall

caserne *f*: barracks

casque *m*: helmet

catholique: Catholic

cauchemar *m*: nightmare

cave *f*: cellar

célibataire: single

cellule *f*: cell (in a prison)

centre commercial *m*: shopping center

cercueil *m*: coffin

cesser le feu: to cease fire

chaise haute *f*: high chair

châle *m*: shawl

chaleureux (-se): warm (person)

champ *m*: field
    ~ de bataille *m*: battleground

changement *m*: change

changer (un bébé): to change (a baby)

chanson *f*: song

chant *m*: song

chanter faux: to sing out of tune

chantonner: to croon

chapelle *f*: chapel

chapitre *m*: chapter

chariot *m*: cart

charité, œuvre de ~ *f*: charity

charme, avoir du ~: to be charming

charrette *f*: cart

charrue *f*: plow

chasse au trésor *f*: treasure hunt

chasser: to hunt

chef d'Etat *m*: head of state

chef d'orchestre *m*: conductor

chemin *m*: lane, road

cheminée *f*: fireplace

chêne *m:* oak

chèque *m*: check
    ~ **de voyage** *m*: traveler's check

chéquier *m* : check book

cher(-ère): expensive

chercher: to look for

chercheur *m*: research worker

cheval *m*: horse
    faire du ~: to ride a horse

chevalet *m*: easel

chèvre *f:* goat

chimie *f*: chemistry

chirurgien *m*: surgeon

choléra *m*: cholera

chômage, être au ~: to be unemployed
    lutter contre le ~: to fight unemployment
    taux de ~: unemployment rate
    les statistiques du ~: unemployment figures
    les allocations de ~: unemployment benefits

chrétien *m*: Christian

chroniqueur *m*: columnist

cicatrice *f*: scar

cidre *m*: cider

Ciel *m*: Heaven

cimenterie *f:* cement factory

cimetière *m*: cemetery

ciseaux *pl*: scissors

citadin(e) *m/f*: city person

citron pressé *m*: fresh lemonade

civelles *pl*: baby eels

clarinette *f*: clarinet

classeur *m*: binder

clavecin *m*: harpsichord

clémence *f:* mercy

clerc de notaire *m*: law clerk

clientèle *f*: clientele

clinique *f*: clinic

cloué, être ~ au lit: to be bedridden

Coca *m*: Coke

cocaïne *f*: cocaine

cochon *m*: pig

cœur, avoir du ~: to have a good heart

collant *m*: tights

colle *f*: glue

collectionner: to collect

collège *m*: junior high school

coller: to paste

collier *m*: necklace
    ~ **de perles** *m*: string of pearls

colline *f:* hill

colonel *m*: colonel

colporteur *m*: huckster

comble, faire salle ~: to be packed to capacity

comédie *f*: comedy

comices agricoles *pl:* agricultural show

commandant *m*: major

commande *f*: order

commander: to order

commettre un crime: to commit a crime

commissariat (de police) *m*: police station

communier: to receive Holy Communion

composer: to dial

compositeur *m*: composer

composter: to stamp (a ticket)

compte: ~ **en banque** *m*: bank account
    régler son ~ **à qq'un**: to settle s.o.'s hash

comptine *f*: nursery rhyme

comtesse *f*: countess

concurrence *f:* rivalry, competition

condamné(e), être ~: to be sentenced

conditions, remplir les ~: to qualify

condoléances, sincères ~: deepest sympathy

confiance, avoir ~ en qq'un: to trust s.o.

confiant(e): confident

confidence, faire une ~ à qq'un: to tell s.o. a secret

confident(e) *m, f*: confidante

confier, se ~ à qq'un: to confide in s.o.

conquête de l'espace *f*: space exploration

consacrer du temps à (qq'un / qqch): to devote time to (s.o. / sth)

Conseil *m*: Council

conseil *m*: piece of advice

Conservatoire, faire le ~: to go to a conservatory

consommateur *m*: consumer

consultation *f*: (doctor's) office visit

contagieux (-se): contagious

conte *m*: tale

    ~ de fées *m*: fairytale

contrarié(e): vexed

contrebasse *f*: bass

contrôleur fiscal *m*: tax auditor

convaincu(e): convinced

convertir, se ~: to convert

convoiter: to covet

convoitise *f*: covetousness

copain / une copine *m, f*: friend / buddy

    petit(e) ~ *m, f*: boy (girl) friend

coquelicot *m*: poppy

coqueluche *f*: whooping cough

cor *m*: French horn

Coran *m*: Koran

corbeau *m*: crow

corde *f*: rope

corps enseignant *m*: faculty

correspondant(e) *m, f*: correspondent

corrompu(e): corrupt

costume *m*: costume

costumier (-ière) *m, f*: wardrobe keeper

couche *f*: diaper

coucher avec qq'un: to sleep with s.o.

coudre: to sew

couffin *m*: (baby) basket

couler (eau): to run (water)

couleur *f*: color

    ~ de la peau *f*: skin color

coulisses *pl*: backstage

coup de fil *m*: phone call

coup de foudre *m*: love at first sight

coup de téléphone *m*: phone call

coup de théâtre *m*: dramatic turn of events

coup d'épée *m*: swordthrust

coupable *m*: guilty party

coupable: guilty

couplet *m*: verse

cour de l'école *f*: schoolyard

cour *f*: 1. court 2. courtyard

cour martiale *f*: court martial

cour, faire la ~: to court

courage *m*: courage

courageux (-se): courageous

couronne *f*: crown

    prétendre à la ~: to lay claim to the throne

couronnement *m*: coronation

course *f*: errand

    faire les courses: to go shopping

courtisan(e) *m, f*: courtier

cousin(e) *m, f*: cousin

coussin *m*: cushion

couteau *m*: knife

coûter: to cost

coûteux (-se): costly

couturière *f*: seamstress

couvent *m*: convent

crabe *m*: crab

craie *f*: chalk

craindre: to fear

craintif (-ve): timid

crayon *m*: pencil

crèche *f*: 1. Nativity scene 2. day care center

creuser: to dig

crevette *f*: shrimp

crier: to scream

crime, commettre un ~: to commit a crime

critique *m*: critic

    ~ d'art *m*: art critic

croc-en-jambe, faire un ~ à qq'un: to trip s.o. up

crochets, vivre aux ~ de qq'un: to live off s.o.

croire en Dieu: to believe in God

croisière *f*: cruise

croix *f*: cross

Croix-Rouge *f*: Red Cross
cucurbitacée *f*: type of gourd
cuillère *f*: spoon
cuisinier *m*: cook
culpabilité *f*: guilt
cultivé(e): educated, well-read
cupide: greedy
curé *m*: priest
cynique: cynical

D

dactylo *f*: typist
débarquer: to land
débarrasser, se ~ de: to get rid of
débat *m*: debate
débordé(e): overwhelmed
débrouiller, se ~: to manage
décalé(e): quirky
décevoir qq'un: to disappoint s.o.
déchirant(e): heartrending
décision, prendre une ~: to make a decision
déclarer, se ~: to break out (disease)
   ~ la guerre à: to declare war on
décor *m*: scenery
décorateur (-trice) *m, f*: set designer
découverte *f*: discovery
découvrir: to discover
décrocher: to pick up (the phone)
déçu(e): disappointed
défaite *f*: defeat
défendre: to defend
dégoûté(e): disgusted
dégoûter: to disgust
déménager: to move (house)
démissionner: to resign
dénoncer: to denounce
   ~ qq'un: to turn s.o. in
dentiste *m*: dentist
dépenser: to spend
dépensier (-ère): extravagant (spender)
dépressif (-ve): depressed
dépression nerveuse *f*: nervous breakdown
dermatologue *m*: dermatologist

désabusé(e): disillusioned
descendre: to get off
déserter: to desert
désespéré(e): desperate
désir *m*: desire
désobéir: to disobey
dessert *m*: dessert
dessin *m*: drawing
dessinateur *m*: illustrator
dessiner: to draw
destin *m*: destiny
déterminé(e): resolute
déterrer: to unearth
détournement de mineur *m*: statutory rape
détourner des fonds: to embezzle funds
détruit(e): destroyed
dette *f*: debt
   avoir des ~: to be in debt
deuil, être en ~: to be in mourning
   prendre le ~: to go into mourning
devoir: to owe
   ~ qqch à qq'un: to owe s.o. sth
devoirs à la maison *pl*: homework
dévoué(e): devoted
diagnostic *m*: diagnosis
diagnostiquer: to diagnose
dialecte *m*: dialect
digne: dignified
directeur (-trice) *m, f*: headmaster
diriger: to direct
discours *m*: speech
discrimination *f*: discrimination
disparu *m*: MIA
disputer, se ~: to quarrel
dissertation *f*: paper
dissimulé(e): secretive
dissuader qq'un de faire qqch: to talk s.o. out of doing sth
distributeur automatique *m*: ATM
divertissant(e): entertaining
divorcé(e): divorced
divorcer: to divorce
docteur *m*: doctor
dortoir *m*: dorm

douanes *pl*: customs

doué(e): gifted

douloureux (-se): painful

drame *m*: drama

drogue *f*: drugs

    ~ **douce / dure** *f*: soft / hard drugs

drogué(e) *m, f*: drug addict

droguer, se ~: to take drugs

droit(e): honest

droit, avoir ~ à qqch: to be entitled to sth

droite / gauche, être de ~: to be on the political right / left

droits d'auteur *pl*: royalties

droiture *f*: honesty

duel *m*: duel

E

eau de vie *f*: brandy

éblouir: to dazzle

écart, tenir qq'un à l'~: to hold s.o. back

échanger: to exchange

échapper, s'~: to escape

échasses *pl*: stilts

échelle *f*: ladder

échographie *f*: ultrasound

éclairage *m*: lighting

éclairé(e): enlightened

écœuré(e): disgusted

école primaire *f*: elementary school

économies, faire des ~: to save

écran *m*: screen

écraser: to crush

écrivain *m*: writer

éditeur *m*: publisher

édition, maison d'~ *f*: publishing house

éducation physique *f*: physical education

effets spéciaux *pl*: special effects

effeuiller la marguerite: to play 'she loves me, she loves me not'

effrayant(e): frightening

effrayé(e): frightened

égalitaire: egalitarian

église *f*: church

égoïsme *m*: selfishness

égoïste: selfish

élection *f*: election

élève *m, f*: student (up to high school)

    ~ **de seconde** *m, f*: sophomore

    ~ **de première** *m, f*: junior

    ~ **de terminale** *m, f*: senior

    ancien(ne) ~ *m, f*: alumnus

élever, ~ un enfant: to raise a child

    ~ **des lapins**: to breed rabbits

élire: to elect

éloquent(e): eloquent

élu(e): elected

embaucher: to hire

émerveillé(e): amazed

émeute *f*: uprising

émigrer: to emigrate

émotif (-ve): emotional

émouvant(e): moving

emploi du temps *m*: schedule

empoisonner, s' ~: to poison oneself

empoisonneur (-euse) *m, f*: poisoner

emprunter: to borrow

ému(e): moved

enceinte: pregnant

endetté(e): in debt

endormir, s'~: to fall asleep

enfance *f*: childhood

Enfer *m*: Hell

enfuir, s'~: to flee

engager, s'~: to enlist

engrais *m*: fertilizer

enivrer, s'~: to get drunk

enlever: to remove

ennuyer, s'~: to be bored

enquête *f*: investigation

enrichir, s': to grow rich

ensoleillé(e): sunny

enterrement *m*: funeral

enterrer: to bury

entêté(e): stubborn

entracte *m*: intermission

entrée *f*: appetizer

envahir: to invade

envahissant(e): intrusive

envie *f*: envy

envieux (-euse): envious

envoyé(e) spécial *m, f*: special reporter

épée *f*: sword

épicier (-ière) *m, f*: grocer

épidémie *f*: epidemic

épouser qq'un: to marry s.o.

épouvanté(e): terror-stricken

épreuve *f*: trial (difficult time)

épuisé(e): exhausted

équivoque *f*: double entendre

érable *m*: maple

erreur *f*: mistake
    par ~: by mistake

escalier *m*: staircase

espiègle: mischievous

espoir *m*: hope

esprit, faire de l'~: to be witty

esquisse *f*: sketch

étagère *f*: shelf

étang *m:* pond

Etat, homme d'~ *m*: statesman

étiquette *f*: label

étouffant(e): smothering

étranger (-ère): foreign

être sur le point de + V: to be on the verge of (doing sth)

étudiant(e) *m, f*: student (in college)

évader, s'~: to escape

évêque *m*: bishop

évident(e): obvious

exaspérant(e): exasperating

excédé(e): exasperated

exclure qq'un: to exclude s.o.

expérience *f*: experiment
    faire une ~ : to perform an experiment

expérimenter: to make experiments

expert *m*: expert
    être ~ dans sa matière: to be an expert in one's field

exploser: to explode

exposition *f*: exhibition

expulser: to expel

extrémiste: extremist

exubérant(e): exuberant

F

face, perdre la ~: to lose face

faible: weak

familier (-ère): colloquial

famille, avoir un air de ~: to have a family resemblance

fané(e): faded

fantaisiste: fanciful, whimsical

farce *f*: farce

fat: self-satisfied

fatiguer, se ~ de qqch: to get tired of sth

fée *f*: fairy

feinte *f*: feint

femme *f*: 1. woman 2. wife

ferme *f*: farm

fermier (-ère) *m, f*: farmer

fertile: fertile

feu: mettre le ~ à qqch: to set fire to sth

feuille *f*: sheet

fiançailles *pl*: engagement

fiancé(e) *m, f*: fiancé(e)

fidèle: faithful

fier (-ère): proud

fièvre *f*: fever

filet *m*: net

fille *f*: daughter

filleul(e) *m, f*: godson / goddaughter

fils *m*: son

fin, mettre ~ à ses jours: to take one's own life

fleurs des champs *pl:* wildflowers

flirter: to flirt

flûte *f*: flute

foi *f:* faith

foin *m*: hay

fontaine *f*: fountain

forces, reprendre des ~: to regain strength

fouiller (un endroit, qq'un): to search (a place, s.o.)

fourchette *f*: fork

fournitures scolaires *pl:* school supplies

frais de scolarité *pl:* tuition fees

franc (-che): frank

français *m*: French

franchise *f*: frankness

fredonner: to hum

frictionner: to rub

fruits de mer *pl*: seafood

frustré(e): frustrated

fuir: to flee, to run away

fusil *m*: rifle

fusiller, faire ~ qq'un: to have s.o. shot

G

gâcher: to waste

gaffe, faire une ~: to blunder

gagner sa vie: to earn one's living

gai(e): cheerful, happy

gaieté *f*: cheerfulness

gamin(e) *m, f*: kid

gant *m*: glove

garçon manqué *m*: tomboy

garde, en ~!: en garde!

gare *f*: train station

gargouille *f*: gargoyle

gâté(e): spoiled

gauche: awkward (person)

gênant(e): embarrassing

gendre *m*: son-in-law

gêné(e): embarrassed

général *m*: general

générale *f*: dress rehearsal

généraliste *m*: primary care physician

généreux (-euse): generous

générosité *f*: generosity

gentil (-ille): kind

gentillesse *f*: kindness

géographie *f*: geography

gifle *f*: slap in the face

gifler: to slap (s.o.'s face)

girafe *f*: giraffe

gisement *m*: deposit

glaçons *pl*: ice cubes

gomme *f*: eraser

gouttière f: gutter

gouverner: to govern

grade *m*: rank (in the military)

graine *f*: seed

grandir: to grow up

grand-père *m*: grandfather

grange *f*: barn

gratuit(e): free

grave: serious

grinçant(e): caustic

grive *f*: thrush

grossier (-ère): coarse

guérir: to cure

guerre *f*: war

  ~ atomique *f*: nuclear war

  partir à la ~: to go to war

guichet *m*: box-office

  à ~ fermé: sold out

guitare *f*: guitar

H

habitant(e) *m/f*: an inhabitant

habitué(e) à (qqch): used to (sth)

hache *f*: an axe

hâche *f*: axe

haine *f*: hatred

harpe *f*: harp

haschisch *m*: hashish

hautbois *m*: oboe

hebdomadaire *m*: weekly (magazine)

hebdomadaire: weekly

hébété(e): bewildered

hébreu: Hebrew

hélicoptère *m*: helicopter

herbes, mauvaises ~ *pl*: weeds

héréditaire: hereditary

hériter: to inherit

héritier (-ère) *m, f*: heir

héroïne *f*: 1. heroine 2. heroin

héroïque: heroic

heureux (-se): happy

  ~ comme un poison dans l'eau: happy as a clam

histoire *f*: history

hobereau *m*: country squire

hochet *m*: rattle

homard *m*: lobster

homicide volontaire *m*: murder
    ~ involontaire *m*: manslaughter

hommage: rendre ~ à qq'un: to pay homage to s.o.

homme d'affaires *m*: businessman

honnête: honest

honnêteté *f*: honesty

honte, avoir ~ de: to be ashamed of

hôpital *m*: hospital

hostie *f*: host

huître *f*: oyster

hululement *m*: ululation (of owls)

humide: damp

humilié(e): humiliated

humilier qq'un: to humiliate s.o.

humoristique: humorous

hussard *m*: hussar

hypermarché *m*: supermarket

hypocrisie *f*: hypocrisy

hypocrite: hypocritical

I

idéalisé(e): idealized

idéaliste: idealistic

identifier: to identify

idiome *m*: idiom

île *f*: an island

immeuble *m*: building

immigrer: to immigrate

impitoyable: pitiless

implacable: unrelenting

impôts *m pl*: taxes

imprimer: to print

inadmissible: unacceptable

incarcéré(e), être ~: to be jailed

inconnu(e): unknown

indécis(e): indecisive

indépendant(e): independant

infidèle: unfaithful

infidélité *f*: unfaithfulness

infirmerie *f*: infirmary

infirmier (-ère) *m, f*: nurse

influençable: susceptible to influence

influent(e): influential

information *f*: information

injuste: unfair

inondation *f*: flood

inonder: to flood

inquiet (-ète): worried

inquiéter, s': to worry

inscrire, s'~ : to register

inspiré(e): inspired

instable: unstable

instituteur (-trice) *m, f*: school teacher
    ~ remplaçant(e) *m, f*: substitute teacher

insu, à son ~: without him / her knowing

intégrisme *m*: fundamentalism

intelligence *f*: intelligence

intelligent(e): intelligent

intérim, faire de l'~: to temp

interprète *m, f*: interpreter

interrogé(e), être ~: to be questioned

intolérance *f*: intolerance

intolérant(e): intolerant

intrigue *f*: plot

introverti(e): introverted

inutile: useless

ironie *f*: irony

irriguer: to irrigate

italien (ne): Italian

ivre: drunk

J

jaloux (-se): jealous

jambon *m*: ham

jaser: to gossip

jaune d'œuf *m*: yolk

jeter, se ~ à la tête de qq'un: to throw oneself at s.o.

jeu de piste *m*: treasure hunt

jeunesse *f*: youth

jonquille *f*: daffodil

jouer d'un instrument: to play an instrument

jouet *m*: toy

journal *m*: newspaper

joyeux (-se): cheerful

juge *m*: judge

juif (-ve) *m, f*: Jew

juif (-ve): jewish

jumeaux (jumelles) *pl*: twins

jurés *pl*: jury

jus d'orange *m*: orange juice

K

kiosque *m*: news stand

L

laboratoire *m*: laboratory

labourer: to plow

lac *m*: lake

lâche: cowardly

lâcheté *f*: cowardice

laissez-passer *m*: pass

lait (maternisé) *m*: formula

lampe de chevet *f*: bedside lamp

langues vivantes / mortes *pl*: modern / classical languages

lapin *m*: rabbit

lecteur (-trice) *m, f*: reader

léger (-ère): light

lèpre *f*: leprosy

levure *f*: yeast

librairie *f*: bookstore

libre: free

licence *f*: B.A.

licencié(e), être ~: to be laid off

lièvre *m:* hare

ligne *f*: line

　　être en première ~: to be on the front line

liste rouge, être sur la ~: to be unlisted

lit (d'enfant) *m*: crib

locataire *m/f*: tenant

louer: to rent

lucarne *f*: dormer-window

lucide: clear-sighted

lumière *f:* light

lumineux (-euse): bright, radiant

luthier *m*: violin maker

luxueux (-se): luxurious

lycée *m*: high school

M

macaron *m*: macaroon

machine à traitement de texte *f*: word processor

magasin, grand ~ *m*: department store

magistrat *m*: magistrate

magnat de la presse *m*: press baron

maillot de bain *m*: swim suit

maire *m*: mayor

maison individuelle *f*: single family house

maîtresse *f*: mistress

maîtrise *f*: M.A.

majorité *f*: majority

mal à l'aise: uncomfortable

mal, avoir du ~ à (faire qqch): to have difficulty (doing sth)

maladie *f*: disease

attraper une ~: to catch a disease

malaise, avoir un ~: to feel faint

mal-à-l'aise: ill at ease

malheureux (-se): unhappy

malhonnête: dishonest

malhonnêteté *f*: dishonesty

manifestation *f*: demonstration

manipuler: to manipulate

manivelle *f*: crank

manquer à qq'un: to be missed by s.o.

manuel *m*: textbook

manuscrit *m*: manuscript

maquette *f*: model

maquillage *m*: make-up

maquiller, se ~: to put make-up on

marais *m:* marsh

marbre *m*: marble

marché noir *m*: black-market

marché, bon ~: cheap

marcher à quatre pattes: to crawl (baby)

maréchal *m*: marshal

mari *m*: husband

mariage *m*: wedding / marriage

marié *m*: groom

marié(e): married

mariée *f*: bride

marier: se ~ avec qq'un: to marry s.o.

marijuana *f*: marihuana

marine *f*: Navy

marque *f*: brand

marquise *f*: marchioness

marraine *f*: godmother

masque à gaz *m*: gas mask

maternelle *f*: nursery school

maths *pl*: maths

matière *f*: subject

méchanceté *f*: maliciousness

méchant(e): mean, malicious

Mecque *f*: Mecca

médaille *f*: medal

médaillon *m*: locket

médecin *m*: physician

médecine *f*: medicine

médicament *m:* medicine

méfiant(e): suspicious

méfier, se ~ de qqch: to be on one's guard against sth

mélodie *f*: tune

mélomane *m, f*: music lover

Mémoires *pl*: memoirs

menace *f*: threat

mener (une vie): to lead (a life)

mensuel *m*: monthly

mentir (à qq'un): to lie (to s.o.)

menu *m*: fixed menu

méprisant(e): contemptuous

méprise *f*: mistake

mépriser: to scorn

mer *f*: sea

message, laisser un ~: to leave a message

messe *f*: mass
    aller à la ~: to go to mass

mesurer: to measure

métro, bouche de ~: subway entrance
    station de ~: subway station

metteur en scène *m*: producer

meurtrier *m*: murderer

milice *f*: militia

militaire, être ~: to be in the army

militer pour / contre: to militate in favor of / against

mixte: co-ed

mobile *m*: 1. cell phone 2. motive

mode, à la ~: fashionable

modeste: modest / unpretentious

moine *m*: monk

moisson *f*: harvest

monarque *m*: monarch

monnaie *f*: small change

monter une pièce: to put on a play

monter: to get on

monument aux morts *m*: war memorial

moquer, se ~ de qq'un: to make fun of s.o.

mort(e): dead

mort, se donner la ~: to kill oneself

morue *f*: cod

mosquée *f*: mosque

mot d'esprit *m*: witticism

moto *f*: motorbike

mouillé(e): wet

moule *f*: mussel

mourir: to die

moustique *m*: mosquito

muet(te): mute

muguet *m*: lily of the valley

mulet *m*: mule

munitions *pl*: ammunition

mur *m*: wall

mûr(e): mature

musée *m*: museum

musique *f*: music

musulman(e): Muslim

N

naïf (-ve): naïve

nain de jardin *m*: gnome

nappe *f*: tablecloth

nature morte *f*: still life

neutre, rester ~: to remain neutral

neveu *m*: nephew

nièce *f*: niece

nier: to deny

noirs *pl*: blacks

nom de famille *m*: last name

notables *pl*: leading citizens

notaire *m*: notary / lawyer
    clerc de ~ *m*: law clerk

note *f*: grade

Notre Père *m*: Lord's Prayer

nouveau-venu *m*: newcomer

nouvelle *f*: 1. piece of news 2. short story

noyer, se ~: to drown

nuance *f*: hue

numéro de téléphone *m*: phone number
    numéro vert *m*: 1-800 number

nurse *f*: nanny

O

objecteur de conscience *m*: conscientious objector

obsédé(e): obsessed

obstination *f*: stubbornness

obus *m*: shell

océan *m*: ocean

œillet *m*: carnation

œuvre (d'art) *f*: work (of art)

ombrage, prendre ~ de qqch: to take offense at sth

ombre *f*: shadow

ophtalmologue *m*: ophtalmologist

opposition *f*: opposition

opprimé: oppressed

orage *m*: thunderstorm

ordinateur *m*: computer

ordonnance *f*: prescription

oreiller *m*: pillow

orgueil *m*: pride, arrogance

orgueilleux (-se): proud

orphelin(e) *m, f*: orphan

orthographe *f*: spelling

oser: to dare

oublier: to forget

ours en peluche *m*: teddy bear

outré(e): indignant

ouvrier (-ère) *m/f*: worker

overdose *f*: overdose

P

pages blanches/jaunes *pl*: white/yellow pages

paille *f*: straw

paix *f*: peace

panne, être en ~: to have broken down

Pape *m*: Pope

papier *m*: paper

Pâque juive *f*: Passover

pâquerette *f*: daisy

parachutiste *m*: paratrooper

paradis *m*: paradise

paradoxe *m*: paradox

paragraphe *m*: paragraph

parc *m*: playpen

pardon *m*: forgiveness

pardonner: to forgive

pareille: rendre la ~ à qq'un: to give s.o. tit for tat

parer: to parry a blow

paresse *f*: laziness

paresseux (-se): lazy

pari *m*: bet

parier: to bet

parmi: among

parrain *m*: godfather

parti politique *m*: political party

participer à: to take part in

partir à la guerre: to go to war

passager (-ère) *m, f*: passenger

passe-temps *m*: hobby

passeur *m*: frontier runner

passionnant(e): gripping (story)

passionné(e): passionate

pasteur *m*: minister

paysage *m*: landscape

paysan (ne) *m, f*: peasant

pêche, bateau de ~ *m*: fishing boat

pêcheur *m*: fisherman

pédiatre *m*: pediatrician

peindre: to paint

peine de mort *f*: death penalty

peintre *m*: painter

peinture *f*: painting
    ~ **à l'huile** *f*: oil painting
    pot de ~ *m*: can of paint

pendre, se ~: to hang oneself

pensif (-ve): pensive

pensionnat *m*: boarding school

perdre, se ~: to get lost

père, tel ~ tel fils: like father like son

périphérie *f*: outskirts

périphérique *m*: beltway

persécuté(e): persecuted

peser: to weigh

peste *f*: plague

petit(e) ami(e) *m, f*: boyfriend / girlfriend

petite-fille *f*: granddaughter

petit-fils *m*: grandson

petits-enfants *pl:* grandchildren

peuplier *m*: poplar

peur, avoir ~: to be scared
    faire ~ à qq'un: to scare s.o.

peureux (-se): fearful

photomaton *m*: 1. photo booth 2. (photo booth) photo

physique *f*: physics

piano *m*: piano

pièce *f*: coin
    ~ **montée** *f*: 3-tier cake
    ~ **de théâtre** *f*: play
    monter une ~: to put on a play

pied *m*: foot
    ~**-bot** *m:* club foot

piège *m*: trap

piège, tendre un ~ à qq'un: to set a trap for s.o.

pierre *f*: stone

pieux (-se): pious

pinceau *m*: brush

pinson, gai(e) comme un ~: happy as a lark

piste *f*: lead

pitié: avoir ~ de qq'un: to pity s.o.

place *f*: square

plaidoyer pour/contre *m*: plea for/against

plainte, porter ~ contre qq'un: to lodge a complaint against s.o.

plaire à qq'un: to be attracted to s.o.
  se ~ quelque part: to enjoy being somewhere

plaisanterie *f*: joke

plaisir *m*: pleasure

plan *m*: map
    premier ~ *m*: foreground
    arrière-~ *m*: background

planter: to plant

plaquer qq'un: to ditch s.o.

plat du jour *m*: daily special

plat principal *m*: main dish

platonique: platonic

pleurer: to cry

pleuvoir: to rain

pluie *f*: rain

pluvieux (-euse): rainy

point, être sur le ~ de: to be on the verge of (doing sth)

poisson *m*: fish
    ~ **rouge** *m*: goldfish

politique étrangère *f*: foreign policy

politique intérieure *f*: domestic policy

polonais(e): Polish

pont *m*: bridge

portable *m*: cell phone

portefeuille *m*: wallet

porte-monnaie *m*: money purse

portrait *m*: portrait

possessif (-ive): possessive

poster (une lettre): to mail (a letter)

pot de peinture *m*: can of paint

poubelle *f*: trash can

poule *f*: hen

pousser: faire ~ qqch: to grow sth

poussette *f*: stroller

pré *m*: meadow

préféré(e): favorite

préjugé *m*: prejudice

première *f*: first night

premiers pas *pl*: first steps

prendre, mal ~ qqch: to react badly

prénom *m*: first name

présenter qq'un à qq'un: to introduce s.o. to s.o.

présomptueux (-se): presumptuous

pressé(e), être ~: to be in a hurry

prétentieux (-se): pretentious

prétentions, être sans ~: to be unassuming

prêter: to lend

prêtre *m*: priest

preuve *f*: piece of evidence

prévenant(e): considerate

prévenir qq'un: to let s.o. know

prier: to pray

privilégié(e): privileged

procès *m*: trial

profiter de qqch: to take advantage of sth

programme *m*: 1. programme 2. syllabus

projecteurs *pl*: spotlights

proposer: to offer / to suggest

protéger: to protect

protestant(e): Protestant

proviseur *m*: principal

provocant(e): provocative

provoquer qq'un en duel: to challenge s.o. to a duel

public *m*: audience

publicité *f*: ad / commercial

publier: to publish

pudique: modest

puits *m*: well

punition *f*: punishment

Q

quai *m*: platform

quarantaine *f*: quarantine

quartier *m*: neighborhood

    ~ général *m*: headquarters

queue, faire la ~: to wait on line

quiproquo *m*: mistake / misunderstanding

quitter qq'un: to leave s.o.

quotidien *m*: daily

R

rabbin *m*: rabbi

raccrocher: to hang up (the phone)

    se ~ à qqch: to cling to sth

rachat (d'un péché) *m*: atonement (for a sin)

raciste: racist

radin(e): stingy

radio(graphie) *f*: X-ray

raid aérien *m*: air-raid

raison, avoir ~: to be right

raisonnable: reasonable

ramer: to row

rappeler: to call back

rapporter: to bring back

    ~ (argent): to bring in (money)

rassurer qq'un: to reassure s.o.

rayon *m*: (supermarket) aisle

réchauffer: to warm up

recherche *f*: research

    faire des ~: to do research

recherché(e): wanted (by police)

rechercher: to search for

récital *m*: recital

réclusion à perpétuité *f*: life sentence

récolte *f*: crop

reconnu (e): recognized

reconstruire: to build again

rédacteur (-trice) *m, f*: editor

rédaction *f*: 1. essay 2. editorial staff

redouter: to dread

refrain *m*: chorus

réfugier, se ~: to take refuge

régiment *m*: regiment

régisseur *m*: stage manager

règle *f*: ruler

reine *f*: queen

relevé de ses fonctions, être ~: to be dismissed

religieuse *f*: nun

religieux: religious

rembourser: to reimburse

remercier qq'un: to thank s.o.

rendez-vous, avoir un ~: to have an appointment

rendormir, se ~: to go back to sleep

rendre compte, se ~ de qqch: to realize sth

rendre service à qq'un: to do s.o. a favor

renfermé, être ~: to be withdrawn

renvoyer: to dismiss

répétition *f*: rehearsal

répondeur (téléphonique) *m*: answering machine

répondre à qq'un: to talk back to s.o.

représailles pl: retaliation
  en ~ **de qqch**: as a reprisal for sth

représentant *m*: traveling salesman

représentation *f*: performance

représenter: to picture

réprimer: to repress

reprocher qqch à qq'un: to reproach s.o. for sth

réservé(e): shy

réserver: to make a reservation

résigné(e): submissive

respecter: to respect

résultat *m:* result

retard, être en ~: to be late

réussir à (faire qqch): to succeed in (doing sth)

revanche *f*: revenge
  prendre sa ~ sur qq'un: to get even with s.o.

rêve *m*: dream

réveiller, se ~: to wake up

révéler qqch à qq'un: to reveal sth to s.o.

rêver: to dream

revue *f*: magazine

ricochets, faire des ~: to skim stones

rideau *m*: curtain

ridiculiser qq'un: to ridicule s.o.

rivalité *f*: rivalry

rivière *f:* river

roi *m*: king

roman *m*: novel
  ~ noir *m*: thriller
  ~ policier *m*: detective novel

rompre: to break up (a relationship)

rose *f*: rose

rot, faire son ~: to burp

rouge: red
  ~ à lèvres *m*: lipstick

rougeole *f* : measles

roux (-sse): red (hair)

royaume *m*: kingdom

royauté *f*: royalty

rue piétonne *f*: pedestrian street

ruisseau *m*: brook

rupture *f*: break up

rusé(e): shrewd

S

sac à main *m*: purse

sac de sable *m*: sandbag

saccagé(e): ransacked

saccager: to ransack

sacoche *f*: saddlebag

saignée *f*: blood-letting

saigner: to bleed

saleté *f*: filth

salle de classe *f*: classroom

salle de concert *m*: concert hall

salopette *f*: overalls

sans fil *m*: wireless phone

santé, avoir des problèmes de ~: to have health problems

saoul (e): drunk

saule *m*: willow

saumon *m*: salmon

sauver: to save

saxophone *m*: saxophone

scaphandre *m:* diving suit

scène *f:* 1. scene 2. stage
  ~ truquée *f*: scene involving special effects

sec (sèche): dry

sécheresse *f*: drought

sédition *f*: sedition

séduire: to seduce

Seigneur *m*: Lord

sens, bon ~ *m*: common sense

sensible: sensitive

séparer, se ~: to part

sérénade *f* serenade

seringue *f*: needle

serre *f*: greenhouse

serrer la main de qq'un: to shake hands with s.o.

serveur (-euse) *m, f*: waiter/ waitress

service, rendre ~ à qq'un: to do s.o. a favor

siège *m*: siege
  ~-auto *m*: car seat

sieste *f*: nap

siffler: to boo

sincère: sincere

sincérité *f*: sincerity

sobre: sober

sœur, bonne ~ *f*: nun

soirée *f*: party

soldat *m*: soldier

solde, être en ~: to be on sale

sole *f*: sole

soliste *m*: soloist

solitaire: lonesome, solitary

solitude *f*: loneliness

sommaire *m*: synopsis

somnifère *m*: sleeping pill

sondage *m*: poll

sortir: to go out

    ~ avec qq'un: to go out with s.o.

soucis, avoir des ~: to worry

    se faire du ~: to worry

souffrir de: to suffer from

souhait *m*: wish

soûl: drunk

soulagé(e): relieved

soûler, se ~: to get drunk

soupçonner qq'un de qqch: to suspect s.o. of sth

source *f*: spring

sourd(e): deaf

sournois(e): sly

sous-marin *m*: submarine

soutenir qq'un: to support s.o.

souvenir, se ~ de qq'un: to remember s.o.

souverain *m*: sovereign

spécialiste en qqch *m*: specialist in sth

spirituel(le): witty

station de métro *f*: subway station

stéréotype *m*: stereotype

steward *m*: steward

stratagème *m*: stratagem

stylo *m*: pen

submergé(e): overwhelmed

succomber à qq'un: to yield to s.o.

sucer son pouce: to suck one's thumb

suicidaire: suicidal

suicider, se ~: to commit suicide

suivre: to follow

supermarché *m*: supermarket

supprimer des emplois: to downsize

surprenant(e): surprising

surveiller: to stake out

susceptible: touchy

suspect *m*: suspect

symptôme *m*: symptom

synagogue *f*: synagogue

T

table des matières *f*: table of contents

tableau *m*: 1. board 2. painting

taciturne: taciturn

taille *f*: height (of a person)

taire, se ~: to hold one's tongue, to keep quiet

tank *m*: tank

tante *f*: aunt

taper: to type

taverne *f*: inn

technologie *f*: technology

teinte *f*: tint

téléphoner à qq'un: to call s.o. on the phone

témoin *m*: witness

temple *m*: temple

tendre: tender

    ~ un piège à qq'un: to set a trap for s.o.

tendu(e): tense

terrasse *f*: outside (the café)

terre *f*: soil

terrifiant(e): terrifying

terrifié(e): terrified

terrorisé(e): terrorized

thé *m*: tea

thon *m*: tuna

ticket *m*: ticket

timide: shy

tirage *m*: circulation

tirelire *f*: piggy bank

tirer sur qq'un: to shoot at s.o.

    se ~ une balle: to shoot oneself

titre *m*: title

toilette *f*: formal dress

toit *m*: roof

tolérance *f*: tolerance

tolérant(e): tolerant

tombe *f*: grave

tomber malade: to fall ill

torrent *m*: mountain stream

tort, avoir ~: to be wrong

totalitaire: totalitarian

touchant(e): touching

toucher: to hit

tour de reins *m:* backache

tournée *f*: tour

toxicomane *m, f*: drug addict

toxicomanie *f*: drug addiction

trac *m*: stage fright

tracteur *m*: tractor

traduction *f*: translation

trafic de drogue *m*: drug trafficking

trafiquant *m*: dealer

tragédie *f*: tragedy

trahir: to betray

trahison *f*: treason

trait d'esprit *m*: witticism

traitement *m*: treatment

traiter: to treat

traître *m*: traitor

trajet *m*: trip

tranchée *f*: trench

transports en commun *pl:* public transportation

travailleur (-euse): hard-working

tribunal *m*: courtroom

tricher: to cheat

triomphe, faire un ~ à qq'un: to give s.o. a standing ovation

trombone *m*: 1. trombone 2. paperclip

tromper, se ~: to make a mistake / to be mistaken

    ~ son mari (sa femme): to be unfaithful to one's husband (wife)

trompette *f*: trumpet

trône *m*: throne

    succéder au ~: to succeed to the throne

    placer qq'un sur le ~: to put s.o. on the throne

trou *m*: hole

troupe *f*: company

troupes *pl*: troops

truite *f*: trout

tuba *m*: tuba

tuer: to kill

tulipe *f*: tulip

tuyau *m*: pipe

U

université *f*: university

usine *f*: factory

V

vaccin *m*: vaccine

vache *f*: cow

vainqueur *m*: winner

valable: valid

varicelle *f*: chicken pox

vélomoteur *m*: moped

vendeur (-euse) *m/f*: salesperson

vendre: to sell

vengeance *f*: revenge

venger qq'un: to avenge s.o.

    se ~: to have one's revenge

    se ~ de qqch: to take one's revenge for sth

verger *m*: orchard

vérité *f*: truth

verre *m*: glass

vertige, avoir le ~: to have a fear of heights

vestiaire *m*: cloakroom

veuf (-ve) *m, f*: widower, widow

victime *f*: victim

victoire *f*: victory

vie de famille *f*: family life

Vierge *f*: Virgin

vigile *m*: guard

villageois(e) *m, f*: villager

vin *m*: wine

viol *m*: rape

violette *f*: violet

violon *m*: violin

violoncelle *m*: cello

viré (être ~): to be fired

visite, rendre ~ à qq'un: to pay s.o. a visit

vivant(e): alive

vocation *f:* calling

voisin(e) *m/f:* neighbor

voix *f:* voice

vol *m:* theft

voler: to steal

vomir: to vomit

voter (pour / contre): to vote (for / against)

vouloir: en ~ à qq'un: to bear s.o. a grudge

vulgaire: vulgar

vulnérable: vulnerable

X

xénophobe: xenophobe

CREDITS

Text

Chapitre 2:   Marcel Pagnol, excerpts from *Jean de Florette* © Edition Bernard de Fallois, marcel-pagnol.com

Chapitre 3:   Marcel Pagnol, excerpt from *Le château de ma mère* © Edition Bernard de Fallois, marcel-pagnol.com

Chapitre 5:   Excerpt from the screenplay © Avant-Scène Cinéma "Une interview de R. Guédiguian" (*L'Humanité* - 20 November 1997)

Chapitre 6:   Excerpt from the screenplay © Avant-Scène Cinéma

Chapitre 7:   "100 questions" sur *Le fabuleux destin d'Amélie Poulain* © Jean-Pierre Lavoignat and Michel Rebichon / *Studio Magazine*

Chapitre 8:   Excerpt from *Ridicule ou les désordres causés par le baron Ponceludon de Malavoy à la cour de Versailles* © 1996, Les éditions Le Pré aux Clercs

Chapitre 9:   "Affaire Néel Auguste & Ollivier Louis", with kind permission from Marc Cormier (www.st-pierre-et-miquelon.com)

Chapitre 10: "Bella Goldstein, élève au Collège de La Souterraine", with kind permission from Yves Guiet

Chapitre 11: *L'accompagnatrice* © Actes Sud 1992

Chapitre 12: "Cyrano, c'est lui" © *L'Express* and René Bernard

Chapitre 13: Jean Giono, excerpt from *Le hussard sur le toit* © Editions Gallimard
              "Juliette au pays de Giono" © *L'Express* and Gilles Médioni
              Entretien avec Jean-Paul Rappeneau © *Label-France* and Anne Rapin

Chapitre 14: Excerpt from the screenplay © Avant-Scène Cinéma

Chapitre 15: Excerpt from the screenplay © Avant-Scène Cinéma
              "Hommage au réalisateur Claude Sautet" © *Label-France* and Bernard Génin

Chapitre 16: Excerpt from the screenplay © Avant-Scène Cinéma

Chapitre 17: Critique de Pierre Wolf © *Le Figaro*
              "Et les guinguettes repartent en java" © *Ça m'intéresse* and Valérie Pomarède
              "Le bon plaisir de Louis Ducreux" © *L'Express* and Michel Delain

Chapitre 18: Excerpt from the screenplay © Avant-Scène Cinéma
              Georges Duhamel, "La dame en vert", from *Civilisation* © Mercure de France

Chapitre 19: Excerpt from the screenplay © Avant-Scène Cinéma

Chapitre 20: "Devine qui vient dîner ce soir?" © *France-Amérique* / Edition internationale du *Figaro* "Veber joue au con" © *Première*

Photo